古典文獻研究輯刊

三七編

潘美月・杜潔祥 主編

第 3 冊

古代類書的文化歷程（上）

司馬朝軍、劉全波 著

國家圖書館出版品預行編目資料

古代類書的文化歷程（上）／司馬朝軍、劉全波 著 -- 初版
-- 新北市：花木蘭文化事業有限公司，2023〔民 112〕
目 4+188 面；19×26 公分
（古典文獻研究輯刊 三七編；第 3 冊）
ISBN 978-626-344-466-9（精裝）
1.CST：類書 2.CST：研究考訂
011.08   112010504

ISBN-978-626-344-466-9

9 786263 444669

古典文獻研究輯刊
三七編　第 三 冊　　　　　　ISBN：978-626-344-466-9

古代類書的文化歷程（上）

作　　者　司馬朝軍、劉全波
主　　編　潘美月、杜潔祥
總 編 輯　杜潔祥
副總編輯　楊嘉樂
編輯主任　許郁翎
編　　輯　張雅淋、潘玟靜　美術編輯　陳逸婷
出　　版　花木蘭文化事業有限公司
發 行 人　高小娟
聯絡地址　235 新北市中和區中安街七二號十三樓
　　　　　電話：02-2923-1455／傳真：02-2923-1452
網　　址　http://www.huamulan.tw 信箱 service@huamulans.com
印　　刷　普羅文化出版廣告事業
初　　版　2023 年 9 月
定　　價　三七編 58 冊（精裝）新台幣 150,000 元　　版權所有・請勿翻印

古代類書的文化歷程(上)

司馬朝軍、劉全波　著

作者簡介

司馬朝軍，上海社會科學院歷史研究所研究員、《傳統中國》主編、《文澄閣四庫全書》總編纂、《司馬氏志》總編輯，原任武漢大學國學院經學教授、歷史學院專門史教授、信息管理學院文獻學教授、黃侃研究所研究員、中國傳統文化研究中心研究員、文獻學研究所副所長、四庫學研究中心主任、武漢大學珞珈特聘教授。著有《四庫全書總目研究》《四庫全書總目編纂考》等四庫學系列著作，主編《辨偽研究書系》，此外出版國學系列著作多種。組織主持「經學論壇」與「江南學論壇」，主編學術集刊《傳統中國研究集刊》。

劉全波，蘭州大學敦煌學研究所、蘭州大學歷史文化學院教授，主要從事歷史文獻學、敦煌學、中西交通史、西北區域史研究。出版《類書研究通論》《魏晉南北朝類書編纂研究》《唐代類書編纂研究》《類書研究合集》《中西交通史研究論稿》等專著，在《世界宗教研究》《敦煌學輯刊》《江海學科》《孔學堂》《讀書》等期刊雜誌發表各類科研論文 90 餘篇。

提　　要

此書為教育部重點基地重大招標項目「古代類書的文化歷程」（12JJD750012）的結項成果。從文化進程的角度，選取類書作為研究對象，採用文獻學與文化學二元互證方法，在系統梳理類書的歷史進程的同時，不單為了客觀呈現文獻與文化雙條並進的發展線索，更是為了建構二者之間的內在關聯。從「知識再生產」等新視角提出了很多新觀點，是類書研究的重要收穫。

教育部重點基地重大招標項目
「古代類書的文化歷程」（12JJD750012）

目

次

引　論

「古代類書的文化歷程」課題論證

一、本課題研究的意義

（一）本課題提出的背景

中華文化，源遠流長；古代文獻，浩如煙海。類書是中國古代文獻中品種繁多、內容豐厚的特色資源，在中國文化史上也佔有重要的一席之地，它是中華民族傳統文化的重要的資源寶庫。從古代類書中開發傳統文化資源，有利於提升中華民族的自信心，增強民族凝聚力和自豪感。因此，本課題的提出，可謂時代發展的大命題、文化發展的大命題、學術發展的大命題。具體表現在以下三個方面。

第一，時代發展的需要。類書是時代盛衰的表徵。盛世修典，往往首選類書。從魏文帝曹丕推出第一部類書《皇覽》，唐太宗、宋太宗、宋真宗、明代永樂大帝、清代康熙大帝等紛紛效法。往往一個新的王朝在其政治局面比較穩定時，出於「文治」的需要，封建統治者便組織學術力量編纂大型類書，作為王朝興旺發達的標誌。只有在太平盛世，才有可能舉全國之人力、物力、財力，編纂出諸如「宋四大書」、《永樂大典》、《古今圖書集成》這樣的煌煌大典。現在我們處在一個實現現代化的偉大時代，我們的綜合國力大大提升，是歷史上少有的太平盛世。近 20 年來，我們也一直在編纂中國特色、中國風格、中國氣派的新型類書——《中華大典》。這將是中國類書編纂和出版大總結與新發展的標誌，也必將成為新時代的標誌。因此，我們必須繼承中國古代類書的傳統，總結歷史的經驗教訓，古為今用，服務當代。

第二，**文化發展的需要**。類書是文化集成型的工具。隨著國家現代化事業的不斷推進，深層次的文化問題日益受到普遍關注。所謂現代化，實質上就是人的現代化、文化的現代化。人的現代化是全方位、多層次的，文化乃是其中一個不可或缺的要素。文化的現代化也即傳統文化的現代化，其要點在於：立足於本民族固有的傳統文化並對其自身進行合理揚棄，對外來文化進行合理吸收，積極促成文化的融合和新型文化的形成。類書作為傳統文化的重要組織部分，其中擁有極其豐富的文化資源，包括當代所倡導的和諧文化。古代統治者從中揣摩「帝王之學」，今天我們也可以從中發掘和諧文化資源，甚至開發其中的傳統科技文化。類書是古代的信息檢索工具。即使在信息檢索高度發達的今天，我們仍然可以從中學習很多有益的東西。

第三，**學術發展的需要**。類書是古代的百科全書。類書內容十分豐富，上至天文，下至地理，經史子集，三教九流，應有盡有，無所不有。中國學術文化的傳統，是做包羅萬象的綜合研究，不像今日的文史哲各科分家。但現在特別缺乏一種站在廣博立場上，對古代學術文化進行全面評述的綜合著作。人們已經不再滿足從現代學科分類角度去審視中國文化，而需要從整體關係上認識中國文化。中外學術研究早已呈現出一種整體綜合、交叉聯繫的研究趨勢。中國文化史的研究也發展到了一個新階段，即從文獻學與文化學交叉研究的新角度進行專類文獻史的探討。

（二）本課題研究的意義和價值

本課題擬從文化進程的角度，選取類書作為研究對象，採用文獻學與文化學二元互證方法，在系統梳理類書的歷史進程的同時，不單為了客觀呈現文獻與文化雙條並進的發展線索，更是為了建構二者之間的內在關聯。將文獻與文化結合起來，意在建構出一套新的文獻文化學體系。這個體系既有實證的基礎，又具思辨的色彩，它對於中國傳統文化的研究，無疑具有非常重要的意義。

第一，確立文獻學與文化學交叉研究的新思路。文獻學與文化學的研究向來是各自為陣，但近年已經出現了交叉融合的趨勢。通過類書這一專類文獻，在古代文獻與傳統文化之間搭建一座橋樑，將文獻學與文化學連為一體，可望在不久的將來開闢一條新路。考察類書的生成，不限於文獻學視域，還須透過文化學的窗口，觀照類書變化所蘊藏的歷史文化意涵。

第二，創建中國文獻文化專類史的新模式。該模式分別從縱向和橫向兩個角度進行展開：縱向上，從史的進程中敘述類書文獻的生成及流變；橫向上採

用專題形式，對類書文獻詳分細類並進行深入研究。它將彌補傳統研究方法上的缺陷與不足，有利於克服「就文獻論文獻」或者「就文化論文化」傳統研究模式的弊端，這不僅給除了古代類書文獻以外的其他文獻的整理尋找到了更加合理的新樣式，同時拓展了傳統文化研究的視域。

第三，開創「文獻文化學」與「文獻文化史」新學科。新的體系和新的研究模式，相應地會衍生出新的學科，即「文獻文化學」與「文獻文化史」。當今世界各門類學科的研究無不日益深入化、精細化，此種深入拓展研究的結果反而更加促進了學科的交叉與融合。本課題通過類書這一特殊的中介，將文獻與文化聯接起來，進而構造一套新的文獻—文化研究體系，致力於學科的交叉與融合，有利於促進學科之間的聯繫。

二、本課題國內外研究現狀

（一）課題研究的主要成果

自 20 世紀 30 年代以來，有關類書研究的論著有：

第一，通論性質的著作。張滌華《類書流別》分義界、緣起、體制、盛衰、利病、存佚六篇，是我國第一部系統研究類書的專著，言簡意賅，論列精當。劉葉秋《類書簡說》、胡道靜《中國古代的類書》雖是普及性質的讀物，但不乏真知灼見，如劉葉秋先生認為：「對類書的劃界，寧窄勿寬；對類書的去取，寧嚴勿濫。」趙含坤《中國類書》對 1600 餘種類書做了解題。夏南強《類書通論》對類書的性質、起源、類型、歸類、分類體系、發展演變及文化影響作了新的探索。其主要學術貢獻有二：一是從傳統文化的角度去剖析類書，擺脫了以往那種就類書論類書的侷限性，二是初步分析了類書對中國封建文化的影響，既指出了類書對學術創新和科學技術的消極影響，也肯定了類書傳承文化與保存文獻之功。其主要缺失表現在對類書的界定過於寬泛，其類書定義為：「類書是一種將文獻或文獻中的資料，按其內容分門別類，組織撮述；或者條分件繫，原文照錄或摘錄的圖書。」

第二，專題研究。聞一多較早關注到類書與文學的關係，在《類書與詩》一文中指出了類書在文學上所造成的消極影響。方師鐸《傳統文學與類書之關係》以傳統文學視角探討文學與類書之間的互相影響，認為類書的唯一用途在於詞章家獵取辭藻獺祭之用，立論較為偏頗。賈晉華《隋唐五代類書與詩歌》一文則肯定了類書對於唐代詩歌的發展、詩歌的技術化、普及化所起到的積極

作用。孫永忠《類書淵源與體例形成之研究》主要考察了類書的淵源與體例形成兩大問題，用力較深。張圍東《宋代類書之研究》泛泛而論，蜻蜓點水，未免膚淺。劉天振《明代通俗類書研究》突破了傳統觀念，不是從精英文化角度出發，而是從通俗類書這樣的民間文化視角去研究明代小說與文化，有利地推進了明代通俗類書的研究。吳蕙芳《萬寶全書：明清時期的民間生活實錄》從社會史的角度對明代通俗類書《萬寶全書》作了細緻的分析，也是近年不可多得的佳作。

第三，專書研究。曲直敏《敦煌寫本類書〈勵忠節抄〉研究》、郭醒《〈藝文類聚〉研究》、韓建立《〈藝文類聚〉編纂研究》、江育豪《徐元太〈喻林〉研究》、周生傑《〈太平御覽〉研究》、裴芹《古今圖書集成研究》皆是專書研究的可喜收穫。張昇《永樂大典研究資料輯刊》對有關《永樂大典》的研究資料作了較好的彙編。

（二）課題研究的主要問題與代表性觀點

第一，關於類書的性質與範圍問題。張滌華《類書流別》認為：「類書為工具書之一種，其性質實與近世辭典、百科全書同科，與子、史之書，相去奏遠。語其義界，則凡薈萃成言，裒次故實，兼收眾籍，不主一家，而區以部類，條分件繫，利尋檢，資採掇，以待應時取給者，皆是也。」他據此將類書與總集、政書、叢書、稗編等劃清界線。胡道靜《中國古代的類書》認為具有「資料彙編」的性質，十分接近現代的百科全書，古代類書不僅可以作為瞭解古代知識全貌的一種工具，而且也是古代文獻資料的淵藪。他主張類書由類升部，與四部並列。劉葉秋《類書簡說》認為：「類書是一種分類彙編各種材料以供檢查之用的工具書。」方師鐸《傳統文學與類書之關係》將總集歸入類書，夏南強將政書、總集等也劃歸到類書之中，未免失之過寬。

第二，關於類書的起源問題。張滌華《類書流別》認為類書的遠源為抄撮之學（如《鐸氏微》）與古代字書（如《急就篇》），近源為雜家（如《淮南子》），而以《皇覽》為類書之開端。劉葉秋《類書簡說》認為《爾雅》開後代類書之先河。胡道靜《中國古代的類書》則認為類書與雜家之間存在一條分界線，《爾雅》、《呂氏春秋》只是類書的遠源，而不能視《爾雅》、《呂氏春秋》為類書。

第三，關於類書的歷史分期問題。張滌華《類書流別》認為類書最盛有三期，即齊梁、趙宋、明清，而以唐代併入第一期。楊鑄秋認為類書推衍於六朝，澎湃於唐宋，集大成於前清，而明代未被論及。胡道靜《中國古代的類書》分

為曹魏和南北朝、隋代、唐代、北宋、南宋、元、明、清，而南宋以下部分在十年浩劫中亡佚。

第四，關於類書的作用與價值問題。張滌華《類書流別》有「五利」（便省覽、利尋檢、供採摭、存遺佚、資考證）「三病」（荒實學、難馮借、滋訛誤）之論。古代文獻，汗牛充棟，決非一人之力所能盡藏，所能盡讀。類書本是工具，利弊互存。瀏覽類書，好比吃快餐。但完全依賴類書，不讀原著，勢必又會營養不良。善用與否，存乎其人。胡道靜《中國古代的類書》總結了類書的兩大特殊作用：古類書可以用來校勘古籍和輯錄已佚的古籍遺文，古類書在今天清理文化遺產工作中的資料搜集階段起著「索引」的作用。前一點主要是學術史價值，清儒在這方面已經取得很大成績；後一點則主要是文化史、科技史價值，胡道靜列舉了不少成功的案例，如李儼整理中國古代數學史料，王嘉蔭整理中國古代地質史料，都曾利用類書來搜集資料。類書本身具有較高的文化史價值。如果將各個歷史時期有代表性的類書的音樂類彙編起來，就可以編成一部《中國古代音樂史料》。推而廣之，舉凡天文、地理、醫學、農學，皆可獨立彙編成冊。胡道靜特別指出：「清理文化遺產的逐個部門的普查工作，類書是被『集束地』來利用的。」葛兆光還從思想史的角度敏銳地認識到類書的思想史價值：「很少有人把它用作學術史或思想史的資料，其實，這種鉅細畢舉而不加篩選的形式本身，就是省卻了主觀意圖的，由本來面目直接陳列的資料陳列，而它特有的分類方式，也恰好顯示了當時人的心目中，對他們面前的那個世界的分類，而分類正是思想的秩序。」他以《藝文類聚》、《無上秘要》、《法苑珠林》為例，透過類書的體例和分類來窺探七世紀中國思想世界的輪廓。這種從文獻到思想的寫法令人耳目一新，可惜還沒有引起學界的足夠重視。鄭振鐸、王重民等人認識到通俗類書的社會生活史價值。鄭振鐸指出：「斯類通俗流行之作，為民間日用的小冊子，隨生隨滅，最不易保存……研討社會生活史者，將或有取於斯。」王重民也預感到「講社會學史者，欲真知下級社會人生，不可不讀」通俗類書。他們的真知灼見很長時間內沒有迴響，直到近年才引起關注。

（三）同類課題獲得立項資助及研究情況

華中師範大學夏南強教授 2005 年主持過國家社會科學基金一般項目「類書文化研究」，該項目主要從橫向研究，對類書文化現象進行掃描，而縱向研究不夠，缺乏應有的研究深度；由於沒有對類書進行科學的分類，加上對類書的界定仍然堅持寬式標準，因此未能建立起令人信服的理論體系。我們認為，

此項目沒有將類書研究推向新的高度，也為我們提供了重新研究的機遇。

日本大阪大學文學部教授加地伸行的《類書的綜合研究》列入平成六、七年度科學研究費項目，但報告書至今沒有公開出版。

（四）簡要評述

關於類書的研究雖然取得了不少成果，但還不夠充分。通論性著作一般部頭較小，專題專書研究也亟待加強。特別是從文化角度進行研究的成果還不多見。

中國文化史的研究已經形成了通史、斷代史、專題史及專書研究等模式，但將文獻與文化結合進行專類史的研究，迄今還是一個無人嘗試的學術空白。專類史的研究，既是分類研究，也是綜合研究。目前學界對傳世文獻的研究已逐步走向深入，並隨之出現了越來越多的文獻研究專著。通史、斷代史、專題史及專書研究的深入發展，使新型的文獻專類研究不僅成為可能，也是傳統研究模式發展的必然趨勢。文獻專類研究意在破舊立新，推陳出新。它突破了經典的傳統四部分類法，在原有文獻分類的基礎上，針對其中分類不合理的大量文獻，結合古代文獻分類研究的最新成果，對其進行整合併重新劃類。這些新建立的類目，不是簡單的別出新類，而是根據文獻自身的特點並在當下文化價值觀的觀照中，還原其作為文獻原本具有的價值。總體來說，就目前學界對傳世文獻研究的現狀而言，要麼就文獻論文獻，這種研究方法的問題在於，文獻陳列有餘而議論不足；要麼就文化論文化，其問題在於，對文化的闡發往往缺乏實證從而容易流於空疏。儘管也有少數從文化視角對某部文獻專著進行研究的個案，但這種情況並不多見。

三、本課題的總體框架、結構、研究目標和基本內容

（一）總體框架結構圖

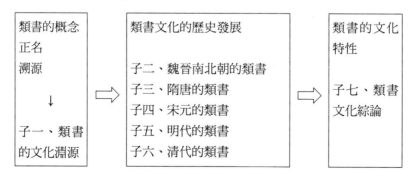

其中子課題一為導論部分，子課題二至六為主體部分，子課題七為綜論部分。「類書的概念」是基點，經過辨析，由此確定類書文化史的起點，「類書文化的歷史發展」是研究的重點，對類書進行「文獻學＋文化學」的雙重考察則是研究的核心。

（二）結構

子課題之一：類書的文化淵源

本子課題研究的主要內容包括：

◎為類書正名

類書的定義

類書的性質

類書的地位

◎類書起源的討論

關於類書的起源問題，學界一直爭論不休，下列問題需要加以辨析：

類書是否起源於《爾雅》？

類書是否起源於《呂氏春秋》？

類書是否起源於《淮南子》？

類書是否起源於《洪範五行傳論》？

類書是否起源於《新序》？

類書是否起源於《說苑》？〔註1〕

子課題之二：魏晉南北朝時期的類書

魏晉南北朝時期是多元文化激盪的時代。本子課題研究的主要內容包括：

◎魏晉南北朝類書概述

◎《皇覽》出現的文化背景

◎《皇覽》的體制與文化影響

◎南北朝世俗類書

《要覽》

《類苑》

《華林遍略》

〔註1〕關於類書的起源問題，劉全波已在《類書研究通論》第二章中作了較好的討論，因此此書略去。

《修文殿御覽》

◎南北朝佛教類書

《經律異相》

◎南北朝道教類書

《無上秘要》

子課題之三：隋唐時期的類書

隋唐時期是文化隆盛的時代。本子課題研究的主要內容包括：

◎隋唐類書概述

◎隋唐官修類書

《藝文類聚》

《初學記》

◎隋唐私撰類書

《編珠》

《北堂書抄》

《白氏六帖》

◎唐代佛教類書

《諸經要集》

《法苑珠林》

《釋氏六帖》

《釋氏要覽》

《大唐一覽》

◎唐代道教類書

《三洞珠囊》

子課題之四：宋元時期的類書

本子課題研究的主要內容包括：

◎宋元類書概述

◎宋元官修類書

《太平御覽》

《冊府元龜》

◎宋元私撰類書

《皇朝事實類苑》

《事文類聚》

《帝王經世圖譜》

《山堂考索》

《記纂淵海》

《事物紀原》

《全芳備祖》

《海錄碎事》

◎宋元道教類書

《雲笈七籤》

《道樞》

◎宋元科舉類書

《事類賦》

《永嘉八面鋒》

《玉海》

《群書會元截江網》

◎宋元通俗類書

《事林廣記》

《居家必用事類全集》

子課題之五、明代的類書

本子課題研究的主要內容包括：

◎明代類書概述

◎明代官修類書

《永樂大典》

◎明代私撰類書

《唐類函》

《三才圖會》

《圖書編》

《山堂肆考》

《類林》

《經濟類編》

《喻林》

《文奇豹斑》

《夜航船》

◎明代科舉類書

《五經總類》

《古今好議論》

《八經類集》

《經濟言》

◎明代通俗類書

《萬寶全書》

《萬用正宗不求人》

《燕居筆記》

子課題之六、清代的類書

清代初期至中葉是中國文化的總結期，而晚清是中國文化的轉型期。本子課題研究的主要內容包括：

◎清代類書概述

◎清代官修類書

《古今圖書集成》

《佩文韻府》

《駢字類編》

《淵鑒類函》

《子史精華》

◎清代私撰類書

《教養全書》

《格致鏡原》

《事物原會》

《奩史》

◎清代通俗類書

《食憲鴻秘》

《清稗類抄》

《時務通考》

◎清代科舉類書

《經世篇》

《考古類編》

《二酉匯刪》

《三才彙編》

《五經類編》

子課題之七、類書文化綜論

本子課題研究的主要討論類書的文化特性：

◎知識性　類書是中國古代的百科全書，從天文、地理等自然之學到統治教化、道德倫理等人文之學，它涵概了古代社會的全部知識體系。

◎工具性　類書是中國古代的搜索引擎，類書採擷群書，區以部類，將古代的知識編織成網絡結構，便於檢索。

◎神秘性　類書編纂採用「天—地—人—事—物」結構，類目的設立一般使用神秘數字，體現神秘文化特徵。

◎政治性　以官修類書為例。

◎宗教性　以宗教類書為例。

◎功利性　以科舉類書為例。

◎通俗性　以通俗類書為例。

◎技藝性　以技藝類書為例。

（三）研究目標

本課題力圖突出以下兩個方面：

1. 擬從文獻學與文化學的雙重角度追溯中國類書文化的歷史發展，即從文獻學的角度考察類書的編纂、分類體系；從文化學的角度考察類書的文化背景、思想內涵，對中國文化歷程中的一些文化現象、歷史問題作出理論論證與探討，努力探尋中國類書文化的歷史發展規律和線索。以文化學的理論探討和文史哲諸學科的交融互攝為考察重心，通過具體入微的文化史觀照，把握中國類書起伏跌宕的文化歷程。

2. 以類書為中介，將文獻學與文化學聯接起來，進行雙重互釋，避免「就文獻論文獻」或「就文化論文化」的單一模式。

（四）基本內容

1. 導論部分。主要討論兩個問題：第一，類書的義界。名不正則言不順。

為了明確研究範圍，必須從正名開始。第二，探討類書的淵源問題，辨析《爾雅》等書與類書的關係，從而確定研究起點。

2. 展開部分。主要討論下列問題：第一，魏晉南北朝是中國歷史上社會苦痛、政治混亂的悲劇時代，為什麼第一部類書會出現在曹魏時代？第二，在漢代儒學獨尊的文化模式分崩離析之後，統治者又如何利用儒家經典改編為類書，使之成為帝王之工具？第三，一般來說，往往是盛世修典，為什麼在魏晉南北朝這段亂世之中會出現類書編纂的第一個高峰期？是否與此期的文化多元走向有關？第四，唐代類書是否體現了「大唐氣象」？第五，唐代類書是否促進了唐代詩歌的繁榮？第六，唐代類書是否促進了中華文化的融合？第七，宋代類書是否體現了「宋型文化」精神？第八，宋代通俗類書是否體現了宋代市民文化？第九，「宋四大書」對明清大型類書有何影響？第十，《永樂大典》呈現什麼樣的文化品性？《永樂大典》對《四庫全書》有何影響？第十一，明代通俗類書如何反映明代市民文化？第十二，「明代類書，泛載近事。」除此之外，明代類書還有哪些特點？第十三，《古今圖書集成》呈現什麼樣的文化品性？《古今圖書集成》對《四庫全書》有何影響？第十四，晚清類書衰落的原因何在？

3. 綜論部分。主要討論三個問題：第一，類書的文化特徵體現在哪些方面？第二，盛世修典為何首選類書？第三，古代類書對當代文化建設有何啟示？

四、本課題的研究方法、技術路線和調研計劃、研究進度

（一）研究方法

考論結合 古代類書研究，立足於古代文獻的具體考辨，須佔有盡可能豐富的第一手材料，通過周密的分析與比較，揭示類書生成、演變的真實過程，並開掘其歷史文化內涵，這裡需要的是考證與義理相結合的方法。

多學科交叉 中國古代類書的生成、演變，涉及到文獻學與人文社會科學（尤其是文化學）、自然科學諸學科。這就決定了我們的研究，從內容到方法都要兼採諸學科，實現彼此的交叉、互滲。

個案研究與綜合研究相結合 本課題的研究對象是古代類書，只有從大量的類書個案研究入手，才有可能完成類書的總體研究。同時，類書的個案研究也必須在類書史的總體研究的觀照之下，才能發現規律。

（二）技術路線

我們將研究對象鎖定為類書，從此入手，可以迅速打開突破口。因為類書是我國文化史上較為特殊的文獻，既有悠久的歷史，又有豐富的文化含量，且有較大的研究空間。

從文獻學角度考察類書，這條路雖然比較傳統，但也是可行的。

從文化學角度考察類書，這方面研究成果不多，但已經取得突破，已有成功個案研究，證明這條路也是可行的。

類書既是古代文獻的武庫，也是文化史料的寶藏。類書非經、非史、非子、非集，又與經史子集密切相關。類書是我國文化史上一種較為特殊的文獻，是古代文獻中最獨特的一類專門文獻，數量高達千種以上，早已蔚為大國。宋代鄭樵、清代孫星衍等人主張將類書獨立為與經史子集並列的大部類。古代編纂類書歷史悠久，經驗豐富，但理論研究比較匱乏。

（三）調研計劃（略）

（四）研究進度（略）

五、本課題擬突破的重點和難點問題及主要創新之處

（一）本課題擬突破的重點難點問題

第一，從文獻學與文化學的雙重視角考察類書流變，既是重點，也是難點。在文獻實證的前提下進行理性思辨，並在類書史的脈絡中還原文獻與文化之間的必然關聯。一方面突出文獻這一線索，從史的角度敘述類書生成的歷史、階段性特點、類書文獻價值及其影響，同時探求特定的文化價值觀對類書文獻生成的影響程度及其在類書中的一般表現形式；一方面突出文化這一線索，探索類書文化生成的歷史，探索類書文化現象的形成及演變，同時又從類書文獻出發來探討其與文化流變及文化歷程之間的雙向互動關係。類書文獻與傳統文化兩者緊密相聯，不可分割。文獻學強調文獻實證，注重原始文獻的挖掘，一般比較輕視新理論與新方法，只見樹木，不見森林，往往流於煩瑣；而文化學強調新理論與新方法，一般比較輕視文獻實證，不太注重原始文獻的挖掘，喜歡從概念出發，侈談理論，只見森林，不見樹木，往往流於空疏。文獻學與文化學基本上還是各行其道，雖然有些個案研究，往往用文化史或者文化人類學的視野審視某類文獻，但還遠遠沒有形成大規模的交叉研究的格局。只有將文獻學與文化學結合起來，才能取得較大的突破。

　　第二，釐清類書的文獻結構，重點把握類書的文化發展脈絡。古代類書數量眾多，卷帙浩繁，內容駁雜，連最具權威的以《四庫全書》為代表所傳承和確定的傳統四部分類法，也只是從目錄分類的角度認定其「非經、非史、非子、非集」，從而將其歸為子部之下「類書類」。儘管作為工具之用的類書很實用，卻依舊沒有引起學界充分的重視。目前雖有專著研究古代類書，但仍不成體系，特別是還沒有將古代類書納入文化體系之下進行專類式研究。本課題即以古代主要的類書文獻為研究對象，系統、深入研究古代類書文獻與傳統文化之間的關係：一方面對類書文獻生成史進行系統研究，並通過給特定的類書文獻在文化史中定位的辦法，逐步釐清古代諸多類書文獻的實體結構；一方面透過古代類書文獻的這種實體結構，把握隱藏其後的深層的文化結構及其發展脈絡。

（二）主要創新點和特色

　　1. 重新確定類書義界。類書義界是學術界爭論的焦點問題，也是本書的難點之一。通過對類書史的梳理，綜合考察，給予科學界定。

　　2. 從文化進程角度審視類書文獻，用文化學的視野審視類書文獻，以新視角探照舊材料，為文化史的研究開闢新途徑。

　　3. 從類書文獻中挖掘文化史料，如從科舉類書中發掘科舉文化史料，從通俗類書中發掘通俗文化史料，從技藝類書中發掘傳統科技文化史料。

第一章　為類書正名

一、類書是「知識再生產」

　　類書是什麼？古往今來，眾說紛紜，具體情況詳後。

　　我們首先亮劍──類書是一種「知識再生產」。

　　何謂知識？知識是人們在實踐活動中所獲得的認識和經驗的總和，是人類智慧的結晶。知識概念不僅反映人們認識活動總體水平和全部結果，同時知識概念也必須是具體的，指向包含確定內容、意義明確、特定的、具體的知識點。人們認識到每一個事物、一項規律，人們發展的每一種技術、每一個技巧、每一個方法，完成特定工作的方案、策略、程序，以及建議、方案、觀點、創意等，都是知識。〔註1〕在黑格爾看來，「知識」「真（理）」「絕對」「科學」和「概念」都可以聯貫起來，但這些詞只是在不放棄它們的最原初的意義下，才是可以聯貫的。〔註2〕

　　英國約克大學邁克爾・馬爾凱教授在《科學與知識社會學》一書中認為：「只有那些普遍有效的和必需的知識形式，才可稱得上是真正的知識。」〔註3〕德國著名社會學家卡爾・曼海姆認為：「任何一類知識若它只被某些特定的歷史一社會群體所擁有，那麼它是受懷疑的。所希望的應是那些擺脫了主體世界觀

〔註1〕李建華：《知識生產論》，北京：中國社會科學出版社，2008年，第71頁。

〔註2〕葉秀山：《讀那總是有讀頭的書──重讀黑格爾〈精神現象學・序言〉》，《讀書》1991年第1期。

〔註3〕邁克爾・馬爾凱：《科學與知識社會學》，北京：東方出版社，2001年，第18頁。

一切影響的那類知識。」〔註4〕英國歷史學家彼得‧伯克（Peter Burke）認為：

> 「知識是什麼？」這個問題，與更為有名的「真理是什麼？」的問題幾乎同樣難以回答。有人常會批評曼海姆，因為他將範疇、價值觀念和評價不分青紅皂白地說成是由社會決定的。我們同樣需要辨別知識與信息，「知其所以然」與「知其然」，什麼是確定無疑什麼又是理所當然的。本書為方便起見，用「信息」一詞來特指相對「原始的」、特殊的和實際的，而以「知識」一詞表示通過深思「熟慮的」、處理過的或系統化的。毫無疑問，這個差別是相對性的。〔註5〕

情況確實如此。

何謂再生產（Reproduction）？再生產即不斷反覆進行的生產過程。包括人類再生產和物質再生產兩大方面。通過人類自身的不斷再生產（繁衍）和物質（生產物資和生活物資）的不斷再生產，如此周而復始，才可以維持人類社會的存在和發展。因此，社會生產總要連續不斷、周而復始地進行。如果中斷，社會就要滅亡。這種不斷更新和不斷重複的生產，就是「再生產」。

我們在仔細閱讀馬克思《資本論》一書的過程中，對其再生產理論傾心佩服，並深受啟發，由商品的再生產自然聯想到知識的再生產，這是因為在當今時代知識早已成為了一種商品。這種知識的遷移驅使我們思考知識的生產過程，而知識的生產過程正是知識生產與知識再生產循環往復的過程。〔註6〕

何謂知識生產？知識生產是指人們通過腦力勞動創造出新知識（包括知識形態的科學技術）的過程。它是在已有知識的基礎上發現新知識的過程。知識生產的目的是獲取各種知識，用以滿足人類的各種精神生活的需要，同時也為人類的各種生產提供理論和方法。知識生產是以腦力勞動為主，是充分運用人類的知識和智慧的創造性勞動，同一種知識產品，社會只承認優先發現權或

〔註4〕 邁克爾‧馬爾凱：《科學與知識社會學》，北京：東方出版社，2001年，第18頁。

〔註5〕 彼得‧伯克：《知識社會史（上卷）：從古登堡到狄德羅》，浙江大學出版社，2016年，第18頁。

〔註6〕 斯大林在《蘇聯社會主義經濟問題》中指出：「馬克思的再生產公式決不只限於反映資本主義生產的特點；它同時還包含有對於一切社會形態——特別是對於社會主義社會形態——發生效力的許多關於再生產的基本原理。」見《蘇聯社會主義經濟問題》，人民出版社1961年版第64頁。我們認為，馬克思的再生產理論對知識形態也是有啟發意義的。

發明權，重複勞動將變得毫無意義。相對於物質生產來說，知識生產對勞動者的知識水平、創造能力、思維方式等方面提出了更高的要求，一般都要求知識勞動者接受較高層次的專門教育，經過訓練與實踐過程，方能勝任知識生產這種創造性勞動，如科學家、發明家、作家、藝術家、理論家、思想家等等，是知識生產中的精英，他們組成了知識生產中的核心力量。知識生產是創造性勞動，帶有很大的探索性，雖事先有可行性和後果的評價與預測，但仍存在很大的不確定性。例如，在涉及自然界或社會的基礎理論研究中常常會出現難以預料的結果；一些應用研究和技術發明也存在失敗的可能。因此，在知識生產特別是重大科學理論和技術發明中風險投資顯得更加重要，它一旦獲得成功，其效益往往是不能用金錢來衡量的，它可能會帶來一場知識或科技革命，從而推動一個新時代的到來。〔註7〕有人認為，社會生產本質上就是知識生產。在知識生產的「創新─擴散」過程中，最重要、最關鍵的環節是從無知到有知、從未知到已知的創新階段，而創新在完成以前是不可預知的。〔註8〕

　　何謂知識再生產？這是一個迄今未有定論的問題。哲學家、社會學家、經濟學家、歷史學家都在談論這個概念，各說各的，難以通約。臺灣學者張壽安在《晚清民初的知識轉型與知識傳播・導言》稱：「在知識轉型與傳播領域，近年來最蓬勃發展的應該是翻譯、概念與知識再生產。」〔註9〕知識生產的特性在於創新，知識再生產並非如此，而是利用已有知識要素進行知識重組，按照新的組織方式編纂出新的知識形態的知識產品。我們所說的「知識再生產」是一種自定義，與哲學家、社會學家、經濟學家、歷史學家談論的概念並不相同。

　　彼得・伯克從中西比較的角度得出如下判斷：

　　　　中國編著百科全書的歷史可以追溯到3世紀。與西方的古典傳統不同，中國的這一做法源遠流長，而且從未中斷過。僅有明一代（1368～1644），中國政府就修撰了大量百科全書，其中有139部至

〔註7〕汪向陽：《論當代知識生產力的新發展》，《西北大學學報（哲學社會科學版）》，2001年第3期。

〔註8〕李建華：《知識生產論》，北京：中國社會科學出版社，2008年，第4頁。

〔註9〕張壽安：《晚清民初的知識轉型與知識傳播》，北京師範大學出版社，2018年，卷首第12頁。通檢全書，未見申論。從「中國知網」檢索的結果來看，所謂「知識再生產」也多是現代社會、科技、經濟、文化方面的知識再生產，至今沒有人將它與類書關聯起來。

今仍為人所知。同西方相比，中國更早地出現了卷帙浩繁的巨型百科全書。15世紀早期的《永樂大典》就是一個例子，它動用了2000多位編纂者，共修成萬餘卷。由於成本過於昂貴，導致該書無法印製出版，就連保存也極為困難，僅有不到4%的文稿殘存至今。1726年（清代早期），在清政府的資助下，《欽定古今圖書集成》問世。這部偉大的著作多達75萬餘頁，極有可能是當時世界上最長的書籍。……

中國和西方的百科全書在組織編撰。實際功效和閱讀群體等方面的區別值得我們重視。早在唐代，中國就已經出現若干百科全書，但是這些書籍的主要目的是幫助考生應對科舉考試。科舉考試的主要形式是文章寫作，而這些工具書便（順勢）按照不同的主題分門別類地收集整理了各種名家名句，便於一些記憶力良好的考生引經據典，為其答卷錦上添花。至於《古今圖書集成》，它是由國家資助完成的，印刷出版的副本更是寥寥無幾，這些都說明清政府修撰該書的本質目的是協助官員的日常工作。如果我們將這兩部書籍與錢伯斯、澤德勒和狄德羅的百科全書進行比照，差異立現。……

比較的目的當然是為了得出一個新的推斷，但是我**更傾向於將這種比較視為兩種極端不同的知識體系間的象徵物或指示器，這兩種知識體系也許可以被稱為中國的「官僚式知識組織模式」和歐洲的「企業式知識組織模式」**，後者有時也被視作「印刷資本主義」（printcapitalism）。……在近代早期的中國，知識總是與強權聯繫在一起的，（也就是說）在這種情況下，知識（的生產、保存和傳播）依靠的是官吏和毛筆而非武士與刀劍。而另一方面，在近代的歐洲，知識與印刷生產的關係則相對比較密切，這也使得歐洲的知識體系更為開放。印刷術的發明有效地刺激了一類新型社會群體的誕生和發展，他們熱衷於將知識公之於眾。〔註10〕

他山之石，可以攻玉，此之謂也。這種中西比較還是相當具有啟發意義的，「官僚式知識組織模式」的判斷尤為啟人茅塞。

〔註10〕彼得‧伯克：《知識社會史（上卷）：從古登堡到狄德羅》，浙江大學出版社，2016年，第196～197頁。

　　最初文化被官方壟斷，其後隨著王綱解紐，文化下移，知識在民間廣為傳播，形成了古代的知識爆炸。軸心時期出現了哲學的突破，春秋戰國時期完成了文化的突破，出現了百家爭鳴，形成了一大批「中華元典」。先秦時期完成了兩大部類的知識積累，第一部類為經書（《漢書藝文志》歸入「六藝略」），第二部類為子書（《漢書藝文志》歸入「諸子略」）。秦漢時期從經書中分出史書，從子書中分出集部書。〔註11〕「經／史」與「子／集」至魏晉之際演變成為「經—史—子—集」四部格局。

　　一般而言，經史子集四部皆為原創，這是知識生產。如何在此格局之下推陳出新？如何做好知識創新？這是中國文化史的難題。很快這一困局就被曹丕破解，他利用經史子集，組織人員成功地編纂出了第一部類書，完成了從知識生產到知識再生產的轉型。

　　類書是一種「知識再生產」。決不只是將書籍分類整理，而是重新形成一個具有神秘意味的框架，按照「天—地—人—事—物」的格局〔註12〕，分門別類，類聚群分，以六經為史料，以四部為史料，取精用弘，零存整取，編成或大或小的類書。六經皆史料，四部皆史料，這種認識早在類書編纂之初即已付諸實踐。明清時代「六經皆史」論被現代學人認為卓犖之見，未免數典忘祖。

　　類書是社會文化發展到一定階段的產物，是人類分類意識、分類能力達到一定高度，知識沉澱達到一定厚度的必然結果。隨著時間的推移，文化知識濃縮而成的典籍越來越多，且古今論著一旦浩瀚起來，任何一個人，哪怕是最博聞強識的學者也開始漸漸變得無法遍覽。《史記・太史公自序》：「六藝經傳以千萬數，累世不能通其學，當年不能究其禮。」〔註13〕面對六藝經傳，博學多聞的太史公司馬遷早在西漢時就發出了這般無可奈何的感慨。誠然，古人在沒有現代化檢索、閱讀工具幫助的情況下，記憶力、閱讀力是不可能在一段時間內有大幅度或較快提升的，面對日益增多的各類知識，記憶力、閱讀力的嚴重滯後就成為人與知識之間所面臨的迫切需要解決的問題。

〔註11〕　《詩》亡而後《春秋》作，隨之史書蔚為大觀，並很快壓倒子書，成為乙部。子書亡而後文集興。
〔註12〕　「天—地—人—事—物」的類書結構可謂一個超穩定結構，從魏晉到明清基本上是如此。
〔註13〕　《史記》卷一百三十《太史公自序》，北京：中華書局，1959 年，第 3290頁。

分類能力來自於人的分類意識，是人類天生的把握世界的基本生存能力之一。〔註14〕《周易正義》卷一：「本乎天者親上，本乎地者親下，則各從其類也。」〔註15〕而且隨著人類的發展進步，這種分類意識、分類思想、分類能力、分類經驗不斷得到強化，類書的出現就是這種分類能力在圖書知識領域得到快速提升的集中體現。當古代讀書人依靠分類意識、分類能力、分類思想、分類經驗對浩瀚的典籍、知識進行分類時，將具有共同特點的一類知識或者幾類知識匯聚在一起並按照某種方法進行排列組合時，一種便於閱讀、記憶、查閱的資料彙編（類書）也就產生了。〔註16〕姚名達《中國目錄學史》之《事物之分類》認為：「分類之應用，始於事物，中於學術，終於圖書。」〔註17〕當然，類書的產生絕不是一朝一夕的事情，也絕不會是歷史偶然性發展的產物，而是經過人類社會文化的長期積澱，並在一個文化知識大發展、大進步的歷史背景下孕育而來的。

鄧嗣禹《中國類書目錄初稿·敘錄》認為：

> 類書之作，肇於《皇覽》，由來久矣。自書契以來，典籍日繁，人生有涯，事難盡稽；雖畢歲月於披尋，窮心目於究探，而周知不易，記誦尤難。於是類事類文之書，應運而起，或以供人君乙覽，或以備一時之偶忘；而其體例，則大抵以類相從，如錢就貫；或依韻編次，左右逢源。使儉腹者資以饋貧，禿筆者賴以利潤，為學者持以尋檢，從政者得以流覽；省時節力，用至廣也。〔註18〕

〔註14〕 姚名達《中國目錄學史》之《分類之原理》認為分類能力不是人類之本能，而是豐富經驗之結果，筆者認為分類能力應是人類天生的認知世界的本能，只是這種天生的能力有待豐富經驗之不斷加強。《中國目錄學史》認為：「西洋目錄學家每謂分類為人類之本能；實則積得豐富之經驗後，自然有鑒別之知識耳；謂為本能，則未必也。」上海：上海古籍出版社，2002年，第47頁。

〔註15〕 （清）阮元校刻《十三經注疏（附校勘記）》，北京：中華書局，1980年，第16頁。

〔註16〕 這裡要說明的問題是，並不是只要以類相從的將知識排列在一起就是類書了，以類相從是類書的一個必要條件，但是並不是所有的以類相從都是類書，如果所有的以類相從都是類書，那麼類書的產生就要提前到先秦甚至有文字記載的更早的時代了，這個問題我們會在第二章詳細解說。

〔註17〕 姚名達：《中國目錄學史》，上海：上海古籍出版社，2002年，第49頁。

〔註18〕 鄧嗣禹編：《中國類書目錄初稿》，臺北：古亭書屋，1970年，第Ⅳ頁；又見鄧嗣禹編《中國類書目錄初稿》，臺北：大立出版社，1982年，第Ⅳ頁。《中國類書目錄初稿》原題鄧嗣禹編《燕京大學圖書館目錄初稿：類書之部》，1935年4月出版，以上兩版本均是對1935年初版的影印。

伍傑《中國類書·序》又認為：

> 類書是個古老而新鮮的題目。說它古老是因為遠在一千多年前
> 就有人編纂類書；說它新鮮是因為當今仍然有人在編纂，只是內容
> 和方法和以前略有不同。類書是一個民族豐富文化積累的產物，是
> 民族文化的結晶。一個文化空白的民族，是不可能有類書的。有豐
> 富的文化底蘊，有文化積累，有無數古籍，有發達的學術科學水平，
> 有重視文化知識的人，才會需要，才可能將書籍分類整理，將之梳
> 理成一門科學，應用於當時，傳之於後世。中華民族，有幾千年的
> 古老文明，有大量古籍，有輩出的人才，這才有產生類書的客觀條
> 件和基礎。〔註19〕

曹之先生在《中國古籍編撰史》中曾發問道，古代類書知多少？據其粗略統計，
有六百餘種，現存類書二百餘種。〔註20〕張滌華《類書流別》之《存佚第六》
將古今類書分為存目、存疑、黜偽、補遺、新增五部分，但張氏書中未有類書
數量的最終統計數據，據筆者統計，除去黜偽部分，有近1000種。〔註21〕戴
克瑜、唐建華主編《類書的沿革》第九章《現存類書書目》以朝代順序對現存
類書做了統計，共載類書263種。〔註22〕莊芳榮《中國類書總目初稿》據《燕
京大學圖書館目錄初編類書之部》《江蘇省立國學圖書館圖書總目》《類書流
別》《哈佛大學哈佛燕京學社圖書館藏明代類書概述》《四庫未收明代類書考》
《國立中央圖書館善本書目增訂本》等15種目錄書編成，其認為：「計得八二
四種，其中扣除同書異名或疑為同書者，約得七六六種。」〔註23〕吳楓《中國

〔註19〕趙含坤《中國類書》，石家莊：河北人民出版社，2005年，第1頁。

〔註20〕曹之：《中國古籍編撰史》，武漢：武漢大學出版社，2006年，第410頁。

〔註21〕張滌華：《類書流別》，北京：商務印書館，1985年，第42頁。原文只有書目，
未有統計數據，此數據是筆者統計所得，其中不乏重複且非類書而混入者。

〔註22〕戴克瑜、唐建華主編：《類書的沿革》，成都：四川省圖書館學會編印，1981
年，第105～115頁。原文只有書目，未有統計數據，此數據是筆者統計所得。
其中記載亦有重出，以《編珠》為例，此書隋杜公瞻撰，有清高士奇續、補，
而作者對原撰、續、補皆做了統計，以至《編珠》一書被統計了三次。

〔註23〕莊芳榮：《中國類書總目初稿（書名·著者索引篇）》，臺北：臺灣學生書局，
1983年，第9頁。其《自序》認為：據《四庫全書總目》所載之統計共二八
二種；民國二十四年鄧嗣禹《燕京大學圖書館目錄初編類書之部》收錄歷代類
書計三一六種；又據歷朝《藝文志》《經籍志》著錄，自六朝至清代，類書約
達六百餘種；張滌華《類書流別》一書著錄則達七〇九種，惟其中存疑未敢確
定者近三百種。除此，尚多書目收錄有類書一項。觀諸眾多目錄，可知古人對

古典文獻學》認為：「自六朝至清末，據歷代藝文、經籍志著錄，約有六百餘種，其中大部分已經散失，今存者約有二百種左右。」〔註24〕趙含坤《中國類書》對古往今來的類書做了編目敘錄，並收錄了民國乃至新中國建國以來所編纂的類書，其言中國古代所編纂的類書達 1600 餘種（包括存疑的 125 種）。〔註25〕

　　總體來看，趙含坤先生對於類書的定位過於寬泛，其將政書、姓氏書等亦作為類書統計，故其數據不免有誇大之嫌，但是，毫無置疑，古今類書之浩瀚磅礴是不容否認的，且以上諸先生之統計並沒有包括所有的佛教類書、道教類書乃至受中國文化影響較深的日本、朝鮮、越南、琉球等地區文人所編纂的域外類書。此外，諸位先生的類書統計數據之所以差距較大，一個重要的原因就是諸位先生對類書的定義、定位多有不同意見，〔註26〕故收錄類書的範圍不同，從而導致了自說自話，自行其是。而對類書的定義、定位一直是困擾類書研究領域的一個難題，但進行類書研究又無法避開此問題，下面我們就先瞭解一下古今學者對類書的看法、認識、定義、定位。《四庫全書總目》子部類書類序曰：

> 　　類事之書，兼收四部，而非經非史，非子非集。四部之內，乃無類可歸。《皇覽》始於魏文，晉荀勗《中經部》分隸何門，今無所考。《隋志》載入子部，當有所受之。歷代相承，莫之或易。明胡應麟作《筆叢》，始議改入集部，然無所取義，徒事紛更，則不如仍舊貫矣。此體一興，而操觚者易於檢尋，注書者利於剽竊，轉輾稗販，實學頗荒。然古籍散亡，十不存一。遺文舊事，往往託以得存。《藝

類書之界義未盡一致，有以字書、名錄為類書者；有以詩集、文集為類書者；有以通典、會要為類書者；此為廣義之看法，另有學者以為上述範圍，取材太泛，不免蕪雜，惟大半學者以為類書之定義宜採較寬泛之認定，否則，如採較狹限之認定，則歷來之所謂類書，名實兼備者，恐不過十之三四而已。本書收錄之範圍，則以廣泛取材為原則。

〔註24〕吳楓：《中國古典文獻學》，濟南：齊魯書社，2005 年，第 132 頁。
〔註25〕趙含坤：《中國類書·凡例》，石家莊：河北人民出版社，2005 年。
〔註26〕對於廣義類書和狹義類書之區分，學界多有不同意見，大致來說，目錄學者在編制類書目錄時多採取廣義原則，而類書研究者在從事研究時多採取狹義原則，究其原因，編目之原則是求全求備，勿使遺漏，以展現類書發展之全貌，數量之眾多，而研究者則力在闡釋類書之特色，類書之個性，以區別於其他文獻種類，故多斤斤計較，嚴格區分，以求得去偽存真。

文類聚》《初學記》《太平御覽》諸編，殘璣斷璧，至捃拾不窮，要
不可謂之無補也。其專考一事如《同姓名錄》之類者，別無可附，
舊皆入之類書，今亦仍其例。〔註27〕

《四庫全書總目》這僅僅二百多字的論述，對類書之源流、利弊、功用做
了粗線條總結，清代以來的學者研究類書多以之為據；但是很顯然，為類書類
作序的四庫館臣迴避了一個很重要的問題，就是對於類書是什麼這個問題並
沒有做出解答，或者說，沒有簡單明瞭的給類書下一個定義。

「類書」這個名稱出現比較晚，北宋歐陽修等人編纂《新唐書》時在《藝
文志》子部設立「類書類」，正史目錄中才出現「類書」這個名稱，並被廣為
沿用至今。其實，在歐陽修編纂《新唐書》之前，其曾參與編纂的《崇文總目》
中就出現了「類書類」。

《四庫全書總目》載：

　　　《崇文總目》十二卷，……因詔翰林學士王堯臣、史館檢討王
　　洙、館閣校勘歐陽修等校正條目，討論撰次，定著三萬六百六十九
　　卷，分類編目，總成六十六卷，於慶曆元年十二月己丑上之，賜名
　　曰《崇文總目》。〔註28〕

《崇文總目》載：

　　　　類書類（以下原卷三十）。謹按此類以下《歐陽修集》無敘釋。
　　類書上，共四十六部，計一千六百五十卷。類書下，共五十一部，
　　計八百六十五卷（以下原卷三十一）。〔註29〕

由上可知，《崇文總目》的部類之中的確是已經出現了「類書類」，《崇文
總目》應該是目前我們所知道的古今著作中最早出現「類書」稱謂與「類書類」
子目的著作，但是非常可惜的是，《崇文總目》中歐陽修對類書的「敘釋」卻
在流傳中佚失了，所謂「謹按此類以下《歐陽修集》無敘釋」，我們也就無法

〔註27〕（清）永瑢等：《四庫全書總目》卷一三五《類書類序》，北京：中華書局，1965
　　　　年，第 1141 頁。
〔註28〕（清）永瑢等：《四庫全書總目》卷八五，北京：中華書局，1965 年，第 728
　　　　頁。
〔註29〕（宋）王堯臣、王洙、歐陽修：《崇文總目》卷六，《文淵閣四庫全書》，第 674
　　　　冊，第 72 頁。《叢書集成初編》本《崇文總目》載：「類書上，共四十六部，
　　　　計四千六百五十卷。侗按：玉海引崇文總目類書，數與此同，云始於太平御
　　　　覽，舊本四千訛作一千，今校改，核計實四十四部四千三百一十卷。」（第 22
　　　　冊，第 174 頁）。

知道歐陽修在創造「類書」這個名詞、子目時的最初含義。後世學者對於類書的定義多是根據自己的理解做出的，更有甚者，眾多學者如四庫館臣等清朝大儒，沒有直接對類書做出定義，只是告訴了我們「什麼是類書類」，卻沒有回答「類書是什麼」這個重要的問題！

民國以來，在西學東漸的學術風氣下，我國學人對於類書的研究、認識進入了新的階段，試圖對類書是什麼這個問題做出必要的解釋。《辭源》與《辭海》都是民國初年編纂的大型工具書，他們對於類書之定義，雖仍然是沿襲了清儒的思路，但已經開始對類書是什麼這個問題進行闡述。

《辭源》載：

> 採輯群書，或以類分，或以字分，便尋檢之用者，稱為類書。
>
> 以類分之類書有二：甲、兼收各類，如《藝文類聚》《太平御覽》《玉海》《淵鑒類函》等。乙、專收一類，如《小名錄》《職官分記》等。
>
> 以字分之類書有二：甲、齊句尾之字，如《韻海鏡源》《佩文韻府》等是。乙、齊句首之字，如《駢字類編》是。〔註30〕

《辭海》載：

> 捃摭群書以類相從便於檢閱之書曰類書。《三國志‧魏志‧劉邵傳》載：邵黃初中受集五經群書以類相從作《皇覽》。是為類書之始。《隋書‧經籍志》雜家有《皇覽》百二十卷，注稱繆卜等撰，何承天、徐爰合之，蕭琛抄之。《唐書‧藝文志》始著類書之名，即以何承天等併合之《皇覽》居首，而以當時歐陽詢之《藝文類聚》、虞世南之《北堂書鈔》之類居後。自後歷代書志皆有類書之部，而類書之作，且亦有以字或以韻分者；以字分如《駢字類編》之類，以韻分如《佩文韻府》之類。古籍散亡，十不存一，遺文舊事，往往賴此以傳。〔註31〕

〔註30〕《辭源》，北京：商務印書館，1979年修訂第1版，第3399頁。

〔註31〕方師鐸：《傳統文學與類書之關係》，天津：天津古籍出版社，1986年，第4頁。對於《辭源》《辭海》對類書之定義，方師鐸先生有過如下評論：「《辭源》《辭海》都說類書是：採輯群書，或以類分，或以字分，便於檢閱之書。這話也嫌過於籠統。請問《辭源》《辭海》，這兩部書的本身，是不是也可以算作：『以字分』的『便於檢閱之書』呢？若然，則《辭源》《辭海》，豈不也可以算作類書了？照我們看來：類書之所以不同於其他的字書與韻書者，不在於他的外形，而在於他的用途。類書的唯一用途，就在供詞章家獵取辭藻之用，至於『古籍失亡，十不存一；遺文舊事，往往賴此以傳。』那只不過是他的意外

　　張滌華（1909～1992），安徽省鳳臺縣人。早年就讀於武漢大學中文系〔註32〕，1937 年畢業。《類書流別》是他的本科畢業論文，得到國學大師劉永濟先生的指導和好評，該書於 1943 年由商務印書館出版第一版。《類書流別》是民國以來第一部專門研究類書的專著，是類書研究的開山之作，雖然還只是薄薄的一本小冊子，還屬於草創性質，但其首創之功功不可沒，後世類書研究亦多受其影響。張氏應該是或多或少的受到西方學說的啟發與影響，其在論述類書時，使用了一些新的詞彙，而這些詞彙的運用，對於認識「類書是什麼」的確起了推動作用。張先生認為類書是工具書之一種，與辭典、百科全書同科，這就無形中將新詞彙如「工具書」「百科全書」等引入了類書研究，這對於當時的人們認識類書的性質、功用的確有建設性作用，他也應該是最早將類書定位為工具書的學者。其《類書流別》之《義界第一》認為：

> 類書為工具書之一種，其性質實與近世辭典、百科全書同科，與子、史之書相去秦越。語其義界，則凡薈萃成言，裒次故實，兼收眾籍，不主一家，而區分部類，條分件繫，利檢尋，資採綴，以待應時去給者，皆是也。〔註33〕

　　《類書流別》對於類書是工具書之一種，辭典、百科全書之同科的定位，到底恰當不恰當？合適不合適？我們暫且不論，但是張滌華之論說對後世影響極深，後來為類書定義者，多言類書是工具書之一種，類似於百科全書。胡道靜《中國古代的類書》對於類書的「百科全書」性質做了進一步的闡釋，言類書是兼「百科全書」與「資料彙編」兩者而有之：

> 類書輯錄的資料，一般都不是單門、單類的專題性質的，而是賅括自然界和人類社會的一切知識的，所謂「區分臚列，靡所不載」；「凡在六合之內，鉅細畢舉」者。所以，十分接近於現代的「百科全書」。當然，它們只是封建社會體系的百科全書。而且，現代百科全書的每一詞目，總是編寫成文，不是專門把有關的原材料輯錄在

用途而已。」

〔註32〕張滌華先生與周大璞先生是同門好友。30 年前我曾經問學於周先生之門。周先生曾經親口告訴我，他們從中學到大學都是同學。金克木先生那時也是武大旁聽生，經常與他們在一起。周先生談起這些往事時充滿著溫馨，可隔了幾年，他就步入淒涼的晚年，令人扼腕。

〔註33〕張滌華：《類書流別》，北京：商務印書館，1985 年，第 4 頁。

一處；中國古代的類書的編輯方法則一般地與此相反。因此，構成了類書性質的特點——兼「百科全書」與「資料彙編」兩者而有之。也正因為這樣，從今天看來，古類書不僅可以作為瞭解古代知識全貌的一種工具，而且也是古代文獻資料的淵藪。〔註34〕

劉葉秋《類書簡說・分類的材料彙編》認為：

> 類書是一種分類彙編各種材料以供檢查之用的工具書，詩文、辭藻、人物、典故、天文、地理、典章、制度、飛禽、走獸、草木、蟲魚以及其他的許多事物，幾乎無所不包，內容範圍相當廣泛。〔註35〕

> 以內容論，類書採擇經史子集中的語詞、詩文、典故以及其他各種資料，匯輯成書，取材不限一種；以形式說，全都分門別類，編次排比，以便檢查；以作用言，它和字典、詞典與現代的百科全書等又有些接近。但它雖錄經書，卻並非經傳注疏；雖列故事，卻並非歷史；雖採子書，卻並非專取一家之言；雖選詩文，卻並非各家作品的總集；雖有語詞的訓詁，卻並非像字典、詞典與百科全書那樣的注釋、解說。他不是任何著作，而是各種資料的彙編、雜抄。它的編者，大都僅就搜集、選擇的材料分門別類地剪裁、排比，只有個別的加上按語來辨釋、考證或者校勘。〔註36〕

> 類書從各種書中擇抄材料，分類編次。〔註37〕

戴克瑜、唐建華《類書的沿革》認為：

> 什麼叫類書？我們認為，凡採輯群書，全面系統地收集某科、多科或各科知識，經加工整理，以類相從，標明出處，條分件繫，為便於人們翻檢知識和資料的工具書，稱之為類書。〔註38〕

戚志芬《中國的類書、政書與叢書》認為：

> 類書源遠流長，歷史悠久，品種繁多，是我國工具書的一大類

〔註34〕胡道靜：《中國古代的類書》，北京：中華書局，2005年新1版，第1頁。

〔註35〕劉葉秋：《類書簡說》，上海：上海古籍出版社，1980年，第1頁。

〔註36〕劉葉秋：《類書簡說》，上海：上海古籍出版社，1980年，第6頁。

〔註37〕劉葉秋：《類書簡說》，上海：上海古籍出版社，1980年，第7頁。

〔註38〕戴克瑜、唐建華主編：《類書的沿革》，成都：四川省圖書館學會編印，1981年，第2頁。今按：有些類書的缺點是不標明出處，不符合現代學術規範。現代出版的學術作品，幾乎處處都是腳注，部分是為了驗證觀點，但更多的為了避免侵犯這個瘋狂時代中別人對觀點的微觀所有權。

別。它是一種採輯群書,將各種材料分類彙編,以供檢查資料用的。
〔註39〕

彭邦炯《百川匯海——古代的類書與叢書》認為:

　　所謂「類書」,就是輯錄各種古書的資料,或某一方面的資料,
按照一定的方法,分門別類地加以編排,便於讀者查詢和徵引有關
資料的一種材料彙編書;或者說,「類書」就是一種包括詩文、典故、
人物以及各種事類在內,幾乎無所不包的一種有著廣泛用途的工具
書。它和現代的辭海、詞典、百科全書有些相似。但和現代辭海、
詞典比較,類書採摘的事類要豐富得多;現代百科全書的每個詞目,
總是編寫的,一般不是專門把有關的原始材料輯錄下來放在一起,
而類書恰好相反,是摘錄原書的原始材料。這就構成了我國古代類
書的特點,即兼有辭書、百科全書與資料彙編的性質。由於這樣的
特點,類書不僅是我們研究中國古代歷史文化的資料書,而且是我
們瞭解古代知識全貌的一種有效工具書。〔註40〕

夏南強《類書通論》認為:

　　類書是一種將文獻或文獻中的資料,按其內容分門別類,組織
撮述;或者條分件繫,原文照錄或摘錄的圖書。〔註41〕

　　綜上所述可見,類書是一種資料彙編性質的圖書,也是一種工具
書。它既有供人查檢的功用,也具備供讀者系統閱讀的功能。〔註42〕

張圍東《宋代類書之研究》認為:

　　何謂類書?依據《圖書館學與信息科學大辭典》解釋:凡採輯
群書,或以類分,或以字分,便尋檢之用者,謂為類書。換言之,
即是輯錄歷代典籍中各個門類或某一門類的資料,按類別或按字韻
編排,便於查找和徵引資料的工具書。〔註43〕

張中行《文言津逮》附錄一《工具書舉要》認為:

〔註39〕戚志芬:《中國的類書、政書與叢書》,北京:商務印書館,1991年,第5頁。
〔註40〕彭邦炯:《百川匯海——古代的類書與叢書》,臺北:萬卷樓圖書有限公司,
　　　　2001年,第5～6頁。
〔註41〕夏南強:《類書通論》,武漢:湖北人民出版社,2001年,第16頁。
〔註42〕夏南強:《類書通論》,武漢:湖北人民出版社,2001年,第15頁。
〔註43〕張圍東:《宋代類書之研究》,《古典文獻研究輯刊初編5》,臺北:花木蘭文化
　　　　工作坊,2005年,第5頁。

類書是我國一種性質比較特別的典籍，絕大多數像是百科知識（古籍上的）的輯要本。起初是為了帝王的方便編的，如最早的一部名《皇覽》，是供魏文帝曹丕讀的，以後還有《修文御覽》《太平御覽》，也是這種性質。因為古籍多而雜，從其中擇要歸類（或以內容性質為線索，或以字的形、音為線索），對於時間少而想瞭解全面的人確是有很多方便。因為方便，編纂漸多，性質漸變，有很多成為搜尋文料、查尋典故的庫藏，也就是辭書。〔註44〕

吳楓《中國古典文獻學》認為：

所謂類書是採輯或雜抄各種古籍中有關的資料，把它分門別類加以整理，編次排比於從屬類目之下，以供人們檢閱的工具書……類書並非任何個人專著，而是各種資料的彙編或雜抄。〔註45〕

楊豔起、高國抗《中國歷史文獻學（修訂本）》認為：

類書是輯錄各門類或某一門類的資料，按照一定的方法編排，便於尋檢、徵引的工具書。〔註46〕

曹之先生《中國古籍編撰史》認為：

什麼是類書？類書是輯錄一類或數類資料，按照一定的方法編排，供人檢索的一種工具書。〔註47〕

馮浩菲《中國古籍整理體式研究》第四編《類書類》認為：

類書是分類編纂有關資料的一種工具性書籍。許多遺文舊事往往通過類書得以保存下來，故有廣聞博識的作用。由於它的主要內容是對舊籍中有關資料的重新離析、整理和排纂，因此仍然帶有古籍整理著作的性質，與一般具有獨立思想內容的書籍不同。〔註48〕

董治安主編《唐代四大類書‧出版說明》認為：

類書是輯錄各門類或某一門類之資料，按照一定方法編排，以便於尋檢、徵引的工具書，兼具「百科全書」和「資料彙編」雙重

〔註44〕張中行：《文言津逮》，《張中行作品集1》，北京：中國社會科學出版社，1995年，第387頁。

〔註45〕吳楓：《中國古典文獻學》，濟南：齊魯書社，2005年，第117～118頁。

〔註46〕楊豔起、高國抗主編：《中國歷史文獻學（修訂本）》，北京：國家圖書館出版社，2005年，第100頁。

〔註47〕曹之：《中國古籍編撰史》，武漢：武漢大學出版社，2006年，第402頁。

〔註48〕馮浩菲：《中國古籍整理體式研究》，北京：高等教育出版社，2003年，第282頁。

性質。〔註49〕

《漢語大詞典》載：

> 輯錄各門類或某一門類的資料，並依內容或字、韻分門別類編
> 排供尋檢、徵引的工具書。以門類分的類書有二：兼收各類的，如
> 《藝文類聚》《太平御覽》《玉海》《淵鑒類函》等；專收一類的如《小
> 名錄》《職官分記》等。以字分的類書，亦有二：齊句尾之字，如《韻
> 海鏡源》《佩文韻府》等；齊句首之字，如《駢字類編》。〔註50〕

《辭海（1999 年版縮印本）》載：

> 輯錄各門類或某一門類的資料，按照一定的方法編排，以便於
> 尋檢、徵引的一種工具書。始於魏文帝時《皇覽》。歷代都有編纂，
> 但多亡佚。現存著名的有：唐代的《北堂書鈔》《藝文類聚》《初學
> 記》，宋代的《太平御覽》《冊府元龜》，明代的《永樂大典》，清代
> 的《古今圖書集成》等。其體例分專輯一類和合輯眾類兩種，後者
> 居多。通常以分類編排，也用分韻、分字等方法。有些被徵引的古
> 籍，多有散佚，賴以保存了零篇單句，可供輯佚考證之用。〔註51〕

劉葉秋《類書簡說》面對諸多的類書定義曾這樣感慨過：「究竟什麼叫類
書，大家卻還沒有給它下個科學的定義。所以同屬一書，而此以為是類書，彼
以為非類書，互相乖異，說法不一的，往往而有。」〔註52〕但是總體來看，以
上諸位先生對於類書的定義大致是差不多的，稱之為工具書之一種，再就是舉
出類書的書名，以便於我們瞭解，講述類書的功能，以便於我們認知，這些解
釋之後，我們的確對類書有了大體的印象。

胡道靜先生亦曾說過「類書具有『資料彙編』的性質，是很明顯的。」
〔註53〕但是，胡先生對於類書的定義又有些委曲求全的，其既說類書很明顯具
有「資料彙編」的性質，又言類書十分接近現代的「百科全書」，但是細細對
比之後，其又言現代百科全書的每一詞目，總是編寫成文，不是專門把有關的
原材料輯錄在一處；中國古代類書的編輯方法則一般地與此相反。也就是說，

〔註49〕董治安主編：《唐代四大類書·出版說明》，北京：清華大學出版社，2003 年，
　　　　第 1 頁。
〔註50〕《漢語大詞典》，上海：上海辭書出版社，1986 年，第 12 冊，第 355 頁。
〔註51〕《辭海（1999 年版縮印本）》，上海：上海辭書出版社，2000 年，第 5465 頁。
〔註52〕劉葉秋：《類書簡說》，上海：上海古籍出版社，1980 年，第 4～5 頁。
〔註53〕胡道靜：《中國古代的類書》，北京：中華書局，2005 年新 1 版，第 1 頁。

百科全書的每一詞目都是經過加工的，而類書的每一條材料基本都是沒有經過加工的〔註54〕，可見，類書與百科全書之間的界限是很明顯的。胡道靜先生既然已經認識到類書與百科全書之不同，卻仍然說類書兼「百科全書」與「資料彙編」兩者而有之，並非委曲求全，而是通達之論！

總之，上述各家對於類書的界定都是在前網絡時代完成的，雖然持之以故，言之成理，但是均有過時之嫌疑。因為他們都沒有抓住類書的根本屬性，即知識再生產性，更沒有預測到網絡化浪潮的到來。我們認為，類書是一種「知識再生產」，歸根到底也是一種「文化再生產」。〔註55〕

二、類書「網絡」論

馬明波認為：「士大夫是傳統學術文化的主力，類書最初的產生便是『諸儒』的功勞。類書的編纂成書及其特徵是由士大夫們的社會結構、知識結構以及心理結構所決定的……士大夫們『信而好古』、『述而不作』的心理因素，造成了類書『引經據典』，以求『綜舊典而開新風』的表述模式，這樣的模式使類書始終是資料彙編，而成不了現代意義上的百科全書。」〔註56〕《中國大百科全書·前言》亦云：「中國自古以來就有編輯類書的傳統。兩千年來曾經出版過四百多種大小類書。這些類書是中國文化遺產的寶庫，他們以分門別類的方式，收集、整理和保存了中國歷代科學文化典籍中的重要資料。這些書受到中國和世界學者的珍視。各種類書體例不一，多少接近百科全書。但不是現代意義的百科全書。」〔註57〕

百科全書的外文詞是 Encyclopedia。Encyclopedia 是希臘語詞彙，字面意思為「學問界」，最初指教育課程。這個詞之所以會用在某些書上，是因為它

〔註54〕今按：胡道靜先生此言差矣！反證不勝枚舉，如類書《夜航船》的每一條材料差不多都是經過加工的，《海錄碎事》中的不少材料就是編者的原創。

〔註55〕「文化再生產」是布迪厄社會理論中的核心觀念，也是他的理論基礎和出發點，在布迪厄的文化社會學思想整體中，最關鍵的是他對當代社會文化再生產性質的深刻分析。文化再生產理論所關注的最核心問題，是分層的社會等級與統治系統如何在代際之間進行維持與再生產而沒有受到強有力的抵抗，這個問題可以通過研究文化資源、文化過程以及文化機構如何把個體與群體納入競爭的與自我延續的統治等級體系而得到解釋。應該說明的是，此處只是「借殼上市」，與布迪厄的原意不同。

〔註56〕馬明波：《類書與中國文化》，《圖書情報知識》1988 年第 3 期，第 48 頁。

〔註57〕《中國大百科全書·前言》（第二版），北京：中國大百科全書出版社，2009 年。

們的組織和教育體系一樣。這樣的組織，不僅是為了協助高等教育機構中的學生，還是為了給這些機構提供一個替代品，一門自主（DIY）學習的課程。我們不該驚訝那個時代還有人的學問廣博到無所不知。〔註58〕後來逐漸被理解為「全面的教育」「完整的知識系統」等意思。姜椿芳《為什麼要出〈中國大百科全書〉？》認為：「類書是分門別類彙集前人的著作；百科全書則是用條目的形式，編成一篇一篇的文章，把各種知識、事物、人物原原本本地加以敘述，特別是把最新的知識作系統的、全面的介紹。」〔註59〕至於百科全書的功能作用，倪海曙《關於百科全書》概括為：「至少有四個方面：提倡新思想；傳播新知識；輔助、補充和代替學校教育；提供社會文化服務。〔註60〕百科全書一直以來被譽為「第二課堂」和「沒有圍牆的大學」。張春輝《關於類書性質的商榷》認為：「類書是旨在借鑒、參考，以歷代對客觀世界認識與描述的原始資料，分類集中，以供諮詢、查檢的工具書。Encyclopedia 是旨在教育、傳授，以當時對客觀世界認識水平系統編寫的一切門類的最新知識，成為專書、專文以供閱讀或查檢的工具書。二者的性質是截然不同的。」〔註61〕百科全書家們與類書切割的立場，旨在抬高身價，類書固然不是現代意義上的百科全書，但其百科性是古典式的，有誰能夠加以抹殺呢？胡道靜等先生將類書與百科全書拉上關係，不是沒有道理的。

　　中國大陸的多數學者在討論類書時，大多受到類書研究之拓荒者張滌華等先生的影響，將類書視作工具書、百科全書之一種。我國古代學者一直就沒有找到一個合適的詞彙去界定類書，於是類書的定義一直闕如，後來，在西方學術思潮的影響下，自張滌華先生開始，將類書比作「工具書」「百科全書」之同科後，學界開始普遍接受這種觀點，並直言類書是工具書之一種，百科全書之一類，以與世界學術靠攏，但是張滌華最初的論斷是「類書為工具書之一種，其性質實與近世辭典，百科全書同科」，張滌華只是將類書比作百科全書，或者說是類似。但是張滌華之後的學者，徑直的將類書稱之為「百科全書」，

〔註58〕彼得・伯克：《知識社會史（上卷）：從古登堡到狄德羅》，浙江大學出版社，2016 年，第 99 頁。

〔註59〕姜椿芳：《為什麼要出〈中國大百科全書〉？》，《從類書到百科全書》，北京：中國書籍出版社，1990 年，第 30 頁。今按：姜椿芳先生的這種說法過於簡單化，類書決不只是分門別類彙集前人的著作，也有改造加工，也有系統論述。

〔註60〕倪海曙：《關於百科全書》，《辭書研究》1985 年第 4 期，第 1～14 頁。

〔註61〕張春輝：《關於類書性質的商榷》，《圖書館學刊》1988 年第 5 期，第 28～31 頁。

這就或多或少的曲解了張滌華的本來意思，我們並沒有理由完全的否定類書是「百科全書」之同科，但是在研究中徑直將之作為「百科全書」，則完全抹殺了類書自身的固有性質、屬性。

另外一部分學者對於類書的定義，就決口不提百科全書等字眼，甚至連工具書也不曾提及，而是徑直將類書稱為資料的彙集、編排。

長澤規矩也《和刻本類書集成‧序》載：

> 所謂「類書」，是指將原文加以分類另行編排的書籍。〔註62〕

長澤規矩也《和刻本類書集成‧出版說明》載：

> 類書，是從前人的著作中摘取天文地理、史事軼聞、典章制度、名言警句、藻詞儷語等等，分類排比而成的古籍。是一定時代，一定範圍知識的彙集。〔註63〕

吳慧芳《萬寶全書：明清時期的民間生活實錄》載：

> 類書為一分別類項之書，係將各種知識分門別類地刊載以方便查閱使用，此種編書方式，最早可追溯至先秦，但真正的類書起自三國時曹魏的《皇覽》，係魏文帝曹丕令臣子網羅各種知識以為其參考使用而成。〔註64〕

王利偉《論類書的界定》認為類書的內涵應該包括以下內容：

> （1）圍繞諸多領域或某一領域內多個主題分別進行的資料彙編。（2）具有較為明確的類目標識。（3）最大限度地保持選取材料的原始性。（4）對原始文獻進行切分與重組。（5）類目下彙集的文

〔註62〕（日）長澤規矩也編《和刻本類書集成‧序》，上海：上海古籍出版社，1990年，第 1 頁。按：《和刻本類書集成》共六輯：第一輯：唐薛鄂編：《歲華紀麗》，宋任廣編《書敘指南》，宋陳元靚編：《事林廣記》；第二輯：宋高承：《事物紀原》，宋王應麟：《小學紺珠》；第三輯：宋胡繼宗：《書言故事大全》（立庵）訓點：《君臣故事》，明張瑞圖校：《日記故事大全》，明鄭以偉編：《金璧故事》明汪廷訥編：《勸懲故事》；第四輯：明張九韶編：《群書拾唾》，明邱濬編：《故事雕龍》，明邱濬編：《故事必讀成語考》，明程允升編：《雅俗故事讀本》，明黃克興編：《藝林伐山故事》，明余庭璧編：《事物異名》；第五輯：明卓明卿編：《卓氏藻林》，明琚昆玉編：《古今類書纂要》；第六輯：清沈炳震編：《唐詩金粉》，清朱琰編：《詞林合璧》，清黃沄編：《錦字箋》。

〔註63〕（日）長澤規矩也編《和刻本類書集成‧出版說明》，上海：上海古籍出版社，1990 年，第 1 頁。

〔註64〕吳慧芳《萬寶全書：明清時期的民間生活實錄》，臺北：政治大學歷史學系，2001 年，第 19～20 頁。

獻資料只是集中羅列，之間並無邏輯上的承啟關係。〔註65〕

王利偉《論類書的界定》一文分析了《皇覽》的內容之後，認為《皇覽》是一部地道的資料彙編：「《逸禮》摘錄的是與季節時令相關的禮儀方面的資料。《冢墓記》都是關於前代君臣、聖賢陵墓的記載，按時代先後排序。以類相從，條分縷析，匯輯成文，構建出後世類書體例的原始模型。」〔註66〕「類書最根本的性質就是『資料彙編性』。它作為工具書所具有的功能和特點，也是由其『資料彙編』的特性而引發的。」〔註67〕

孔夫子曾說：「必也正名乎！」「名不正則言不順，言不順則事不成，事不成則禮樂不興，禮樂不興則刑罰不中，刑罰不中則民無所措手足。」類書最根本的性質是「資料彙編性」嗎？王利偉先生的這個解釋顯然是不夠準確的。

我們認為，上述觀點均不無道理，但皆如盲人摸象，有人看到類書的資料性便將類書視作「資料彙編」，有人看到類書的工具性便將類書視作「工具書」，有人看到類書的百科性便將類書視作「百科全書」，均只知其一，不知其二。總而言之，類書的資料性、工具性、百科性、網絡性均源自其知識性。

雷敦淵《隋代以前類書之研究》認為：「類書好比中國古代的『搜索引擎』。」〔註68〕無獨有偶，廖雲新《歷代類書：中國古代的「百度」》亦認為：「查找某一詩文語句或成語典故的原始出處，瞭解某一事物的起源、來龍去脈，類書都能提供『百度』般的幫助，簡便快捷，可收事半功倍的效果。」〔註69〕類書無疑具有檢索功能，後世人們使用類書的過程中也利用此一特點，對於編纂類書

〔註65〕王利偉《論類書的界定》，《宋代文化研究》第13、14合輯，成都：四川大學出版社，2006年，第780頁。

〔註66〕王利偉《論類書的界定》，《宋代文化研究》第13、14合輯，成都：四川大學出版社，2006年，第779頁。

〔註67〕王利偉《論類書的界定》，《宋代文化研究》第13、14合輯，成都：四川大學出版社，2006年，第787頁。

〔註68〕雷敦淵《隋代以前類書之研究》，東吳大學碩士學位論文，2005年，第19～20頁。雷先生之所以會產生這種觀點，據其介紹，在他與周圍朋友的交往中，當別人問他什麼是類書時？他總是不能直觀明瞭、言簡意賅的將這個問題解答，而且會陷入越解釋越混沌的狀態，尤其是對非文史出身的人來說，故雷先生產生此觀點，徑直將類書比作古代的 google，這可以縮短現代人對於類書的陌生與距離。此觀點無疑是強調突出了類書的搜索、檢尋功能，但一定要強調「好比」這個詞。

〔註69〕廖雲新《歷代類書：中國古代的「百度」》，《秘書》2011年第9期，第47～48頁。

的人們，他們也考慮到檢索功能，有的編纂者更是直接將其書命名為「群書會元截江網」，這是極為形象生動的宣示。至於命名為「海」「山」「林」「谷」者，所在多有，凡此種種，無不需要搜索！將古代類書比作「搜索引擎」「百度」「谷歌」，既合古人之意，也與時俱進，合乎時代潮流。〔註70〕

我們認為，類書最根本的性質是知識的再生產性。在網絡時代，知識的再生產已經網絡化，而知識的網絡化又正在對知識的本質發揮巨大的作用，並帶來了很多根本性的變化。在前網絡時代，知識的生產與再生產是一個漫長的旅程，那麼網絡化的知識可能會告訴我們，世界並非是一個邏輯嚴密的論證，而更像是一個無定形的、相互交織的、不可掌控的大網。正如哈佛大學伯克曼互聯網與社會中心的資深研究員戴維・溫伯格（David Weinberger）在《知識的邊界》一書中所指出的那樣：

> 我們既面臨知識的危機，然而同時，也面臨著一場劃時代的知識的提升。一方面我們為曾經深深依賴、給我們提供可信知識的機構而擔憂；另一方面，我們也能感到一種文化脈動的喜悅。這種喜悅來自一個完全不同的地方。它來自於知識的網絡化（the networking of the knowledge）。知識現在不僅僅存在於圖書館、博物館和學術期刊裏。它不僅僅存在於個人的大腦裏。我們的大腦、我們的機構，都根本不足以裝下足夠多的知識。知識現在具有了網絡的屬性，這網絡，存在於商業、政府、媒體、博物館、圖書館，以及人們溝通時的想法中。

> 知識的網絡屬性，不僅僅意味著大眾在某些條件下也能擁有某種智慧。正如我們將看到的那樣，這不僅僅是說在某些情況下，三個臭皮匠賽過一個諸葛亮。事實上，知識結構方面的變化，也改變了知識的形態和性質。當知識變得網絡化之後，房間裏最聰明的那個，已經不是站在屋子前頭給我們上課的那個，也不是房間裏所有人的群體智慧。房間裏最聰明的人，是房間本身：是容納了其中所有的人與思想，並把他們與外界相連的這個網。這也並非是說，網

〔註70〕類書是古代的知識網絡，筆者早在20世紀90年代初涉網絡時就已悟出此理，遠在雷敦淵、廖雲新二位之前，在擬定的寫作提綱中即列有此目，後來又就此提綱一再與我的研究生交流，某次在與武漢大學歷史學院劉安志教授交談時也曾經亮出此觀點，可惜一直忙於諸多課題，沒有及時寫出專題論文。

　　絡正在變成一個具有意識的超級大腦；而是說，知識正在變得與網
絡不可分離。這就等於宣告，完全不可以想像在沒有網絡的支持下，
知識能成為知識。我們的任務就是去學習怎樣打造這些聰明的房間，
即如何建立能讓我們更聰明的網絡。這需要特別上心，因為一旦做
砸了，網絡可以令人沮喪地把我們變得更笨。

　　獲取知識的新方式正日益顯性化。雖然我們還不能確切知道它
的成熟態，但它的某些方面已經慢慢成形。相較以前，網絡化的知
識雖然不是那麼確定，但卻更加人性；不是那麼固定，但卻更加透
明；不是那麼令人信賴，但卻更加全面包容；不是那麼一以貫之但
卻更加豐富多元，新知識讓我們感到更加自然，因為我們對知識的
那些老舊理想從來都不現實，雖然我們是經歷了文化的網絡化之後
才能承認這一點。〔註71〕

　　目前已經開發出了類書專題數據庫，當然還沒有做到盡善盡美。類書從皇
宮到民間，從人腦到電腦，從紙媒到電媒，從古典百科到現代百科，從《皇覽》
到《中華大典》，這是文化的碰撞，知識的交流，思想的融合；這也是文化的
傳播，知識的轉型，思想的昇華。時代在發展，工具在不斷升級，工具書也在
不斷升級，類書在新的時期也得以浴火重生。

三、類書「起信」論

　　考察類書的定義、定位是為了闡明什麼是類書、類書是什麼，這看似是一
個簡單的問題，卻困擾了古今諸多學者。前賢時哲之所以對「類書是什麼」這
個問題一直眾說紛紜、各執己見，主要是因為這個小問題關係到類書研究的定
位，是一個如何立論的問題！如若沒有一個明確的綱領，就無法開展研究，故
我們也首先對這個問題進行探討，也不是說我們今天比前賢時哲高明多少，但
最基礎的工作還是要做的，只有經過全面的梳理，小心的論證，才可以求得哪
怕是一點點進步。

　　此外，我們也要為類書正名，因為部分學者是不瞭解類書的，甚至是相
當輕視類書的，多對類書嗤之以鼻，稱之為「食古人牙慧」，「尋章摘句老雕
蟲」，「割裂經史」，「斷章取義」。錢基博在《版本通義》一書中對類書更是
大加否定：

〔註71〕戴維・溫伯格：《知識的邊界》，山西人民出版社，2014年，第11～12頁。

> 至類書之輯，不過以廣蒐採，備檢考，其書有經有史，其文或
> 墨或儒，博涉而無所宗；抄撮前人典籍，豈所語於立言而可擅名家
> 哉！〔註72〕

其實不然，那些古代的博學之士如王象、繆襲、劉杳、劉孝標、顏之推、虞世南、歐陽詢、高士廉、房玄齡、許敬宗、白居易、李商隱、晏殊、王應麟、解縉、陳夢雷等等多編纂過類書，更甚者，古今不少學者都以加入到類書的編纂之中為榮。古人編纂類書也絕非是抄撮、因襲，那些具有原創意義的類書的編纂，是付出了巨大的努力的，是非常不容易的，如《華林遍略》《修文殿御覽》《北堂書鈔》《藝文類聚》《太平御覽》《冊府元龜》《事類賦》《永樂大典》《古今圖書集成》等經典類書，皆是越千年而彌珍彌貴。今天的資料條件以及計算機輔助技術皆有較大改觀，而古人所依靠的僅僅是博聞強記，若無強大的經濟、政治後盾，博學多識之人才，豐富圖籍之保證，類書編纂必然是極其困難的，古代類書編纂中勞而無功者甚多，聲勢浩大最終卻湮滅無聞、曇花一現者就有蕭子良之《四部要略》、劉杳之《壽光書苑》、隋煬帝敕纂之《長洲玉鏡》，唐太宗敕纂之《文思博要》、武則天敕纂之《三教珠英》等等，不能因為看到後世學者抄襲原創類書而成獺祭、餖飣之學而一概否決類書。

戴維・溫伯格在《知識的邊界》一書中斷言：「當知識還是金字塔形狀的時候，當它還是建立在所有成員共享的一個堅固的基礎之上的時候，當它的內容是由可信賴的權威過濾的時候，當我們知道哪些被涵蓋進去、哪些沒有的時候，當知識還有形式和形狀的時候，知識很容易找到權威。」〔註73〕類書從中古到近世，始終得到歷代最高統治者的青睞，加上它能夠與科舉制度相適應，成為舊時讀書人的敲門磚，其權威性是毋庸置疑的。例如，明代徐元太撰類書《喻林》一百二十卷，《四庫提要》稱「是書採摭古人設譬之詞，匯為一編，分十門，每門又各分子目，凡五百八十餘類。歷二十餘年而後成，頗為勤至。其引書用程大昌《演繁露》之例，皆於條下注明出處，並篇目卷第，一一臚載，亦迥異明人剽竊扯撦之習」。又稱「自六經以來即多以況譬達意，而自古未有匯為一書者，元太是編實為創例。其搜羅繁富，零璣斷璧，均足為綴文者沾匄

〔註72〕錢基博：《版本通義》之《讀本第三》戍《類書》，上海：商務印書館，1931年，第74頁。
〔註73〕戴維・溫伯格：《知識的邊界》，山西人民出版社，2014年，第173頁。

之資，是亦不可無一之書矣」。潘景鄭《影印喻林序》云：「此書自明以來流傳
至少。」〔註74〕與歷史真實不符，因為它在嘉慶年間一度頗為暢銷。錢泰吉
《曝書雜記》卷上云：「明宣城徐尚書元太《喻林》一百二十卷，採摭古人設
譬之辭，匯為一編，為自來類書所未有。族子恬齋方伯語予，嘉慶初年，欽命
詩賦題，往往取此書。一日，琉璃廠書肆搜索殆盡，蓋翰苑諸公爭購讀也。」
可見《喻林》在嘉慶初年成為科舉考試的試題庫，士人爭相購閱，一時洛陽紙
貴。類書既是獲取知識的綠色通道與快捷方式，也是科舉考試的終南捷徑與不
二法門。聰明的讀書人不是從原始經典入手，而是熟讀類書，得以快速通關科
考大關。相反，那些不摸類書者，對試題中的生僻典故往往丈二和尚摸不著頭
腦，無從下筆。如清代嘉道間的管廷芬一直忙於趕考，始終一無所獲，究其所
讀書目，竟然只有 1826 年借閱過一部明代類書的記載：「道光六年丙戌〔正
月〕十六，晴。余舟之許姑母處，並歸蓮峰表兄《浙江通志》，午飲而別，復
假其陳明卿《潛確類書》五十冊……」〔註75〕此後也沒有人指點他購讀類書，
如此盲目讀書，盲目應試，必然名落孫山。其《痛飲》詩云：「消磨終古英雄
恨，拼送浮生名利心。」〔註76〕《苦吟》詩云：「揮毫擲簡費揣摩，瘦筇山肩
逸興多。一字推敲花下坐，幾回行立月中過。枯腸盡日空搜索，佳句平生愛琢
磨。漫笑吟髯頻撚斷，騷人大半入詩魔。」〔註77〕如果手頭有幾部類書，就不
會「枯腸盡日空搜索」，而是逸興遄飛。

　　宋代諺語云：「《文選》爛，秀才半。」「蘇文熟，吃羊肉；蘇文生，吃菜

〔註74〕潘景鄭：《著硯樓讀書記》，第 415～416 頁。
〔註75〕管廷芬：《管廷芬日記》，中華書局，2013 年，第 336 頁。今按：陳明卿《潛
　　　　確類書》120 卷，分玄象（3 卷）、歲時（2 卷）、區宇（42 卷）、人倫（13
　　　　卷）、方外（4 卷）、藝習（18 卷）、稟受（3 卷）、遭遇（1 卷）、交與（1 卷）、
　　　　服御（7 卷）、飲啖（2 卷）、藝植（7 卷）、飛躍（17 卷）等 13 部。部下再
　　　　分類，共分 1400 餘類。每一類列有標目，採錄四部文獻，並標注出處。書
　　　　中涉及文獻上自先秦，下至明朝，各代經史百家、詩文別集達 1500 多種，
　　　　選材廣博，內容豐富。後來慘遭毀禁。據《清代禁書總述》，「此書被江蘇巡
　　　　撫薩載奏繳，乾隆四十年（1775）7 月 25 日奏准禁燬」。在乾隆四十二年
　　　　（1777）列入禁燬書目。因該書卷十四區宇部九涉及女真、建州及清先世史
　　　　實，地理風俗等，語多有抵礙，且直書「東北夷」，所以遭禁。故此書存世
　　　　甚少。管廷芬當時借閱此書的動機可能出於閱讀禁書，而非應用於科舉考
　　　　試。
〔註76〕管廷芬：《管廷芬日記》，中華書局，2013 年，第 387 頁。今按：古今書生的
　　　　名利心是難以消磨的，正所謂「滅心中賊難」。
〔註77〕管廷芬：《管廷芬日記》，中華書局，2013 年，第 387 頁。

羹。」〔註78〕謂熟讀《昭明文選》,考取秀才有望。《文選》是一部總集,但它與類書的關係極為密切,類書多喜歡從中選材。蘇東坡的文章也與類書關係至為密切。所謂「八面受敵」讀書法,蘇軾自己在《寓簡》卷八中作了詳細紹介:

> 卑意欲少年為學者,每一書皆作數過讀之。書之富如入海,百貨皆有,人之精力不能盡讀,但得其所求者耳。故願學者,每次做一意求之。如欲求古今興亡治亂,聖賢作用,且只以此意求之,勿生余念。又別作一次,求事蹟故實、典章文物之類,亦如之。他皆仿此。此雖愚鈍,而他日學成,八面受敵,與涉獵者不可同日而語也。

這段話的大致意思是說:年輕人鑽研學問,每本書都要讀幾遍。內容豐富的書籍就像大海一樣,百寶俱全,應有盡有。但是一個人的精力有限,不可能將所有的東西都得到,只能得到自己所需求的部分。所以,凡是有志於讀書的人,每次讀書,只須集中注意一個方面。比如,你想研究歷代興亡治亂和明君賢臣的地位、作用,那你就可以只集中注意這個問題,不要再想別的什麼問題了。又如,另一次讀書,你想考慮史實古蹟和經典文物,仍用同樣的方法辦理。其他方面依此類推。這種「八面受敵」法,貌似迂鈍,但到了學成之日,是那些涉獵者們所無法比擬的。假如蘇軾當年依此法將所讀過的書編纂出來,我敢斷言,那一定是類書。「上知天文,下知地理,中曉人和,明陰陽,懂八卦,曉奇門,知遁甲,運籌帷幄之中,決勝千里之外」,這是說的神機妙算的諸葛亮。細究起來,諸葛亮的知識結構也是類書型的。古往今來學識淵博的通人無不是百科全書式的類書型的人才!現在口口聲聲所謂的「複合型人才」竟然是「上不知天文,下不知地理,中不曉人和,不明陰陽,不懂八卦,不曉奇門,不知遁甲」,甚至連什麼是類書都一無所知!那些連一部類書都沒有深入研究過的專家只會隨聲附和地譏笑類書的短處,大肆宣揚「類書不可信論」〔註79〕,而全然不知道類書的益處,好的類書具有相當高的保真度。筆者費數年之力,從宋代類書《海錄碎事》入手進行專書研究,用《漢語大詞典》《辭海》《重編國語辭典》等大型辭書與之對比,發現了古代類書的高明之處:一部私撰類書

〔註78〕宋陸游《老學庵筆記》卷八:「國初尚《文選》,當時文人專意此書……士子至為之語曰:『《文選》爛,秀才半。』」「建炎以來,尚蘇氏文章,學者翕然從之,而蜀士尤盛。亦有語曰:『蘇文熟,吃羊肉;蘇文生,吃菜羹。』」

〔註79〕杜澤遜云:「不可輕信類書。」杜澤遜:《文獻學概要》,中華書局,2001年,第301頁。

就是一個人的字彙庫、詞彙庫、點子庫、知識庫、思想庫；一部官修類書就是一個時代的字彙庫、詞彙庫、試題庫、知識庫、思想庫。《海錄碎事》如此，《皇覽》《永樂大典》《古今圖書集成》無不如此。類書之用大矣哉！古代類書雖然式微，但與現代辭書比較，仍然有它的高明之處。類書與辭書的互補互證，將是一個新的生長點。

值得注意的是，高明的學問家無不善於利用類書，最有名的首推高郵王念孫與蘄春黃侃。王念孫因此一再蒙受批評，其實王念孫正是利用類書開闢了新的途徑。黃侃也是如此，他曾經將當時所能買到的類書一網打盡，視為枕中鴻寶。不過，現在知道此點的人太少了！

類書之中自有黃金屋，類書之中自有玉與粟。過去皇帝勸讀時尚未道破，失之泛泛，今特為之洩露天機！皇帝手握類書選擇題目，往往把應試人員難倒！

四、類書獨立論

所謂「類書獨立論」，是指類書獨立於四部之外。具體情況我們先按下不表。

下面我們從文獻分類的角度為類書正名。

首先，我們簡要的回顧一下《四庫全書》的分類體系問題。在談分類體系之前，我先簡要的介紹一下《四庫全書》的概況。《四庫全書》是中國古代最大的一部叢書，也是中國文化史上的一個浩大的工程，它的內容很豐富，分類也很複雜。《四庫全書》是一個綜合性的叢書。眾所周知，中國的圖書按照類型大致可以分為類書型和叢書型。從先秦到漢代是中國文化典籍的一個原創期；到了漢代以後，從中古魏晉開始就出現了類書，歷經隋、唐、宋、元，一直到明代，類書就達到頂封狀態。到清代初期，類書已經非常成熟。類書的最初出現，從功能上來講的話，它是為了便於寫文章。叢書起源晚一些，大概是宋代開始興起，到了明代中後期就比較發達了，到了清代中期，特別是到編纂《四庫全書》的時期達到了鼎盛。

下面我們來講講《四庫全書》的分類體系。

《四庫全書》的分類體系根據清高宗的聖諭採取四分法。中國圖書的分類，最初是從劉向、劉歆父子開始採取六分法，所謂的《七略》，實際上前面是個總論部分，後面分成六藝略、諸子略等六分。到了中古以後採用四分法，

先是按照甲、乙、丙、丁，後來分為經、史、子、集，到《隋書·藝文志》基本上定型。從漢迄今，圖書分類一直都處於調整之中。在《四庫全書》編纂的時候，清高宗下令要按照經、史、子、集為綱目，採用部、類、屬三級分類的體系，經部下面分成易類、書類，一直到小學類，剛好是十類。史部是從正史、編年到目錄、史評等，共十五類。子部是分成儒家類、兵家、法家，一直到道家、釋家，共十四類；集部分類是分成楚辭類、別集類、總集類、詩文評類和詞曲類；共四部四十四類。有的類下面還有屬，像小學類下面分成訓詁、字書、韻書等，像詔令奏議類下面分詔令、奏議二屬。但不是所有的類下下面都分屬，像正史類下面都沒有屬。

這大致就是四庫已有的分類體系，從《漢志》到《隋書》，《總目》以前，基本上是在理論上分類探討。而到編纂《四庫全書》的時候就不一樣了，是理論和實際相結合，把所有的書都編入四庫之中，這一萬多種書的很大一部分，收攝到四庫裏相應的類別下面，問題都不大。但是也有相當一部分書出現問題，因為從分類史的角度看，有的類、有的書，在不同的時代，歸到不同類別下面，到了《四庫全書》編纂的時候，就要花很大的工夫來解決這些看起來瑣碎的疑難問題。

從分類史的角度來看，四庫分類是從漢代到清代中期的一個總結，把傳統的四分法推向了一個頂峰的狀態。但它也還是存在一些問題，自它問世以後，不少人提出了很多不同的看法，特別是近代西學傳入以後，分類搞得更加複雜。有人受到西學的影響，對傳統分類採取了否定態度。採用西學的框架，然後把四庫的四部進行肢解，往西學的框架裏面套，搞出了很多分類，最有名就是所謂的「中圖法」。很多專家也都提出了自己的分類法，比如我們武漢大學以前的一位著名教授皮高品先生就提出過「皮氏分類法」。

「中圖法」採用的是一個西學的框架。雖然，從傳統的圖書分類來看，「中圖法」是有問題的。但是，現在回過頭來看，我個人對四庫的框架也是有異議的，它有一些致命的弱點。一個是叢書的問題，我們講整個《四庫全書》就是一部大叢書，叢書是可以把《四庫全書》包起來的，所謂的經、史、子、集，要歸到叢書類，也就是說叢書的概念是更高一位的。但在四庫的體系裏面，它卻被攝到子部的雜家類雜編之屬。把一個比經、史、子、集更大的東西，設到下面的屬去了，這明顯是不合適的。另一個是沒有解決類書的問題，類書是分類史上的一個難題，屬於哪一部歷來沒有解決好。

我們現在提出的分類法在解決這些問題上做了一個嘗試，我們首先把圖書分為兩門，一個叢書門，一個類書門。按照現在的標準來看，叢書是比較原創的；類書不是原創的，它是按照「天─地─人─事─物」的框架體系，把已有的一些內容重新切好之後，再往裏面填，重新編纂出一個東西，是經過編纂方式的改變，提供一種新的類型。這個新的類型又分成兩大類，一個是綜合性的，無所不包；還有一個是專門性的，有經書類的類書，也有史書的類書，也有子書和集部類的類書。正如彼得‧伯克在《知識社會史（上卷）：從古登堡到狄德羅》所指出的那樣：

> 我們可以回頭再看看中國百科全書的編排方式。此處所說的是明、清朝時期印刷出來的百科全書編排，而不是博爾赫斯生動想像之中的百科全書組織編排。典型的編排方式是：天象、地理、帝皇、人倫、政府、禮儀、音樂、法律、職官、爵位、軍事、家政、財產、服飾、車輛，工具、食物、器皿、工藝、棋類、道教、佛教、酒類、醫藥、自然歷史，有必要指出，這一體系的複雜性與中國藏書閣的簡單分類形成鮮明對照。〔註80〕

所謂「中國百科全書」正是指中國古代的類書。百科全書及其類別可被看作對某個知識觀點的表達和體現，乃至是一種世界觀的體現。西方16世紀的百科全書按主題分類，主要類別與中世紀大學的十大學科相對應。〔註81〕

還有一個問題，經、史、子、集沒有解決易類的問題。《周易》可以說是中國文化的根。如果把中國文化比作是一棵大樹的話，那麼《周易》就是這棵大樹的根部；如果比作是一支軍隊的話，那麼《易》應該是一個司令部。在四庫裏它只是作為經部的一類。易類經過幾千年的積累以後，數量特別大（據不完全統計，已經有3000多種了，從數量上來講，它的規模已經和《四庫全書》接近）。它的數量特別大，它的地位特別重要，所以應該獨立出來。

關於易的含義，最初是有三層意思。現代學者對《周易》的解讀很多，我們歸納了一下，大概有十多種。我們最近準備提出一個新的觀點──「易者，

〔註80〕彼得‧伯克：《知識社會史（上卷）：從古登堡到狄德羅》，浙江大學出版社，2016年，第100頁。今按：類書的分類與叢書的分類確實是兩種不同的分類，前者是主題分類，而後者是圖書分類；前者是百科全書分類，而後者是圖書館（如四庫七閣）分類。

〔註81〕彼得‧伯克：《知識社會史（上卷）：從古登堡到狄德羅》，浙江大學出版社，2016年，第100頁。

化也。」為什麼易類要獨立？首先它與經部的關係，《易》和《詩》、《書》、《禮》、《春秋》是相通的，可以說是「《易》為經之源」；《易》和諸子的關係，可以說是「《易》衍諸子」，它和儒、道、兵、法、農、天文、藝術、小說、雜家等類都相通。和史的關係也是相通的，司馬遷寫《史記》和《周易》也有很大的關聯，司馬光既是一位史學大家，也是一位易學家。《易》和文的關係就更多了，和詩歌、寓言、散文、戲劇都存在著密切的關係。它可以說是最古老的二言詩詩。中國社科院外國文學研究所研究員趙一凡先生曾經寫過一篇文章，認為錢鍾書的著名小說《圍城》一書的結構是按照《漸卦》來安排的。我們認為趙一凡對《圍城》的解讀是比較有道理的。

我們把這個易類小結一下，大概有這麼幾句話。《周易》是中國文化的第一原典。著名文化史家馮天瑜先生最早提出這個「原典」，就是用這兩個字，用的這個原點，後來他有一個學生，建議他改成元首的元，改成那個「元典」，表示是一個元首的意思，實際上《周易》應該是那個「元典」，中國文化的「元典」假如只有一本書的話，就是《周易》。《周易》是六經之源，我們認為《周易》是中國最早的原始宗教的源典。從文化的發生來看，「《易》歷三古」，是從遠古文化發展到殷周之際的一個產物。從結構來看，它分為《易經》、《易傳》。從學術影響來劃分來看，它通四部。《易》統三才、通萬象、攝群經、衍諸子、通文史。我們主張將它獨立為部，從原來的「群經之首」上升到「群書之首」，和經部並駕齊驅。

所以我們的調整，首先第一個是調整叢書和類書，第二個大的調整就是將易類升為易部。然後經部還要有小的調整：其一是將樂類取消掉，六經裏面原來有樂，但是後來消亡了，所以它實際上應該放到藝術類裏面去。其二，把《孝經》類、四書類這些東西撤出，放到宗教部的儒教類經典之屬。其三，將小學類放到工具部裏面去，原來認為小學是經學的附庸，後來小學類在章太炎之後把它發展出來，成為語言文字之學，實際上現代的語言文字之學與小學類已經不是一回事了。

關於史部的調整。第一條就是將正史類與別史類合併為紀傳類，別史類實際上也是紀傳類，將傳記類、職官類、政書類、目錄類這些原來放在史部的類別移到工具部；四庫裏面的時令類是很少很少的，實際上它和子部的農家關係很密切，所以主張把它放到農家類裏面去；剩下的地理類，我們原來是想把它放到工具部裏面去，後來一想，它和歷史的關係還是很密切，還是保留在史部，

作為歷史的附庸。經過調整之後，史部就剩下這麼八類——紀傳類、編年類、紀事本末類、雜史類、詔令奏議類、載記類、史評類和地理類。

　　第三個調整的就是子部，只保留下儒家類、道家類、釋家類、兵家類、法家類、雜家類、雜學類和小說家類，其他的要麼調到技藝部，要麼調到工具部，或者宗教部。

　　第四是集部的調整，除了把總集類分出去之外，楚辭類、別集類、詩歌評類和詩文詞曲類還保留。總集在我們現在看來，也是作為工具加以利用的。

　　此外，我們增加了宗教部。原來宗教在四庫裏面是放在子部。關於儒教是不是宗教的問題，前些年在學術界爭論得很厲害，贊成者有之，反對者亦不乏其人。贊成的代表性人物就是任繼愈先生，任公「儒家是教」的這個觀點，我們是很贊同的。借用了中圖法的合理部分，我們將儒教細分為經典、戒諫、家訓、婦女、蒙學、勸學和俗訓等小類。另外增加了技藝部。這一塊原來放在子部。前面的調整中，子部保留了學說、思想上的東西，關於技術性、技藝類的著作則獨立出來，像農家類、醫家類、天文曆法類、藝術類、工藝類、數術類和格致類這些東西。當然不能說它們完全沒有思想，但是總體來講，它們的思想性、論辯性色彩還是比較少、比較淡的，它們主要表現出來的還是技藝性的東西。我們把形而上的東西保留在子部，把形而下的區分出來。我們前面講了農家，保留農家以後，把農家類擴大，原來四庫裏面的農家類比較少，現在農家類的東西還是比較多的，並且將草木、鳥獸、蟲魚也放到農家類來。

　　醫家類的調整也比較大，在四庫裏面的醫家類是按時代為序，顯然這種混編形式就不符合現在分類的原理，我們現在參考了中醫圖書的兩個目錄，分為12 類。醫家類的四庫裏面雖然收得很多，就現在中醫文獻的數據庫來看，四庫裏面的中醫圖書還是比較少的。近現代對中醫的反對之聲也很多，甚至有人主張廢除中醫。醫易同源，中醫的哲學基礎就是《周易》，它也是有思想的，不僅僅是個技術性問題，否定中醫，在某種意義上就是否定植根於《周易》的中國傳統文化。

　　藝術類在四庫分成了書畫、琴譜、篆刻和雜技，我們是主張保留原有的書畫，增加遊藝、觀賞、雜品，改造琴譜，把它與經部的樂類合併；將篆刻之屬撤銷，劃在工具部譜錄類下面的印譜之屬。通過調整之後，藝術類分為書畫、音樂、遊藝、觀賞、雜品等小類。我們還主張增設工藝類。工藝類和藝術類不一樣，它原來分為文房器物、食品製造、格致，我們是主張將格致之屬升格為

格致類。工藝類保留日用器物、文房器物、食品製造這三點，日用器物又分為陶瓷、飲具、家具、錦繡、衣服、香、遊具、船、琉璃、鬃飾、雕刻等小類；文房器物分為筆、墨、紙、硯、裝潢等小類；食品製造分為鹽、糖、酒三個小類。這是參考了現代分類的成果。

數術類有爭議，按照現代的標準來講，它是一個迷信的大本營。方術在以前是大傳統，後來一落千丈，從大傳統淪為小傳統，甚至淪落到民間。數術類比較複雜，不能簡單地全盤否定，從研究的角度來講，也可以發掘出一些有用的東西來。

另外，我們主張增設工具部。原來工具是分散在四部，比如經部的小學類，史部的目錄類、政書類、職官這些類別，我們現在主張將這一塊獨立出來。它們有一個共同的屬性——工具性，這些書對於一般的人都只是作為工具來加以使用的。像傳統小學長期以來是作為解經的工具來存在的，當然隨著現代的學術演進，傳統小學演變成了語言文字學，脫離了經學的大本營，但是語言文字的工具性質到現在為止還是沒辦法改變。其他的像目錄、職官，也是工具性的東西。

中國傳統的目錄學，從《漢志》到四庫之前最重要的兩部書，一個是《漢志》，一個是《隋書》，《漢志》是一個目錄學的源，在它之前，劉向、劉歆父子的《別錄》、《七略》亡佚了，輯佚下來的只是一些片斷，不是完整的東西。班固將劉氏父子的東西經過改正加工之後，收到《漢書》裏面去了。歷來傳統的讀書人對《漢志》是非常重視的，也很熟悉，因為它是瞭解漢代以前中國文化典籍的入門工具書，歷來對《漢志》的研究也比較充分，出的成果比較多。我們最近把《漢志》做一個《通考》性質的東西，先從《諸子略》開始，目前我們關於諸子，已經做了一個七八十萬字的東西了，其他的幾略現在也正在做，但是我們現在先做出來一個《漢志通考》，然後在《漢志通考》的基礎上，做一個《通詮》，這是我們中國古典目錄學的源頭；四庫是後面一個墊後的，我們把一頭一尾抓住以後，就可以把古典目錄學貫通。

古典目錄學和現代目錄學是不同性質的東西，對現代目錄學，我們從整體上是持否定態度的，在我們看來，它就是簡單比附西學的框架，不符合中國古代文獻的實際，那套東西不管它是什麼法，在我們看來，現在都不得其法。傳統的古學是講究法和理的，你的法都有問題，那是不得其門而入的，所以，古人把這個入門的目錄看得很重。

　　綜上所述，**叢書和類書升格為兩門，易類獨立為部，調整經、史、子、集四部，增加工具部、藝術部、宗教部三部，以及綜合類書部、專科類書部，最後形成一個兩門十部的太極圖書分類體系。**歸結起來，和原來最大的不同就是，首先叢書從原來一個雜家類下面的雜編之屬升格為叢書門。其次是類書獨立出來，類書原來是子部的類書類，在四庫內它非經、非史、非子、非集，無類可歸，既然無類可歸，正好把它獨立出來。〔註82〕

　　當代著名版本目錄學家李致忠先生的《四部分類的應用及其類表的調整》是一篇非常重要的圖書分類論文，對四部分類作了較多的調整，於經、史、子、集為標目的四部之外分出了一個「類叢部」，所謂「類叢部」實際上由類書與叢書兩部分組成，理由如下：

　　　　《四庫全書》不收叢書，因而沒有叢書的類分部居問題。可是
　　　　它收了若干部類書，於是就出現了將其往哪兒放的問題。類書本是
　　　　將眾書中若干問題摘出，然後分門別類再編輯成一書，冠以新的書
　　　　名。如《藝文類聚》、《事文類聚》、《白孔六帖》、《太平御覽》、《冊
　　　　府元龜》、《錦繡萬花谷》、《永樂大典》、《古今圖書集成》等，就都
　　　　是類書。這些書由於都是摘自各書，哪條哪段都不能反映其所出之
　　　　書的完整面貌；摘輯者也只是就各書分類摘編，並沒有自己的理論、
　　　　思想和闡述〔註83〕，因而使這類書不具備子書的性質和特徵，而離

─────────────

〔註82〕與這個相關的，附帶的講一下關於新的中國學術史的分期。我們最近有一個
　　　　新的想法，將中國學術史分為四個時代，一個是三易時代，一個是五經時代，
　　　　第三個是諸子時代，第四個是雜家時代，雜家時代又分為一期、二期、三期。
　　　　所以我有一個總的觀點，就是在後軸心時代，中國文化發展的一個總體方向
　　　　就是雜家化。

〔註83〕今按：類書「沒有自己的理論、思想和闡述」說得不夠準確。所有的類書都有
　　　　自己的框架體系與知識結構，透過這些可以分析出編纂者的思想。何況有的
　　　　類書有總序與小序，明明白白地表述了自己的學術思想。由於歷史的偏見太
　　　　深厚，我們對類書的研究還處於初級階段。所有的類書都是可以深入詮釋的。
　　　　例如，著名文體學家吳承學教授為其博士生張瀾《中國古代類書的文學觀念》
　　　　作序，稱：「類書在文學思想史研究中具有特殊的價值與意義，類書文獻之排
　　　　列與分類往往代表的是集體之意識，從文學研究的角度看，這些意識可能反
　　　　映出文學與文體的思想觀念。與一般的文學批評專論或專著不同，類書不主
　　　　一家，其批評觀念更能代表當時的集體意識與普遍知識。因此，通過類書來考
　　　　察中國古代文學觀念具有相當獨特而且是無可代替的意義。類書之要，在其
　　　　分類，分類可以反映出古人的知識體系觀念。雖然，詩文評與文學總集更集中
　　　　地體現編著者的文學觀念，但綜合性類書中文學部類的設立不僅能夠反映出

經、史、子、集就更遠。《四庫總目·類書類小序》曰：「類事之書，兼收四部，而非經非史，非子非集，四部之內乃無類可歸。」於是就勉強將其放在了子部。可是此例一開，其後的古籍書目，乃至《中國古籍善本書目》、《北京圖書館古籍善本書目》、臺灣《「中央」圖書館善本書目》等，都率由舊章，全將類書放在了子部。好像放在子部就理應如此了，其實這是完全沒有道理的。此次調整四部類表，我們認為可將其從子部中移出，與久已移出的叢書結合，在經、史、子、集之外單列一「類叢部」。明代胡應麟《少室山房筆叢·九流緒論下》曾說：「按類書，鄭《志》（鄭樵《通志》）另錄，《通考》（指馬端臨《文獻通考》）仍列子家，蓋不欲四部之外別立門戶也。然類書有數種，如《初學》、《藝文》，兼載詩詞，則近於集；《御覽》、《元龜》，事實咸備，則鄰於史；《通典》、《通志》，聲韻禮儀之屬，又一二間涉於經。專以屬之子部，恐亦未安。余欲別錄二藏及贗古書及類書為一部，附四大部之末，尚俟博雅者商焉。」胡應麟早於四庫館臣百年，已認識到類書非經非史非子非集而又涉經鄰史似子近集的特質，主張將其從子部移出，於四部之外另設一部。這是目錄學思想於類分類書上閃現的最早火花。但他要與釋、道藏和偽書並為

『文學』在古人心目中整個知識體系中的地位，而且，其編排次序與體例也體現出當時的文學與文體學觀念。比如「文學」相關部類（文學、文章、儒學）的內容，自然反映出對『文學』內涵的理解，與今人視為文學文章學材料的歸屬都不盡相同。另外，這些部類中的文體歸屬與文體劃分，更直接反映出當時人的文體分類學觀念。不少類書會有意識地收入文學評論材料，這些資料的排列次序與門類歸屬也能夠體現當時的批評標準。選擇就暗含著一種價值評價，或者說就帶有批評的成分在內。知識分類的背後是一個整體的知識體系，這個體系有傳統與固有的框架，但在對知識類目的設置、具體文獻的選擇上，多少又反映出某些觀念。古人也認為有些類書的文獻取捨反映出編纂時代的文學風尚。類書對文獻的取捨標準確能反映當時的文學觀念。類書作為資料彙編性質的書籍，其文學觀念是隱在、潛藏、難以捉摸的。在詩文評中作者明確標舉自己的文學主張，在選本中編者所選的作品代表其美學理想，而類書的內容或只是。題中應有之義，是一種傳統的固有框架中的人類知識而已，與編者的審美理想未必有直接的關係，畢竟類書是以『全』為標準的。因而對類書進行文學批評研究時，不能單純就選入材料的內容衡量，應與文章選本的有意去取區別開來。」正是基於吳教授的，「類書與中國文學觀念」的問題意識，張瀾以《事文類聚翰墨全書》與《古今圖書集成》兩種類書為中心進行研究，取得了可喜的成果。我們認為，這一研究路數具有示範意義，值得推廣。

　　一部，則是胡氏的胡來。此次將其析出，與叢書合併單列為一部，

　　應該說是合理的。〔註84〕

　　從胡應麟到李致忠的分類確有合理的成分，他們都認識到了四分法的不足，主張把類書獨立出來。但「類叢部」把類書與叢書合而為一，沒有認識到類書與叢書是比經史子集四部更上一位的，沒有看到叢書可以統攝經史子集四部。儘管如此，李先生的探索仍然是有價值的，他已經較前人推進了一步，其「五分法」也必將在中國圖書分類史上居有一席之地。我們又在此基礎上更加完善了一點點。我們真真切切地認識到——探索之路無比艱辛，我們謹向所有先行者致敬！我們力爭在繼承前人優秀成果的基礎上勇於拓新，為後來者打開新的局面。

　　要之，從圖書分類的角度來看，叢書和類書是並列的，甚至可以說，類書是一個獨立王國。因此，我們將類書提到了一個前所未有的高度，類書在中國圖書分類史與學術文化史上具有獨立的地位，必須重新認識類書。〔註85〕

〔註84〕李致忠：《昌平集》，上海：上海古籍出版社，2012 年，第 233～234 頁。
〔註85〕過去對類書的種種非議與輕視都是迂腐可笑的，沒有認識到類書的性質與地位。筆者今後擬寫一部專題研究予以駁斥，詳見本書附錄之三。

第二章　類書在漢字文化圈的流傳

　　類書不僅在中國大量流傳，在今天日本、韓國、越南等東亞漢字文化圈也曾廣泛流傳，日本、韓國、越南現存的古籍中有不少是從中國流傳過去的古類書，甚至不少在中國已經失傳的古類書在域外重新被發現，古代日本、韓國、越南學者依據中國類書又編纂出了不少類書，這些類書共同構成了異中有同、同中有異的東亞類書共同體。

一、類書在日本的流傳

　　類書不僅在中國大量流傳，在日本也是流傳廣泛，日本現存古籍中就有不少是從中國流傳過去的古類書，打開任何一本漢籍目錄，幾乎都能看到類書的身影，不少在中國已失傳的古類書在日本重新被發現。《日本國見在書目錄》記載了已經流傳到日本的類書：「《華林遍略》《修文殿御覽》《類苑》《類文》《藝文類聚》《翰苑》《初學記》《玉府新書》《玉苑麗文》《玉苑》《編珠錄》。」〔註1〕《日本國見在書目錄》中記載的類書，《隋書·經籍志》亦多有記載，但是由於年代久遠，散佚嚴重，往往不得而見，但部分古籍在日本的重現，著實拓寬了我們的視野。白化文、李鼎霞《日本類書簡述》認為：「日本一向善於汲取外來文化尤其熱衷於吸收中國文化。日本歷代引進了大量中國的類書，又仿傚中國的辦法自編了許多類書。」〔註2〕

〔註1〕宮內廳書陵部所藏室生寺本《日本國見在書目錄》，東京：名著刊行會，1996年，第52～54頁。

〔註2〕白化文、李鼎霞《日本類書簡述》，《社會科學戰線》1981年第3期，第346～348頁。

　　《玉燭寶典》是隋開皇中著作郎杜臺卿編纂的一部類書，以月令為主，博採諸書，旁及時俗，月為一卷，如唐代韓鄂所著《歲華紀麗》，但年代要早於《歲華紀麗》，在中國早已失傳卻在日本重現。〔註3〕森立之《經籍訪古志》卷五《類書類》載：「《玉燭寶典》十二卷（貞和四年鈔本，楓山官庫藏）。隋著作郎杜臺卿撰，缺第九一卷，每冊末有貞和四年某月某日校合畢，面山叟記。五卷末有嘉保三年六月七日書寫，並校畢。舊跋按，此書元明諸家書目不載之，則彼土早已亡佚耳。此本為佐伯毛利氏獻本之一，聞加賀侯家藏卷子本，未見。」〔註4〕按嘉保三年為宋哲宗紹聖三年（1096），貞和四年為元順帝至正八年（1348），可知，此《玉燭寶典》是元代抄寫的，其所依據的底本則是宋代抄寫的本子，而《日本國見在書目錄》中已經記載了《玉燭寶典》，可知此書流傳到日本的時間是比較早的。

　　《珠玉集》也是一部中國失傳的古類書，而在日本則有古抄本。〔註5〕《經籍訪古志》卷五《類書類》又載：「《珠玉集》零本二卷（舊鈔卷子本，尾張真福寺藏）。原十五卷見存十二、十四兩卷，每卷首題《珠玉集》卷第幾，次行列書篇目，界長七寸一分，幅六分弱，十四卷末記云用紙一十六張，天平十九年歲在丁亥三月寫，文字遒勁，似唐初人筆跡，真罕見之寶笈也。但此書未詳撰人名氏，其目僅見《現在書目》及《通志藝文略》，知其佚已久，所引各書如《蔡琰別傳》《語林》《史記》《晉鈔》、王智深《宋書》《帝王世紀》，近多不傳，亦得籍此以存其梗概，雖斷簡殘篇，豈可不貴重哉。」〔註6〕按天平十九年為唐玄宗之天寶六載（747），可知《珠玉集》流傳到日本的時間也是比較早。此外如《文館詞林》《白氏六貼事類集》《事類賦》等在日本皆有古抄本、古刻本被發現。

　　日本對中國文化的吸收，絕不是單純的被動接受，更多表現在接納、模仿與改造，日本古代學者文人在引進中國類書的同時，很早開始了他們自己的類

〔註3〕《影舊鈔卷子本玉燭寶典》，《古逸叢書》，1884年；侯爵前田家育德財團編輯《玉燭寶典》，《尊經閣叢刊》，東京：侯爵前田家育德財團，1943年。

〔註4〕（日）森立之《經籍訪古志》卷五《類書類》，《海王邨古籍書目題跋叢刊目錄（8）》，北京：中國書店，2007年，第72頁。

〔註5〕《影舊鈔卷子本珠玉集》，《古逸叢書》，1884年；《珠玉集：卷第12，卷第14》，東京：古典保存會，1933年；（日）柳瀨喜代志、矢作武著《珠玉集注釋》，東京：汲古書院，1985年。

〔註6〕（日）森立之《經籍訪古志》卷五《類書類》，《海王邨古籍書目題跋叢刊目錄（8）》，北京：中國書店，2007年，第74頁。

書編纂。天長八年也就是唐文宗太和五年（831），日本淳和天皇（824～833 年在位）敕令漢學家、東宮學士滋野貞主（785～852）及諸儒裒輯古今文書編纂成漢文類書《秘府略》，共一千卷，目前僅存卷八百六十四（百穀部中）與卷八百六十八（布帛部三）。〔註7〕

《文德實錄》卷四文德天皇（851～858 在位）仁壽二年（852）二月載：

> 乙巳，參議正四位下行宮內卿兼相撲守滋野朝臣貞主卒。貞主者，右京人也。曾祖父大學頭兼博士正五位下猶原東人，該通九經，號為名儒……父尾張守從五位上家譯，延曆年中（782～805）賜姓滋野宿禰。貞主身長六尺二寸，雅有度量，涯岸甚高。大同二年（807）奉文章生試及第……天長八年（831），敕與諸儒撰集古今文書，以類相從，凡有一千卷，名《秘府略》。〔註8〕

《秘府略》是日本古代極為重要的著作，其編纂早於中國的北宋編纂之《太平御覽》一百多年，是日本學術水平高深興盛的表現，更證明了日本對於中國文化的接受與超越。唐代開國以來，唐高祖、唐太宗、唐高宗、武則天皆編纂過大型類書，《藝文類聚》《文思博要》《瑤山玉彩》《三教珠英》等橫空出世，走向全盛的唐王朝四夷來服，日本多次派遣遣唐使，遣唐使必然帶回了大量的典籍，其中必然有類書，回國之後的遣唐使，處處以唐王朝為樣板，類書編纂必然也是如此，於是《秘府略》在這樣的背景下得以編纂成書。日本學者用漢文編纂的類書還有《倭名類聚抄》《名物六貼》《萬寶鄙事記》《嬉遊笑覽》《幼學指南抄》《香字抄》《拾芥抄》《縮芥抄》《金榜集》《玉函抄》《金句集》《古今要覽稿》《古事類苑》《廣文庫》等等。〔註9〕

《古今要覽稿》是江戶時代的漢學大師屋代弘賢（1758～1841）所編纂，他組織了多位學者，共同編纂此書，預定分十八門，一千卷，十八門為神祇、天文、地理、祥瑞、時令、居處、釋教、人物、姓氏、官職、政事、和歌、小學、飲食、器財、禽獸、草木、雜部，模仿《古今圖書集成》，1841 年屋代弘賢逝世，編纂工作也即中斷，留有未定稿五百餘卷。

〔註7〕《秘府略卷第八百六十四》，東京：古典保存會，1929 年；《秘府略（卷八百六十八附卷八百六十四）》，《尊經閣善本影印集成（13）》，東京：八木書店，1997 年。

〔註8〕《文德實錄》，《國史大系六國史》，東京：經濟雜誌社，1913 年，第 544 頁。

〔註9〕《類書》，《大東急記念文庫善本叢刊（中古中世篇 12、13）》，東京：汲古書院，2004 年。

　　《古事類苑》是日本明治十二年（1879）在西村茂樹的建議下開始編纂的，第一任主編為小中村清矩，明治四十年（1907）全書告成，此書起「天部」迄「金石部」，共三十部，一千卷，包羅日本古來各種文物、制度，自古代至明治維新，採用典型的中國類書編珠模式，校勘精細，學術價值極高，是中國《古今圖書集成》之後的又一傑作，也是日本集全國之力為與《古今圖書集成》媲美的產物。《古事類苑》成書，不僅是圖書編纂的傑出成績，更因為類書的編纂培養、鍛鍊了一大批學者，厚積薄發之後，使之成為學術的中堅與後起之秀。《嬉遊笑覽》屬於通俗類書，喜多村信節（1783～1856）所纂，其編纂的原意是供兒童遊戲之用，日常生活瑣事盡收其中，是研究日本風俗乃至中國風物的珍貴文獻。

　　古代日本學者文人為了使用中國傳來的古類書，就在上面做訓讀、注解、補充，並將之雕版印刷，就形成了大量和刻本類書。長澤規矩也編《和刻本類書集成》收錄了從唐至清的和刻本類書 21 種，如《歲華紀麗》《書敘指南》《事林廣記》《事物紀原》《小學紺珠》《書言故事大全》《群書拾唾》《古今類書纂要》《唐詩金粉》《詞林合璧》《錦字箋》等。〔註10〕

　　《三才圖會》是明朝人王圻編纂的一部類書，《四庫全書總目》卷一三八《類書類存目二》載：「是書匯輯諸書圖譜，共為一編。凡天文四卷，地理十六卷，人物十四卷，時令四卷，宮室四卷，器用十二卷，身體七卷，衣服三卷，人事十卷，儀制八卷，珍寶二卷，文史四卷，鳥獸六卷，草木十二卷，採摭浩博，亦有足資考核者。」〔註11〕《三才圖會》流傳到日本之後，日本學者寺島良安對之進行了補充、改造，使得《三才圖會》的流傳更加廣泛。

　　藤原信篤《倭漢三才圖會略序》載：

　　　　浪速醫士法橋寺島良安，衛生家者流也，寄心文學，勵業仁術，
　　追慕其跡，倣依其樣，舉示其部，分聚其類，欲正習俗之誤，以助
　　多識之功，聊有所加，亦有所略也，頃歲作倭漢三才圖會略，凡百
　　五卷，託物以附意，颺言以切事，闕疑而傳其信，斥似而採其真，
　　考索之勞思辨之志，可以嘉獎焉。〔註12〕

　　日本學者一般將流傳在日本的中國古籍稱為「漢籍」，而日本古代學者用

〔註10〕　（日）長澤規矩也編《和刻本類書集成》，東京：汲古書院，1976～1977 年。
〔註11〕　（清）永瑢等撰《四庫全書總目》卷一三八《類書類存目二》，北京：中華書局，1965 年，第 1169～1170 頁。
〔註12〕　（日）寺島良安《和漢三才圖會》，東京：東京美術，1975 年第四版，第 8～9 頁。

漢文編纂的典籍則被稱為「準漢籍」，其中，中國典籍的日本刻本又被稱之為「和刻本漢籍」。縱觀日本所存類書文獻，既有從中國流傳來的「漢籍」，又有日本學者編纂、抄寫、刊刻的「準漢籍」「和刻本漢籍」。為了更加清晰地區分它們，我們也可以將之分為「漢籍類書」「準漢籍類書」「和刻本類書」；「漢籍類書」就是《瑁玉集》《玉燭寶典》《文館詞林》等，「準漢籍類書」就是《秘府略》《香字抄》《拾芥抄》等，而「和刻本類書」則是《三才圖會》《事林廣記》等。或許這個分類有不盡完美之處，但凡此種種，較為細緻的展現了類書在日本的流傳接受情況。

二、類書在朝鮮半島的流傳

　　朝鮮半島在地理位置上與中國大陸直接相連，故其與古代中國的交往更是十分緊密，類書在朝鮮半島的流傳也是十分的廣泛。《韓國所藏中國漢籍總目》子部下《類書類》收錄了目前韓國各大圖書收藏機構如高麗大學、慶尚大學、奎章閣、成均館大學、韓國國立中央圖書館等所藏中國古類書的情況，從唐宋至明清的中國古類書觸目可見，其中亦不乏精本、善本。如《北堂書鈔》《藝文類聚》《白孔六帖》《冊府元龜》《事文類聚》《事類賦》《翰苑新書》《三才圖會》《唐類函》《圖書編》《山堂肆考》《百家類纂》《圖書集成》《淵鑒類函》《駢字類編》《廣事類賦》《格致鏡原》等。〔註13〕

　　《內閣訪書錄》是朝鮮時代正祖時期（1777～1800 年在位）的一本目錄書，張伯偉先生認為其最初是一個導購書目，隨著購入續寫了提要，成為藏書目錄，並且由於本目錄原為購書目錄，這對於瞭解當時的文化就更加有意義，不僅反映出王室求書的興趣，也能看出當時的購書導向。〔註14〕其「子集類」中載有類書多種，如《事物紀原》十卷，《廣博物志》五十卷，《事物初略》三十四卷，《群書考索》前集六十六卷、後集六十五卷、續集五十五卷，《翰苑新書》前集七十卷、後集二十六卷、又六卷、續集四十二卷、別集十二卷，《事物紺珠》四十一卷。〔註15〕《內閣訪書錄》所記載的這些類書雖然都是宋以來

〔註13〕 （韓）全寅初《韓國所藏中國漢籍總目（四）》子部下《類書類》，首爾：學古房，2005 年，第 649～747 頁。

〔註14〕 《內閣訪書錄》，張伯偉編《朝鮮時代書目叢刊（壹）》，北京：中華書局，2004年，第 449～451 頁。

〔註15〕 《內閣訪書錄》，張伯偉編《朝鮮時代書目叢刊（壹）》，北京：中華書局，2004年，第 535～554 頁。

的類書，但是這些類書的編纂質量是比較高的，可以看出朝鮮時代文人的鑒別
能力，而對於諸類書之「後集」「續集」「別集」的購買則更能表現朝鮮學者文
人對中國類書的發展情況關注。

《洪氏讀書錄》是朝鮮時代洪奭周（1774～1842）為其弟弟洪憲仲編纂
的讀書目錄，洪氏家族是朝鮮時代的名門大族，洪奭周為了指導其弟讀書，
編成此目錄。其子部說家之下有類書二種，一為《藝文類聚》，一為《三才
圖會》。《洪氏讀書錄》載：「《藝文類聚》一百卷，唐歐陽詢之所輯也。類書
自梁劉峻始，其書今不傳，傳於今者惟是書最古，古人之遺文佚書尚可賴是
而考見焉。夫類書之於問學，末也，如王應麟《玉海》，祝穆《事文類聚》，
章俊卿《山堂考索》及康熙時所纂《淵鑒類函》《佩文韻府》《駢字類編》，
皆近世所盛行者，以之為應舉之用則可，語道則非，所聞也是，以咸闕焉。」
〔註16〕洪奭周對於類書的歷史做了回顧，並言《玉海》《事文類聚》《山堂考
索》《淵鑒類函》《佩文韻府》《駢字類編》皆是近世所盛行者，可見類書的
流傳情況。

《洪氏讀書錄》又載：「《三才圖會》一百卷，皇明王圻之所作也。以天文
地理、人物時令、宮室器用、身體衣服、人事儀制、珍寶文史、草木鳥獸為目，
各為之圖而係說於其下，其包括既富，務博而不務精，其訛舛固已多矣，其圖
又輾轉摹寫，愈失其真，然古之君子左圖右書，後世知書而不知圖，若此書者，
亦近世之所罕有也。書曰予欲觀古人之象，若此書者，其猶足以觀古人之象歟。
已上皆謂之類書。」〔註17〕雖然洪奭周對於類書的定位不是很高，認為其是
「末學」，但是洪奭周無疑還是肯定了類書的知識傳播作用，既可以「觀古人
之象」，又可以作為「應舉之用」。

《奎章閣圖書韓國本總目錄》則記載了朝鮮古代學者編纂的朝鮮本土類
書，其子部《類書》載有《簡牘精要抄》《經史集說》《經書類抄》《考事新書》
《考事撮要》《萬象叢玉》《星湖先生僿說》《五洲衍文長箋散稿》《類苑叢寶》
《雜同散異》《篆海心境》《竹僑便覽》《芝峰類說》等。〔註18〕可見，朝鮮古

〔註16〕《洪氏讀書錄》，張伯偉編《朝鮮時代書目叢刊（捌）》，北京：中華書局，2004
年，第4305頁。

〔註17〕《洪氏讀書錄》，張伯偉編《朝鮮時代書目叢刊（捌）》，北京：中華書局，2004
年，第4306頁。

〔註18〕《奎章閣圖書韓國本總目錄》，漢城：東亞文化研究所，1965年，第549～554
頁。

代學者在接受中國類書的同時也依據自己的實際情況編纂了大量具有朝鮮特色的本土類書。《類苑叢寶》就是朝鮮時代金堉（1580～1658）編纂的比較有特色的一部類書，金堉是朝鮮時代中期的文臣，漢黨中心人物，金堉對類書的評價較高，其在戰亂之後，發現學者手中可以使用的類書較少，於是以祝穆《事文類聚》為底本，抄撮諸類書，合編成此《類苑叢寶》。

《新刻類苑叢寶自序》載：

> 吾東素稱文獻之足徵，且歷世通中國，文章之盛，經籍之多，
> 方駕於華夏。不幸數十年來，兵火繼起，書不汗牛，才無倚馬，安
> 得不為之誅□既也。博考□跡，無過於祝氏《事文》，而學士大夫有
> 此書者尚少，況邈遠之縫掖乎。去年夏，余在閒局始抄此書，劃去
> 繁冗，存其旨要，兼取《藝文類聚》《唐類函》《天中記》《山堂肆考》
> 《韻府群玉》等諸書，因其標題而增損之，補其闕漏而潤色之，一
> 帙之中，包括數百卷之精粹，名之曰《類苑叢寶》，凡四十六篇，迄
> 今秋而書始成。〔註19〕

《芝峰類說》是李晬光所著，共二十卷，有天文部、時令部、災異部、地理部、諸國部、君道部、兵政部、官職部、儒道部、經書部、文字部、文章部、人物部、性行部、身形部、語言部、人事部、雜事部、技藝部、外通部、宮室部、服用部、食物部、卉木部、禽蟲部二十五部，其中文章部內容最多，經書部次之。縱觀《芝峰類說》之部類、內容，與中國類書編纂大體無二，亦是糾集群書，輯錄故事，所不同者，引書之內容更多的體現東國特色，再就是李晬光在部分事類之下，加有按語。

《芝峰類說金玄成序》載：

> 向聞芝峰公有所著《類說》，從而求見，幸蒙不鄙，以全秩示之，
> 卒業再三，蓋知公初非有意於述作，直遊戲翰墨之餘耳。然有以見
> 其上考天時，下質人事，義理之精微，文章之得失，以至昆蟲草木
> 之化，裒輯靡遺，剖析無餘，使人讀之，開發聰明，進益智慮，如
> 聾者之生三耳，瞽者之得四目。面壁多年，悟柏樹之為西來也，不
> 知察中郎所得之異書，其能及此否？不勝歎服之至，恨不得寫一通

〔註19〕（朝鮮）金堉《類苑叢寶》，《韓國學古辭典叢書15》，漢城：亞細亞文化社，
　　　　1980年。

而置几案耳。〔註20〕

《芝峰類說自序》載：

> 余以款啟劣識，何敢妄擬於述作之林，略記一二，以備遺忘，
> 寔余志也，若事涉神怪者，一切不錄而於古人詩文，間或參以臆見，
> 則固知僭越之甚，然非敢以己意為是，惟具眼者擇焉。萬曆四十二
> 年七月中浣李晬光書。〔註21〕

中國類書編纂的基本準則是「述而不作」，而李晬光在編纂類書的時候卻有「間或參以臆見」的現象，即在類書中加入了自己的點評、按語、考證，或許是因為李晬光編纂類書的初衷並非是有意於著述，只是自己的讀書摘抄，以備遺忘之用，所以難免會加入自己的觀點，但這也正是朝鮮類書的一個特別之處。

為了展現中國類書在朝鮮的流傳及保存情況，我們根據《奎章閣圖書中國本綜合目錄》子部類書類製作了下表，單單從奎章閣所藏類書情況來看，唐宋明清時代的主要類書，基本都已囊括其中，這足見類書在朝鮮的流傳及受歡迎程度，當然此《奎章閣圖書中國本綜合目錄》子部類書類所收典籍中有部分典籍的類書性質是不明顯的，或者直接是不應該算作類書，如《世說新語補》《春明夢餘錄》等。

序號	書　名〔註22〕	編纂者	朝代	奎　號
1	《家寶》	石成金	清	6067
2	《江湖切要》		清	5872
3	《劍光閣增廣事類賦》	華希閔著、鄒兆升參	清	4840
4	《格致鏡原》	陳元龍	清	5906
5	《經世八編類纂》	陳仁錫	明	3634
6	《經濟類編》	馮琦	明	3122
7	《古今圖書集成》	蔣廷錫、陳夢雷	清	3272
8	《古事比》	方中德輯著、王梓校	清	6020

〔註20〕 （朝鮮）李晬光《芝峰類說》，《朝鮮群書大系續（第21輯）》，東京：朝鮮古
　　　　書刊行會，1915年，第1頁。
〔註21〕 （朝鮮）李晬光《芝峰類說》，《朝鮮群書大系續（第21輯）》，東京：朝鮮古
　　　　書刊行會，1915年，第1頁。
〔註22〕 《奎章閣圖書中國本綜合目錄·子部·類書類》，漢城：漢城大學校圖書館，
　　　　1982年，第285～313頁。

9	《考證增廣詩韻合璧》	陳尺珊考證、茹古齋主人編	清	6344
10	《古香齋淵鑒類丞》	張英等	清	5971
11	《唐類函》	俞安期編、徐顯卿等校	明	3272。別本二 3285、3355
12	《唐宋白孔六貼》	白居易、孔傳	唐、宋	4654（明版本）別本 2676（清版本）
13	《唐詩金粉》	梁炳震纂集、沈生倬、沈生霖訂正	清	6030
14	《圖書編》	章潢	明	2653、2654
15	《讀史探驪錄》	姚芝生	清	6043
16	《明辨類函》	詹景鳳著、朱維藩訂、鍾惺校	明	4843
17	《博物志》	張華撰、周日用等注	晉	2333
18	《百子金丹》	郭偉選注、郭中吉編	清	5891
19	《北堂書鈔》	虞世南輯、陳禹謨校並補注	唐、明	4220
20	《分類字錦》	張廷玉等	清	4385。別本一 4453、4454
21	《事類賦》	吳淑撰注、華林祥校刊	宋、明	4839
22	《事物原會》			4753
23	《三才圖會》	王圻纂、王思義續集	明	2888。別本二 4148、3286
24	《涉事雄談》	朱正色批輯	明	4103
25	《省軒考古類編》	紫紹炳	清	想白（古 039.51）
26	《世說新語補》	劉義慶撰、劉孝標注、劉辰翁批	南朝宋、南朝梁、宋	1801、2072
27	《世說新語姓匯韻分》			2071
28	《蕭選韻系》	李麟閣編輯	清	6374
29	《詩句題解韻編四集》	倪承瓚纂集、曹良貴等參校	清	6315
30	《詩句題解韻編五集》	倪承瓚纂集、曹良貴等參校	清	5989

31	《詩料集錦便覽》	秦照、郭一經同輯、陳鳳增釋	清	6273
32	《時物典匯》	李日華輯著、魯重民補訂、錢蔚起校訂	明	5624
33	《詩韻連珠》	善成堂主人編	清	6246
34	《詩韻全璧》	仇繼恒編	清	6335
35	《詩韻集成》	余照輯、張介之等校	清	5860。別本一6173、6247
36	《詩韻合錦》			6385
37	《詩韻海》	黃逢甲等編	清	6311
38	《詩雋類函》	俞安期匯纂、梅鼎祚增定	明	3786
39	《息影偶錄》	張埏	清	6148
40	《新刊唐荊川先生稗編》	唐順六編、左烝考校	明	3637
41	《新刊增補萬寶事山》			5359
42	《新鑴詳解丘瓊山故事成語考》	邱濬著、盧元昌注、下言化補注	明	2314
43	《新編古今事文類聚》	祝穆、富大用編	宋、元	2123、2322。別本2295-1、2295-2
44	《新編詩韻大全》	湯詳瑟原輯、華錕重編	清	6362
45	《十七史蒙求合編》	王令著、金三俊輯	清	5141
46	《仰止子詳考古今名家潤色詩林正宗》	余象斗編輯、李廷機校正	清	5850
47	《兩漢雋言》	林越輯、凌迪知校	宋、明	6342
48	《御定駢字類編》	聖祖命編	清	3636。別本二3683、5443
49	《淵鑒類函》	張英等	清	2880、3642。別本4342、3638
50	《聯珠集》	紅藕山莊主人編	清	5845
51	《濂溪志》	梅崖書屋編次、芸城書院校正	清	4041
52	《靈檀碎金》	郎玉銘	清	5964
53	《藝文類聚》	歐陽詢撰、王元貞校	唐、明	3633
54	《五車韻瑞》	凌稚隆	明	4177。別本一4168

55	《玉海》	王應麟	宋	4708。別本一想白（貴 039.51）
56	《龍龕手鑑》	釋行均	遼	一簑（貴 495.13）
57	《類書山堂肆考》	彭大翼纂、張幼學編	明	4755
58	《劉氏鴻書》	劉仲達纂、湯寶尹刪正	明	3295
59	《李氏蒙求補注》	李翰著、徐子光注、金三俊輯	唐、宋、清	5140。別本一 5449
60	《子史精華》	允祿等	清	3716。別本二 3714、5784
61	《注釋白眉故事》	許以忠	明	2253、2278、2279、2326。別本一 2280
62	《增補事類賦統編》	吳淑撰、黃葆真增輯	宋	想白（古 039.51）
63	《增補事類統編》	黃葆真輯	清	5753
64	《增補話釋故事白眉》	許以忠注釋、許國球校	明	古 895.08
65	《增續會通韻府群玉》	陰時夫編輯、陰中夫編注	元	1682
66	《增定韻府約編》	鄧愷輯	清	6117
67	《冊府元龜》	王欽若等編、李嗣京參閱、文翔鳳訂正、黃國琦校釋	宋	3147
68	《春明夢餘錄》	孫承澤	清	
69	《枕中秘》			2374
70	《太平御覽》	李昉	宋	2891。別本二 2892、古 039.51
71	《八編類纂》	陳仁錫	明	2614
72	《佩文拾遺》	張廷玉等	清	3954
73	《佩文韻府》	張玉書等	清	3174。別本三 5227、4679、4680
74	《標題補注蒙求》	李翰撰、徐子光補注、顧起綸補輯	唐、宋、明	想白（古 039.51）
75	《翰苑新書》			3628
76	《翰苑新書前集》			3629
77	《匯書詳注》			3840
78	《匯苑詳注》	王正貞	明	4072

三、類書在越南的流傳

　　同日本和朝鮮一樣，越南也曾使用漢字作為書寫文字，但是較之日、韓等國，它擁有最長久的使用漢字的歷史，從古代越南銘文和西漢南越王墓出土文物來看，公元以前漢文篆字即在越南出現。歷史記載亦表明，早在趙佗稱王及漢武帝置南越九郡，設太守、刺史治理之時，《詩》《書》教化已伴隨漢文字傳入越南。古代越南文化作為漢文化的一支，一直都在中國文化的影響下發展，越南的科舉制度一直實行到 1919 年才被廢止，故越南是一個受漢文化影響深遠的國度；直到 20 世紀 20 年代後，拉丁化的越南語文才取代了越南人日常生活中的漢字與喃字。越南完好保存了大量漢文古籍，據統計其數量不下七千餘種。劉春銀、王小盾、陳義主編《越南漢喃文獻目錄提要》共收錄越南古籍文獻 5027 筆，其中漢文 4232 種，喃文 795 種，其中子部類書共 19 種，漢文書 16 種，中國重抄重印本 3 種。〔註23〕它們是《天南餘暇集》《村學指徑》《芸臺類語》《典林擷秀》《采玉捷錄》《欽定人事金鑒》《酬奉駢體》《群芳合錄長編》《摘錦彙編》《詩學圓機活法大成》《翰墨名家記》《學源摘對》《淵鑒類函略編》《古事苑》《源流至論》等。

四、類書交流論：類書在漢字文化圈的鏈接作用

　　高明士先生認為：「十九世紀中葉以前的東亞地區，以中國為中心，包括朝鮮半島、日本列島，以及中南半島的越南等地方，除若干時期有過短暫的不愉快事件外，大致說來，可說是處在有秩序又有人情味的時代。」〔註24〕張伯偉先生亦認為：「事實上，在二十世紀以前，漢字是東亞各國的通用文字，一切正規的著述，一切重大的場合，一切政府與民間的外交，都離不開漢字的媒介。」〔註25〕誠然，古代中國作為周邊國家和地區的文化宗主國，不僅向外輸出了漢字，也輸出了大量的典籍，使得周邊國家和地區的思想、文化、學術和宗教極大的受到了中國的影響，形成了寓多樣於一貫的漢字文化圈，留存於日本、韓國、朝鮮、越南等地用漢字撰寫的各類文獻，將擴大中國文化研究的視野，而類書就是其中一支。此外，世界各圖書收藏機構都收藏有類書，甚至，

〔註23〕劉春銀、王小盾、陳義主編《越南漢喃文獻目錄提要》，臺北：中研院中國文哲研究所，2002 年，第 373～378 頁。

〔註24〕高明士《東亞文化圈的形成與發展・序言》，臺北：臺灣大學歷史學系，2003年，第 1 頁。

〔註25〕張伯偉《域外漢籍研究集刊・發刊詞》，北京：中華書局，2005 年，第 1 頁。

目前歐美各國的圖書館裏都收藏著近代以來流散出去的大量類書文獻，如《美國國會圖書館藏中國善本書目》〔註26〕《法蘭西學院漢學研究所藏漢籍善本書目提要》〔註24〕等，可以說，打開任何一本漢籍目錄，幾乎都能看到類書的身影。美國國會圖書館就收藏著數量眾多的類書，王重民先生所輯錄之《美國國會圖書館藏中國善本書目》就記載了《藝文類聚》《初學記》《唐宋白孔六貼》《太平御覽》《唐類函》等幾十部類書，還收錄了《萬用正宗不求人》《五車拔錦》等日用類書。〔註28〕

　　威儀共秉周家禮，學問同尊孔氏書，漢字與漢籍的流傳塑造了漢字文化圈，類書就是這東亞漢籍中的一支，且數量頗豐；但長期以來，無論是中國還是周邊諸國，學界較多關注的是各自國別的單個種類的類書研究，而對於作為一個既具有文本共性又互有關聯的有機體的東亞類書，則缺乏整合性的考察與探究。文化史本身就是一部諸文明交錯的歷史，我們把類書放在整個東亞漢字文化圈之中，利用日本、朝鮮乃至越南、琉球留存下來的資料進行研究，也就是從周邊看中國，用東亞視角看類書，或許更能看清問題。有人認為類書是剽竊腐爛之書，沒有原創性，沒有思想性，只是尋章摘句、「獺祭」「餖飣」而已，這未免有點無視類書的存在價值了，綿延千百年，流傳遍東亞，卷帙數以萬計的類書絕對是探究古代知識、文化、學術的寶庫；亦有學者認為日本、朝鮮、越南類書與中國類書不具有可比性，其實不然，類書在日本、朝鮮、越南的流傳無疑是中國類書在域外的延伸，是中國類書開在異域的花，當然類書在中國與在日本、朝鮮、越南的流傳必然有差異，必然各有特殊性，但同異之間，無疑使我們可以更加清楚的認清類書的流傳、演變等情況。今天，東亞儒學、東亞文學等觀念已然深入人心，東亞類書為何不可一試！

〔註26〕王重民輯錄，袁同禮重校《美國國會圖書館藏中國善本書目》，臺北：文海出版社，1972年。

〔註27〕田濤《法蘭西學院漢學研究所藏漢籍善本書目提要》，北京：中華書局，2002年。

〔註28〕王重民輯錄，袁同禮重校《美國國會圖書館藏中國善本書目》，臺北：文海出版社，1972年，第684～751頁。

第三章　類書與相關領域

　　歷史的目的是為了強化群體的記憶，文化卻把這些記憶形象化和概括化，而文化的代代承襲所依賴的卻是那些無言的典籍，個人的生命終會結束，典籍的傳承卻不會中斷，幾千年來，中國文化依舊源遠流長，風姿綽約，所依賴的正是汗牛充棟的典籍。類書目前的官方地位雖遜於經典，但是它的重要性卻也是無可置疑的。董治安先生認為：「在我國源遠流長的學術史和文化史上，數量可觀的一批類書，以其特殊的文獻保存價值和資料查詢功能，一直受到廣泛的重視。」〔註1〕今天的人們或許體會不到古人的感覺，古人的世界沒有今天這般多姿多彩，古人獲取知識也沒有今天這般便捷多途，而作為典籍之薈萃、知識之精華的類書，在古人的眼中就算是奇書、萬寶全書，故類書在古代中國擁有眾多的編纂者、使用者、收藏者，且不斷被刊刻、補編、續編、新編，類書與中國古代政治、文學、科舉、教育乃至日常生活都緊密相連。

一、類書與政治

　　胡道靜在論及類書的功能和價值時說：「封建王朝大規模地編輯類書，首先意在誇耀王朝的『文治之盛』，以及某些帝王企圖藉此以緩和統治集團的內部矛盾。」〔註2〕誠然，類書的編纂尤其是大型官修類書的編纂都是在帝王的敕令下進行的，帝王修書的確有誇耀政績、樹風聲、流顯號、美教化、移風俗的嫌疑。《隋書・經籍志》曰：「夫經籍也者，機神之妙旨，聖哲之能事，所以

〔註1〕董治安主編《唐代四大類書・出版說明》，北京：清華大學出版社，2003年，第3頁。

〔註2〕胡道靜《中國古代的類書》，北京：中華書局，2005年新1版，第19頁。

經天地，緯陰陽，正紀綱，弘道德，顯仁足以利物，藏用足以獨善，學之者將殖焉，不學者將落焉。大業崇之，則成欽明之德，匹夫克念，則有王公之重。其王者之所以樹風聲，流顯號，美教化，移風俗，何莫由乎斯道？」〔註3〕明代大儒焦竑認為：「自書契以來，靡不稽古右文為盛節，見於方策可考已……運徂則鉛槧息，治盛則典冊興，蓋不獨人主風尚繫之，而世道亦往往以為候。」〔註4〕所以歷代帝王都有修纂典籍的欲求，在政治經濟允許的情況下，皆組織大量的人力、物力編纂各類鴻篇巨著，以文治點綴升平，塑造盛世的景象。

類書始於《皇覽》〔註5〕，《皇覽》是魏文帝曹丕敕令劉劭、王象、繆襲、桓範、韋誕等編纂的一部大型類書。《三國志》卷二《魏志·文帝紀》載：「初，帝好文學，以著述為務，自所勒成垂百篇。又使諸儒撰集經傳，隨類相從，凡千餘篇，號曰《皇覽》。」〔註6〕《皇覽》之後，歷代帝王都組織文人學士編纂類書，類書編纂與開國修史成為古代中國盛行不衰的兩大文化工程。南朝梁武帝蕭衍稱帝之後敕令劉杳等編纂《壽光書苑》二百卷，後又敕令徐勉等編纂《華林遍略》六百卷，隋煬帝楊廣繼位後敕令虞綽、虞世南等編纂《長洲玉鏡》二百三十八卷，唐高祖李淵稱帝之後亦敕令歐陽詢等編纂《藝文類聚》一百卷〔註7〕，唐太宗則敕纂《文思博要》一千二百卷。

《新唐書》卷五十九《藝文三》載：

　　《文思博要》一千二百卷，目十二卷。右僕射高士廉、左僕射

〔註3〕　《隋書》卷三十二《經籍志序》，北京：中華書局，1973年，第903頁。

〔註4〕　（明）焦竑《國史經籍志序》，《叢書集成初編》，第25冊，第1頁。

〔註5〕　南宋王應麟所編類書《玉海》載：「類事之書，始於《皇覽》。」

〔註6〕　《三國志》卷二《魏志·文帝紀》，北京：中華書局，1959年，第88頁。按：《皇覽》於魏黃初三年（222）成書，分40多個部類，每個部類均有數十篇文章，供御覽，故名《皇覽》。南朝梁時存680篇，至隋僅存120篇，北宋初亡佚。

〔註7〕　按：《藝文類聚》於武德七年（624）成書。共100卷，約100萬字。徵引古籍1431種，多為文學作品，分門別類，摘錄彙編，故名《藝文類聚》。全書分天、地、歲時、州郡、帝王、職官、刑法、山、水、鳥、獸等46部，727子目。創「事居於前，文列於後」的編排體例。即先摘引古文獻中的有關史實，後列出相關的詩文歌賦作品，相當於以類相從的文集，使「文」與「事」契合互補。此書所引古籍，大部亡佚，今存者不足1/10。此書保存了唐以前豐富的文獻資料，尤其是詩文歌賦；便於查閱唐以前古籍中的典故、詞彙、歷史人物事蹟；是宋代以來輯佚、校勘古籍的重要依據。清代嚴可均輯《全上古三代秦漢三國六朝文》，主要錄自此書。見《中國大百科全書》第二版。又按：郭醒著有《藝文類聚研究》（瀋陽：遼海出版社，2017年）。

房玄齡、特進魏徵、中書令楊師道、兼中書侍郎岑文本、禮部侍郎顏相時、國子司業朱子奢、博士劉伯莊、太學博士馬嘉運、給事中許敬宗、司文郎中崔行功、太常博士呂才、秘書丞李淳風、起居郎褚遂良、晉王友姚思廉、太子舍人司馬宅相等奉詔撰，貞觀十五年上。〔註8〕

　　《文思博要》的領修者為高士廉，參修者房玄齡、魏徵、岑文本、許敬宗、褚遂良、姚思廉、李淳風等皆是唐朝初年的柱國大臣、文壇領袖，他們不但官居要職，而且地位顯赫，而他們一同參加到《文思博要》的編纂之中，足見《文思博要》編纂之重要，更可見類書編纂的受重要程度。

　　唐高宗李治繼位後敕纂《瑤山玉彩》五百卷、《累璧》四百卷、《東殿新書》二百卷，武則天稱帝後敕纂《三教珠英》一千三百卷，宋太宗趙光義繼位後敕纂《太平御覽》一千卷、《太平廣記》五百卷，宋真宗趙恒亦敕纂《冊府元龜》一千卷，明成祖朱棣敕纂《永樂大典》二萬二千九百卷，清康熙帝時期敕纂類書多部，如《淵鑒類函》四百五十卷、《佩文韻府》四百四十三卷、《駢字類編》二百四十卷、《古今圖書集成》一萬卷等。其中，《永樂大典》的編修最為盛況空前。

　　《明史》卷九十八《藝文三》載：

　　　　《永樂大典》二萬二千九百卷。永樂初，解縉等奉敕編《文獻大成》既竣，帝以為未備，復敕姚廣孝等重修，四歷寒暑而成，更定是名。成祖製序。後以卷帙太繁，不及刊布，嘉靖中，復加繕寫。

〔註9〕

　　永樂元年（1403）命解縉等編，次年成書，名《文獻大成》。成祖閱後，以為「所纂尚多未備」，內容過於簡略，又於永樂三年敕姚廣孝、解縉等重修，召集朝臣文士、四方宿學老儒2169人，分任編輯、校訂、圈點、繪圖等工作。永樂六年完成，改稱今名。全書22937卷（含目錄、凡例60卷），分裝11095冊，約3.7億字。《大典》採輯宋元前經史子集及天文、地志、陰陽、醫卜、釋道、技藝等古籍七八千種，按韻目分列單字，依單字輯入各項文史記載。全書收羅宏富，元以前佚文秘籍多賴以保存，對輯佚或校勘古籍有重要價值。清修《四庫全書》時即從中輯出500多種書。《永樂大典》用端正楷書抄成，繪圖

〔註8〕《新唐書》卷五十九《藝文三》，北京：中華書局，1975年，第1562頁。
〔註9〕《明史》卷九十八《藝文三》，北京：中華書局，1972年，第2448頁。

精麗工致。書面硬裱、黃綾面、包背裝，只抄正本一部，未刻印，抄成後藏於南京文淵閣。嘉靖、隆慶年間又依永樂原本摹寫副本一部。正本約毀於明亡之際，副本在清乾隆、咸豐時也漸散失。1900 年八國聯軍入侵北京時，所餘卷帙大部被焚毀，未毀的幾乎全被掠走。現存世的是中華人民共和國建立後，經北京圖書館等單位多方蒐集約 800 卷，彌足珍貴。〔註10〕《明太宗實錄》卷二十一載：

> 秋七月丙子朔，享太廟。上諭翰林侍讀學士解縉等曰：「天下古今事物，散載諸書，篇帙浩穰，不易檢閱。朕欲悉採各書所載事物類聚之，而統之以韻，庶幾考索之便，如探囊取物爾。嘗觀《韻府》《回溪》二書，事雖有統，而採摘不廣，紀載大略，爾等其如朕意，凡書契以來，經史子集百家之書，至於天文、地志、陰陽、醫卜、僧道、技藝之言，備輯為一書，毋厭浩繁。」〔註11〕

清孫承澤《春明夢餘錄》卷十二「文淵閣」條載：

> 永樂中，命解縉纂集類書，為《文獻大成》。嫌其未備，乃命姚廣孝重修。正總裁三人，副總裁二十五人，纂修三百四十七人，催纂五人，編寫三百三十二人，看詳五十七人，謄寫一千三百八十一人，續送教授十人，辦事官吏二十人，凡二千一百八十人。〔註12〕

對於永樂皇帝編纂《永樂大典》的前因後果，來龍去脈，前輩學者多有論說，明人李日華《紫桃軒又綴》卷二載：「《永樂大典》計二萬二千八百七十七卷，一萬一千九十五本，湖廣王洪編纂，號召四方文墨之士，累十餘年而就，亦所以耗磨遜國諸儒不平之氣。」〔註13〕清孫承澤《春明夢餘錄》卷十二「文淵閣」條亦載：「至靖難之舉，不平之氣遍於海宇，文皇借文墨以銷壘塊，此實係當日本意也。」〔註14〕古今學者在談到帝王敕令文人學者編纂類書等大型圖籍時，總是說這些帝王懷有某種意圖，或言耗磨遜國諸儒不平之氣，或言借

〔註10〕見《中國大百科全書》第二版。

〔註11〕中研院歷史語言研究所校印《明太宗實錄》卷二十一，《明實錄》，第 6 冊，第 393 頁。

〔註12〕（清）孫承澤著，王劍英點校《春明夢餘錄》卷十二《文淵閣》，北京：北京古籍出版社，1992 年，第 155 頁。

〔註13〕（明）李日華撰，薛維源點校《紫桃軒雜綴》附《紫桃軒又綴》，南京：鳳凰出版社，2010 年，第 361 頁。

〔註14〕（清）孫承澤著，王劍英點校《春明夢餘錄》卷十二《文淵閣》，北京：北京古籍出版社，1992 年，第 156 頁。

文墨以銷壘塊，也就是說，這些帝王修纂圖書是假，實行文化控制是真，他們擺出一份偃武修文的姿態來，借修撰不急之類書，困老英雄。魯迅先生在提到《太平御覽》與《太平廣記》等書的編撰意圖時也曾說：「宋既平一宇內，收諸國圖籍，而降王臣佐多海內名士，或宣怨言，遂盡招之館閣，厚其廩餼，使修書，成《太平御覽》《文苑英華》各一千卷。」〔註15〕「因為在宋初，天下統一，國內太平，因招海內名士，厚其廩餼，使他們修書，當時成就了《文苑英華》《太平御覽》和《太平廣記》。此在政府的目的，不過利用這事業，收養名人，以圖減其對於政治上之反動而已，固未嘗有意於文藝。」〔註16〕

　　有人對《永樂大典》的編纂緣由做了粗疏的分析，其《有關〈永樂大典〉幾個問題的辨正》認為：「歷史事件的發生往往是眾多因素的聚合，只有置於大的背景下作全面的觀察，才能呈現脈絡，分清主次。不斷編書，而且編纂大書是朱明王朝『崇尚文治』的手段或標誌之一。從解縉最初的類書編纂設想，到太祖命唐愚士纂修《類要》乃至建文帝開館命方孝孺、唐愚士纂輯《類要》，是一個由虛而實，由小而大的發展過程。方、唐領銜纂修而未成的《類要》有積稿應是無疑的事實。成祖受好大喜功和想超越太祖、抹煞建文的心理支配，要敕令編纂一部匯聚上下數千年、『無所不包』的大書，這從事態發展上看是內在邏輯的必然……《永樂大典》是《類要》《文獻大成》發展的必然產物，而不是『文皇借文墨以銷壘塊』『老英雄』策略下所產生的巨帙。」〔註17〕如此分析，似是而非，故意翻案，未免譁眾取寵。既然乾隆帝都承認宋明諸帝都是使用修典以疲老天下英雄，你虞某人難道比乾隆帝還要以聖通聖？！

　　類書編纂是偃武修文、點綴升平的好方法，帝王或許也真的是有牢籠天下文士的想法，但是古往今來很多類書最初的編纂提議其實並不都是皇帝提出來的，並不是皇帝要修書，很多時候或者更多時候是有心於典籍的大臣的建議之下施行的，基本都是朝廷之文士有感於圖籍的不修，才提出的修書的建議。

　　《明史》卷一百四十七《解縉傳》載：

<hr />

〔註15〕魯迅：《中國小說史略》第十一篇《宋之志怪及傳奇文》，《魯迅全集9》，北京：人民文學出版社，2005年，第104頁。

〔註16〕魯迅：《中國小說的歷史的變遷》第四講《宋人之「說話」及其影響》，《魯迅全集9》，北京：人民文學出版社，2005年，第329頁。

〔註17〕虞萬里：《有關〈永樂大典〉幾個問題的辨正》，《史林》2005年第6期，第21～36頁。

洪武二十一年（1388）……臣見陛下好觀《說苑》《韻府》雜書與所謂《道德經》《心經》者，臣竊謂甚非所宜也。《說苑》出於劉向，多戰國縱橫之論；《韻府》出元之陰氏，抄輯穢蕪，略無可採。陛下若喜其便於檢閱，則願集一二志士儒英，臣請得執筆隨其後，上溯唐、虞、夏、商、周、孔，下及關、閩、濂、洛。根實精明，隨事類別，勒成一經，上接經史，豈非太平制作之一端歟？〔註18〕

陳夢雷《松鶴山房文集》卷二《進彙編啟》詳細地記述了《古今圖書集成》的編撰原因：

〔夢〕雷以萬死餘生，蒙我皇上發遣奉天，又沐特恩，召回京師，侍我王爺殿下筆墨，恭遇我王爺殿下睿智天縱，篤學好古，禮士愛人，自慶為不世遭逢，思捐頂踵，圖報萬一，無奈賦命淺薄，氣質昏愚，讀書五十載，而技能無一可稱，涉獵萬餘卷，而記述無一可舉，深恐上負慈恩，惟有掇拾簡編，以類相從，仰備顧問，而我王爺聰明睿智，於講論經史之餘，賜之教誨，謂《三通》《衍義》等書，詳於政典，未及蟲魚草木之微，《類函》《御覽》諸家，但資詞藻，未及天德王道之大。必大小一貫，上下古今類列部分，有綱有紀，勒成一書，庶足大光聖朝文治。〔註19〕

雷聞命踊躍，喜懼交並，自揣五十年來無他嗜好，唯有日報遺編。今何幸大慰所懷，不揣蚊力負山，遂以一人獨肩斯任。謹於康熙四十年十月為始，領銀雇人繕寫。蒙我王爺殿下頒發協一堂所藏鴻編，合之雷家經史子集，約計一萬五千餘卷。至此四十五年四月內書得告成。分為彙編者六，為志三十有二，為部六千有零，凡在六合之內，鉅細畢舉。其在十三經，二十一史者，隻字不遺，其在稗史子集者，十亦只刪一二，以百篇為一卷，可得三千六百餘卷。若以古人卷帙計之，可得萬餘卷。〔註20〕

雷三載之內，目營手檢，無間晨夕，幸而綱舉目張，差有條例，

〔註18〕《明史》卷一百四十七《解縉傳》，北京：中華書局，1972年，第4115～4116頁。

〔註19〕（清）陳夢雷《松鶴山房文集》卷二《進彙編啟》，《續修四庫全書》，第1416冊，第38頁。

〔註20〕（清）陳夢雷《松鶴山房文集》卷二《進彙編啟》，《續修四庫全書》，第1416冊，第38頁。

　　謹先謄目錄、凡例為一冊上呈，伏惟刪定贊修上聖之事。雷何人斯，寧敢輕言著述，不過類聚部分，仰待我王爺裁酌，或上請至尊聖訓，東宮殿下睿旨，何者宜存，何者宜去，何者宜分，何者宜合，定其大綱，得以欽遵檢校，或賜發秘府之藏，廣其所未備，然後擇於江南、浙江都會之地，廣聚別本書籍，合精力少年分部讎校，使字畫不至舛訛，繕寫進呈，恭請御製序文，冠於書首，發付梓人刊刻，較之前代《太平御覽》《冊府元龜》廣大精詳何止十倍，從此頒發四方，文治昭垂萬世。〔註21〕

　　可見，「大光聖朝文治」是陳夢雷編纂《古今圖書集成》的重要目的，編纂《古今圖書集成》更可以認為是陳夢雷實現自己人生價值、政治抱負的表現。古今典籍的修纂有時候是文人建議的，並不是帝王有心思要這樣幹，當然不排除有些帝王果真有李世民所謂的讓「天下英雄盡入我彀中矣」的計謀。

　　帝王自然脫離不了好名的心理因素，聶崇歧《太平御覽引得序》認為：「愚意以為太宗之敕修群書，不過為點綴升平欲獲右文令主之名，其用南唐遺臣，亦僅以其文學優贍，初不必有若何深意。」〔註22〕但是不可否認的是，歷代帝王編纂類書會達到一箭雙雕乃至一箭多雕的目的。每一次改朝換代，流血或不流血，社會動盪總是不可避免的，動亂中，傳統文化必然受到衝擊，作為文化承載物的珍貴典籍就如同廢紙，災厄重重，禮義廉恥忠孝仁義等觀念也被逐漸淡漠。新王朝誕生之後，社會秩序、道德觀念亟需恢復與重建，而編纂類書等典籍既可以大肆宣揚新統治者的文治，更可以利用類書傳承封建文化，宣揚封建文化，重新確立儒家文化的正統地位，重新塑造民眾的信仰和精神世界，使民眾有所皈依，從而達到維護鞏固封建統治的目的。

　　梁啟超《中國歷史研究法》認為：「纂輯類書之業，亦文化一種表徵。」〔註23〕張滌華《類書流別》認為：「類書之升降，恒依政治、學術及社會制度諸方面為之進退，而其間尤以政治之關係為切。」〔註24〕唐光榮《唐代類書與文學》亦認為：「雖然類書只是一種抄撮群書的資料彙編，學術地位遠不及正史，但在歷代帝王的眼裏，編纂類書與編纂正史幾乎是同等的潤色鴻業的盛

〔註21〕　（清）陳夢雷《松鶴山房文集》卷二《進彙編啟》，《續修四庫全書》，第1416
　　　　　冊，第38～39頁。
〔註22〕　聶崇歧《太平御覽引得》，《引得》第23號，哈佛燕京學社，1935年，第Ⅶ頁。
〔註23〕　梁啟超《中國歷史研究法》，上海：上海古籍出版社，1998年，第63頁。
〔註24〕　張滌華《類書流別》，北京：商務印書館，1985年，第34頁。

事。」〔註25〕從魏晉至明清，歷代帝王出於國家政治或學術的需要，皆組織當時的文化精英編纂出一部部卷帙浩繁、資料磅礡的鴻篇巨著。每一次大的類書編纂，朝野之文人雅士、宿學老儒、高僧道師等都被網羅其中，天下文藝之英，濟濟乎咸集於京師，可見，類書之編纂一點也不遜色於開國修史，類書編纂所擁有的官方地位、學術地位與正史編修處於伯仲之間，類書編纂已然成為一個王朝的文化工程，甚至成為一個王朝文治興盛與否的標誌。

二、類書與文學

官修類書一直是中國類書發展的主流，因為只有政府出面才可以集合全國優秀的知識分子共同編纂出一部高質量、大部頭的鴻篇巨著。官修類書之外，各種形式的私纂類書更是興旺繁榮，其中以文學類書、科舉類書、蒙學類書、日用類書最為發達。

在南北朝時期，類書與文學已經親密地結合起來，文人私纂類書以備詩文之需已然成為一種潮流，沈約之編纂《袖中記》《袖中要集》《珠叢》，庾肩吾之編纂《採璧》、朱澹遠之編纂《語對》《語麗》，張纘之編纂《鴻寶》等，都是作者為文學創作而編纂的類書，雜採成語故實，備詞藻之用。隋煬帝愛好文藝，自然也不能免俗，他為了應付詩文創作的需要，亦曾令杜公瞻編纂類書《編珠》。杜公瞻《編珠原序》載：

> 皇帝在江都日，好為雜詠及新體詩，偶緣屬思，顧謂侍讀學士
> 曰：今經籍浩汗，子史恢博，朕每繁閱覽，欲其故實簡者易為比風，
> 爰命微臣編錄，得窺書囿，故目之曰《編珠》。〔註26〕

唐宋時代，類書與文學的結合更為緊密，那些名傳千古的大詩人、大詞人很多同時也是類書編纂家！他們詩文創作的源泉在某種程度上就是依賴其編纂的既博又精的類書，白居易（772～846）之《六貼》、元稹（779～831）之《類集》、溫庭筠（約812～約866）之《學海》、晏殊（991～1055）之《類要》、秦觀（1049～1100）之《精騎集》就是顯例；甚者，詩賦體類書一度流傳開來，皮日休（約838～約883）則以五言詩體的形式編纂成類書《皮氏鹿門家鈔》，吳淑（947～1002）則以賦體事類形式編纂成類書《事類賦》1〔註27〕。

〔註25〕唐光榮《唐代類書與文學》，成都：巴蜀書社，2008年，第2頁。
〔註26〕（隋）杜公瞻撰，（清）高士奇補《編珠》，《文淵閣四庫全書》，第887冊，第39頁。
〔註27〕吳淑參與編輯《太平御覽》、《太平廣記》、《文苑英華》、《太宗實錄》等書，是

　　秦觀在文學史上可謂是佼佼者，文章之美，學問之博，世所公認，但秦觀即曾編纂類書以備詩文之需要！秦觀《淮海集》記載了其編纂類書《精騎集》的原委，《精騎集序》曰：

　　　予少時讀書，一見輒能誦。暗疏之，亦不甚失。然負此自放，喜從滑稽飲酒者遊，旬朔之間，把卷無幾日，故雖有強記之力，而常廢於不勤。比數年來，頗發憤自懲艾，悔前所為，而聰明衰耗，殆不如曩時十一二，每閱一事，必尋繹數，終掩卷茫然，輒復不省，故雖然有勤苦之勞，而常廢於善忘。嗟夫！敗吾業者常此二物也。比讀《齊史》，見孫搴答邢邵詞云：「我精騎三千，足敵君羸卒數萬。」心善其說，因取經傳子史事之可為文用者，得若干條，勒為若干卷，題曰《精騎集》云。噫！少而不勤，無如之何矣，長而善忘，庶幾以此補之。〔註28〕

　　宋葉廷珪《海錄碎事序》則記載了他採摭「碎事」以備文章之助的事情：「獨《碎事》文字最多，初謂之《一四錄》，言其自一字至四字有可取者皆錄之，後改為《碎事》。每讀文字，見可錄者，信手錄之，未嘗有倫次。閱歲既久，所編猥繁，檢閱非易，嘗以為病。紹興十八年秋，得郡泉山，公餘無事，因取而類之，為門百七十五，為卷二十有二。雖摘裂章句，破碎大道，要之多新奇事，未經前人文字中用，實可以為文章伙助，豈小補哉！」〔註29〕宋傅自得為葉廷珪作《海錄碎事序》亦嘗認為：「予嘗得見侯所謂《海錄》者，凡十數大冊，皆親書蠅頭細字惟謹，蓋無慮十餘萬事，大抵皆詩才也。侯因自言遊宦四十餘年，未嘗一日不作詩，食以飴口，怠以飴神，此書之力為多。」〔註30〕傅自得所言之「大抵皆詩才也」一句，再次說明了《海錄碎事》的功

一個大編輯家。

〔註28〕（宋）秦觀《淮海集》後集卷六《精騎集序》，《文淵閣四庫全書》，第1115冊，第683頁。按《北齊書》卷二十四《孫搴傳》載：「搴學淺而行薄，邢邵嘗謂之曰：『更須讀書。』搴曰：『我精騎三千，足敵君羸卒數萬。』」（第342頁）。

〔註29〕（宋）葉廷珪撰，李之亮校點《海錄碎事》，北京：中華書局，2002年，第1頁。紹興十八年即公元1148年。葉廷珪，字嗣忠，號翠巖，甌寧（今福建建甌）人。徽宗政和五年（1115）進士，除武邑丞。轉知德興縣。召為太常寺丞，遷兵部郎中。十八年（1148），以左朝請大夫知泉州，後移漳州。著有《海錄碎事》二十二卷。事蹟見《宋史翼》卷二七、《閩中理學淵源考》卷一四。

〔註30〕（宋）葉廷珪撰，李之亮校點《海錄碎事》，北京：中華書局，2002年，第3頁。

用，其有助於文學創作、材料積累顯而易見，且葉廷珪之詩文創作得「此書之力為多」。

宋人俞成《螢雪叢說》則記載了呂祖謙教學者利用類書做文章的事情：

> 東萊教學者作文之法。東萊先生呂伯恭嘗教學者作文之法，先看《精騎》，次看《春秋權衡》，自然筆力雄健，格致老成，每每出人一頭地。〔註31〕

宋人謝伋《四六談塵》亦載：

> 四六全在類編古語。唐李義山有《金鑰》，宋景文（宋祁）有一字至十字對，司馬文正亦有《金桴》，王歧公最多。〔註32〕

東萊先生所說之《精騎》就是秦觀之類書《精騎集》，這就再次告訴我們類書對於文章寫作的重要性。張滌華先生對古人利用類書做文章之事解釋說：「唐代一切應用文字，上起詔敕，下至判辭書牘，無不用近體文，即所謂四六。文體綺麗，蓋齊梁之遺風，而庾信之影響尤大。太宗躬自提倡，此體轉盛。其時文士不能作四六，即無由仕進，故在宦途較詩歌更受重視。宋人作文，有論著、應用二體，其分自宋初始。其所謂論著，尚貴有自得之見；而應用則往往依仿成格，掇拾前人語句，其體多用四六，故有『依樣葫蘆』之誚。其時流行之書為舉業資者，有呂祖謙《百段錦》之類；而制誥家、詞科家亦多自編用。」〔註33〕誠然，類書是文獻的淵藪，其將各種具有相同性的資料分門別類的彙集在一起，對於古人來說就是一個資料寶庫，是古人進行資料檢索徵引的萬寶全書，臨事驟然，問答應急，博聞強記者也難免遺忘，翻閱檢索也需要方法，也應該快捷便利，而類書徵引繁富，檢索便利，一本類書在手，即便不能應對所有的問題，但是遇事檢索徵引，還是十分方便的。

張滌華《類書流別》云：「夫六藝紛綸，百家踣駁，窮理盡性，則勞而少功；周覽泛觀，則博而寡要；且或細族寒家貧士，則艱於購求；或鄉曲淺儒，則疏於銓別：學者所以勤苦而難就，皆職此之由也。若有類書，以博稽眾籍，標其菁粹，則守茲一帙，左之右之，俱足以達津梁。其為功易而速，為學精而要，不假從師聚學，區以別矣。」〔註34〕張滌華《類書流別》又云：「多識君

〔註31〕（宋）俞成撰《螢雪叢說》，《叢書集成初編》，第 2863 冊，第 15 頁。
〔註32〕（宋）謝伋：《四六談塵》，《叢書集成初編》，第 2615 冊，第 2 頁。
〔註33〕張滌華：《類書流別》，北京：商務印書館，1985 年，第 28 頁。
〔註34〕張滌華：《類書流別（修訂版）》，北京：商務印書館，1985 年，第 35 頁。

子，信有之矣。是知博聞強記，未可責之人人；而中才以下，固不得不資於尋檢。尋檢之書，類書尚矣。觀其囊括古今，包羅鉅細，既已極稱富備；而又分以部居，裁以類例，如錢就貫，一一秩然。故學者擁此一編，則智珠在握，無俟他求，而覓證取材，隨在有逢源之樂。其為便捷，無俟繁言。」〔註35〕可見類書之功效，非惟鼓吹於詩風，抑亦條網乎事類。「**為功易而速，為學精而要**」，這十字真可謂把類書的長處概括得恰到好處。非深研類書，非深諳個中三昧，絕不能道出此言！張中行《詩詞讀寫叢話》則認為：「辭藻書，是適應文思枯竭而仍想作的人的需要而立名的，在舊日的目錄裏入子部，名『類書』。顧名思義，是把散見的文獻資料歸類，以便於檢尋而編印的書。起初是為有權的忙人（或兼懶人）編的，始於曹魏，名《皇覽》，皇指奪漢獻帝寶座的曹丕。其後，許多皇帝，以及雖未即皇帝位而有錢買書的，也樂得從這條省力的路得些知識財富，於是類書（多是大部頭的）就相繼而興。」〔註36〕如此解釋，可謂一針見血。有道是：「讀經味如稻粱，讀史味如肴饌，讀諸子百家味如醯醢。」古人把三種體驗合稱為「三味」。類書熔經史諸子於一爐，得其三味，亦得其三昧。誰解其中味？當屬二張也！張滌華知其雅，張中行知其俗。〔註37〕

誠然，類書與文學的結合是天然的，類書為文人作文提供文料，文人又編纂類書以適應新的作文需要；類書的大量流傳，文人的頭腦裏就形成了固有的邏輯、辭藻、用典，文學創作中既使是天才般的人物，也難以逃脫類書流傳形成的窠臼，這便是文學對類書的記憶。無怪乎聞一多先生在研究唐詩的時候提出要把「**文學和類書排在一起打量**」，並提出了「**類書家**」的詩、「**類書式**」的**詩的概念**。〔註38〕方師鐸《傳統文學與類書之關係》亦認為：「自魏、晉以至隋、唐，甚至延長到北宋，這一段時期中的文學觀念，是與我們今日大不相同

〔註35〕張滌華：《類書流別（修訂版）》，北京：商務印書館，1985年，第36頁。

〔註36〕張中行：《詩詞讀寫叢話》，《張中行作品集2》，北京：中國社會科學出版社，1995年，第286頁。

〔註37〕筆者早年應付高考，正是以類書之法應之，故能略知類書之妙。若將高考複習資料編纂成類書形式，必定成為制勝法寶。由此推斷，歷代科舉考場上的勝利者一定對重要類書無比精熟，故能左右逢源；失敗者則不明此道。此可為智者道，不可為愚者言。

〔註38〕聞一多《唐詩雜論》，北京：中華書局，2003年新1版，第1～9頁。今按：聞一多之所以能夠從此角度切入，應該說除了其眼光敏銳，還與其應考經驗有關。他擅長治學，半路出家，快速上路，其治學方法極有可能與類書之法曲徑通幽。如果善用類書，可以舉一反三，觸類旁通。

的。他們把文學和學術、詞藻和聲韻、類事和訓詁，完全的牽扯到一塊兒，而總稱之為『藝文』。這可以歐陽詢的《藝文類聚》作為他們的總代表。」〔註39〕

三、類書與科舉

類書與科舉的關係如類書與文學，亦是親密無間、相得益彰。隋、唐以來，科舉成為讀書人入仕的最重要途徑，為了在科舉中高榜得中，讀書人自然是將畢生之力用在科舉上，無奈書山題海，賺得英雄盡白頭。聰明的讀書人發現了類書既博且精的特點，開始重視和利用它，於是各種形式的科舉類書被編纂出來。學子在修習之餘，多抄錄文集，自撰或自抄類書，挾帶韻書，以備場屋之需。半開卷方式的考試需要的是半記誦，而士子們在朝行公文、平時交際時，也將需要的類書來個半記誦。韓愈《短燈檠歌》云：「太學儒生東魯客，二十辭家來射策。夜書細字綴語言，兩目哆昏頭雪白。」〔註40〕「綴語言」就是指採摘事例和典故詞語，綴編成章，為射策做準備。

宋代科舉類書的繁榮可以說是前無古人後無來者，且宋代編纂的科舉類書知識性、學術性皆比較好，如高承《事物紀原》、呂祖謙《歷代制度詳說》、陳傅良《永嘉八面鋒》、祝穆《事文類聚》、潘自牧《記纂淵海》、佚名《群書會元截江網》、章如愚《山堂考索》、謝維新《古今合璧事類備要》、黃履翁《古今源流至論》、王應麟《玉海》、佚名《翰苑新書》等，這些都是針對科舉、試論、策試、帖經、博學宏詞科而編纂的類書。

《四庫全書總目》之《玉海》提要曰：

> 宋自紹聖置宏辭科，大觀改辭學兼茂科，至紹興而定為博學宏辭之名，重立試格。於是南宋一代通儒碩學多由是出，最號得人。而應麟尤為博洽。其作此書，即為詞科應用而設。故臚列條目，率巨典鴻章。其採錄故實，亦皆吉祥善事，與他類書體例迥殊。然所引自經史子集百家傳記，無不賅具，而宋一代之掌故率本諸實錄國史日曆，尤多後來史志所未詳。其貫串奧博，唐宋諸大類書未有能過之者。〔註41〕

〔註39〕 方師鐸《傳統文學與類書之關係》，天津：天津古籍出版社，1986 年，第 25 頁。

〔註40〕 （唐）韓愈《短燈檠歌》，《韓昌黎集2》，上海：商務印書館，1930 年，第 61 頁。

〔註41〕 （清）永瑢等撰《四庫全書總目》卷一三五《類書類一》，北京：中華書局，1965 年，第 1151 頁。

《四庫全書總目》之《源流至論》提要曰：

> 宋自神宗罷詩賦，用策論取士，以博綜古今，參考典制相尚，
> 而又苦其浩瀚，不可猝窮，於是類事之家，往往排比聯貫，薈萃成
> 書，以供場屋採掇之用。〔註42〕

科舉類書的共同點就是內容豐富、排比詳贍，舉凡天文地理、政治經濟、典章制度、軍事科技、學校禮儀、服食器用、草木鳥獸等皆搜羅裒輯，要言不煩，簡明扼要，讀書人視若珍寶，藏於巾箱。明人李果《事物紀原序》記載了他見到宋代類書《事物紀原》之後的喜愛之情：

> 正統甲子歲，余忝試京闈，獲睹《事物紀原》一帙於書舍中，
> 乃今祭酒江右頤庵胡先生之所傳，南平趙弼先生之所刪定者也。余
> 恍而易之以金以歸，不啻懷瑾握瑜，檢閱殆徧……學者苟能熟讀潛
> 玩，溯流尋源，則涉獵酬對，泛應曲當，無所不可矣。此頤庵所以
> 珍重，而後學所當為至寶。〔註43〕

科舉類書是供讀書人開拓視野、積累知識、檢索徵引的資料彙編，唐宋時代科舉類書的編纂者多是文壇領袖、學問博洽的人物，如呂祖謙為「婺學」創立者，與朱熹、張栻並稱「東南三賢」，祖謙之學本之家庭，有中原文獻之傳；王應麟出身詞科，為宋元之際浙東學派三大家之一，他們為了便於後學的學習、使用，搜羅裒輯，用功甚勤，編纂出的科舉類書質量也較為可靠，著實有利於知識的傳播、學術的發展。當時的學者對於自身的期許也是比較高的，認為類書是通向博學的路徑。宋代章如愚《山堂先生群書考索序》云：「人不通今古，如面牆而立，雖欲開心明目，其道無由也。」〔註44〕宋代祝穆《古今事文類聚序》云：「記問非講學所急，而亦講學之一助焉。昔上蔡謝公初謁明道程先生，頗以記問自多，至貽玩物喪志之戒，非鄙之也，特不欲專以此為學耳。

〔註42〕 （清）永瑢等撰《四庫全書總目》卷一三五《類書類一》，北京：中華書局，1965 年，第 1151 頁。

〔註43〕 （宋）高承撰、（明）李果訂，金圓、許沛藻點校《事物紀原》，北京：中華書局，1989 年，第 1～2 頁。按：《事物紀原》是宋代高承編撰的一部類書，專記事物原始之屬。凡 10 卷，共記 1765 事，分 55 部排列。其書於每事每物，皆考索古書，推其緣起。雖不能盡確，亦可以資博識。《四庫全書總目》稱其名目頗為冗碎，其所考論事始亦間有未確云云。

〔註44〕 （宋）章如愚：《群書考索》，揚州：廣陵書社，2008 年，第 1～2 頁。今按：此語本乎北齊顏之推《顏氏家訓·勉學》：「夫所以讀書學問，本欲開心明目，利於行耳。」

竊謂講學固以窮理為尚，而考古訂今亦必資記問之博，使有一書之未讀，一物之不知，則將見群疑塞胸，無說可袪，萬事博手，無術可應，此其患在學力之未充，而亦記問空疏之過也。」〔註45〕「記問之博」所憑藉的就是既博且廣的類書，「通古今」最便捷的工具自然還是類書。義理無窮，見聞有限，借助類書之力，可以溫故而知新，可以博古而通今。

但是，自有了類書之後，不肯用功的讀書人就視類書為終南捷徑，不讀原著，不求甚解，或者根本不去閱讀原書，加之有些類書確實編纂粗糙，以訛傳訛，於是類書貽誤後學的帽子就來了。呂祖謙、王應麟等學者編纂類書的初衷，是利用類書以類相從的特點，將同類知識集合在一起，既便於閱讀記憶，又便於考察研究，這無形中也達到了傳播、普及知識，提高讀者素養的目的，但是部分讀書人急功近利，專意於科舉考試，甚至有學者單純為了考試而編纂類書，這無疑脫離了類書編纂的正軌，於是類書成為古今學者所批評的對象。

《四庫全書總目》之《璧水群英待問會元選要》提要曰：「大抵當日時文活套，不足以資考證。……南宋待太學之禮最重，而當時相率誦習者乃此剽竊腐爛之書，其亦大非養士之意矣。」〔註46〕朱熹在《答呂伯恭》中亦認為：「近見建陽印一小冊，名《精騎》，云出於賢者之手，不知是否？此書流傳，恐誤後生輩，讀書愈不成片段也。雖是學文，恐亦當就全篇中考其節目關鍵。又諸家之格輒不同，左右採獲，文勢反戾，亦恐不能完粹耳。因筆及之，本不足深論也。」〔註47〕誠然，朱熹的擔憂和四庫館臣的指責自然不無道理，隨著類書的大量流傳，部分讀書人的確是尋章摘句，拾掇古人之牙慧，只見樹木，不見森林，但這是人的問題，不是類書的問題，類書的優點很顯然還是主要的，問題則在於讀書人要如何正確利用類書。若用於科舉，視為敲門磚可矣，無論中

〔註45〕（宋）祝穆：《古今事文類聚》，文淵閣四庫全書本卷首。今按：祝穆《古今事文類聚》仿照歐陽詢、徐堅所著類書而成。祝穆幼年失怙，朱熹以其母黨教育於考亭書院，粗聞當時緒論。作為朱門弟子，他垂老猶盡力編纂類書，以為善足以為法，不善足以為戒，或賦詩以吟詠情性，或立言以發明理致。講學之士取乎類書之業，殊為難得。祝穆又稱「記事為難，記文為尤難」，這是深知甘苦之言。後人不知古人編纂類書之艱難，動輒輕視前賢，大言欺世，一切誅心之論皆可以休矣！

〔註46〕（清）永瑢等撰《四庫全書總目》卷一三七《類書類存目一》，北京：中華書局，1965年，第1162頁。

〔註47〕（宋）朱熹撰，劉永翔、朱幼文校點《晦庵先生朱文公文集》（二）卷三十三《答呂伯恭》，《朱子全書》第21冊，上海、合肥：上海古籍出版社、安徽教育出版社，2002年，第1445頁。

與不中，用完則棄之若敝屣，視之若仇讎；若用於治學，顯然需要回歸原典，類書只是輔助性質的參考資料，需要回到經傳原文，回歸根底之學，否則就是誤入歧途，難以修成正果。

四、類書與教育

科舉類書繁榮的下游就是蒙學類書的繁榮，那些有志於科舉的家族、文人，必然會以科舉為指揮棒加強對子弟的教育、培養，以便於他們可以在日後的科舉中大展宏圖，所以蒙學類書就漸漸多起來，最為有名的是《初學記》《兔園策府》等。《初學記》是唐玄宗敕令張說、徐堅等人編纂的一部極為經典且對後世影響極深的類書。《大唐新語》卷九載：

> 玄宗謂張說曰：兒子等欲學綴文，須檢事及看文體。《御覽》之輩，部帙既大，尋討稍難。卿與諸學士撰集要事並要文，以類相從。務取省便，令兒子等易見成就也。說與徐堅、韋述等編此進上，詔以《初學記》為名。〔註48〕

以前或許有人認為《初學記》僅僅是「宜皇王之省覽」的資料彙編，主要是供檢索徵引，防止遺忘，但是通過上文的記載，我們可以肯定此《初學記》編纂完成之後，無疑是作為唐玄宗諸子學習「綴文」的教材來使用的，《初學記》的使用頻率必然已經超越了一般的檢索徵引、閱讀瀏覽，換言之，《初學記》與使用者之間的關係更加密切了一步，甚至此《初學記》的部分內容，使用者也就是唐玄宗的諸子是要背誦、熟記於心的。此外，《初學記》所教授的也並不是「綴文」的理論、方法，而是大量的新奇壯麗的次第相連的辭藻典故，這就意味著《初學記》不是教授「綴文」之方法而是在灌輸知識、傳播知識，企圖通過大量典故、事對、詩文的背誦、記憶來實現「綴文」的「易見成就」。下面以「月第三」一條為例：

> 【敘事】
>
> 《淮南子》云：「月者，太陰之精。」《釋名》云：「月，缺也，言滿則復缺也。」《漢書》云：「月，立夏、夏至行南方赤道，曰南陸；立秋、秋分行西方白道，曰西陸；立冬、冬至行北方黑道，曰北陸。分則同道，至則相過。晦而見西方謂之朓，朔而見東方謂之

〔註48〕（唐）劉肅撰，許德楠、李鼎霞點校《大唐新語》，北京：中華書局，1984年，第137頁。

胐，亦謂之側匿。」（朓，健行疾貌也；胐，縮遲貌也。側匿猶縮懦，亦遲貌。）《釋名》云：「胐，月未成明也；魄，月始生魄然也。（承大月，月生三日謂之魄；承小月，月生三日謂之胐。）朔，月初之名也；朔，蘇也，月死復蘇生也；晦，月盡之名也；晦，灰也，死為灰，月光盡似之也；弦，月半之名也，其形一旁曲，一旁直，若張弓弦也；望，月滿之名也，日月遙相望也。」《淮南子》云：「月，一名夜光；月御曰望舒，亦曰纖阿。」

【事對】

【水氣　金精】《淮南子》曰：日月，天之使也。積陰之寒氣，久者為水，水氣之精者為月。《河圖·帝覽嬉》曰：月者，金之精也。

【觀蓂　視桂】《抱朴子》曰：昔帝軒候鳳鳴以調律，唐堯觀蓂莢以知月。《帝王世紀》云：堯時有草，夾階而生。每月朔日生一莢，至月半則生十五莢。至十六日後，日落一莢，至月晦而盡。若月小，餘一莢。王者以是占曆，應和而生，以為堯瑞，名之蓂莢。一名曆莢，一名仙茆。虞喜安《天論》曰：俗傳月中仙人桂樹，今視其初生，見仙人之足，漸已成形，桂樹後生。

【合璧　破環】合璧已見上。《抱朴子》曰：王生云：月不圓者月初生。及既虧之後，視之宜如三寸鏡。稍稍轉大，不當如破環，漸漸滿也。

【金兔　瑤蟾】《河圖·帝覽嬉》曰：月者，金之精。又，張衡《靈憲》曰：月者，陰精而成獸，象兔蛤焉。又，劉孝綽詩曰：明明三五月，垂影當高樹。攢柯半玉蟾，叢葉映金兔。王子年《拾遺記》曰：瀛海南有金巒之觀，飾以眾寶。左懸則火精為日，刻黑玉為烏；右以水精為月，削青瑤為蟾兔。亦有神龍神風，徘徊其邊。

【圓鏡　破鏡】庾肅之《玉贊》曰：圓璧月鏡，璚琳星羅。結秀藍田，擢真荊和。《古詩》曰：槁砧今何在？山上復有山。何當大刀頭？破鏡飛在天。

【三珥　重輪】《軍國占候》曰：若月有三珥者，大臣有喜；若月冠而復暈者，天下有喜。崔豹《古今注》曰：漢明帝作太子，樂人歌四章，以贊太子之德。其一曰日重光，二曰月重輪，三曰星重曜，四曰海重潤。

【似鉤　如璧】枚乘《月賦》曰：猗嗟明月，當心而出。隱圓岩而似鉤，蔽修堞而如鏡。何偃《月賦》曰：遠日如鑒，滿月如璧。

【方珠　缺暈】《淮南子》曰：方諸見月，則津而為水，高誘注曰：方諸，陰燧大蛤也；熟摩令熱以向月，則水生也。許慎注曰：諸，珠也。方，名也。《淮南子》又曰：晝隨灰而月暈缺。許慎注曰：有軍事相圍守則月暈。以蘆灰環，缺其一面，則月暈亦缺於上。

【金波　璧光】《漢書》曰：月移彩以金波，日華耀以宣明。《尚書中候》曰：甲子冬至日，月若懸璧。何偃《月賦》曰：日月雖如璧，以光為形。

【北堂　西園】陸士衡詩曰：安寢北堂上，明月入我牖。照之有餘輝，攬之不盈手。曹植詩曰：清夜遊西園，飛蓋相追隨。明月澄清影，列宿正參差。

【居蟾　顧兔】《春秋元命苞》曰：月之為言缺也，而設以蟾蟲與兔者，陰陽雙居。明陽之制陰，陰之倚陽。《楚辭》曰：夜光何德，死而又育。厥利維何，而顧兔在腹。

【似紈扇　如玉鉤】班婕妤《怨歌行》曰：新裂齊紈素，鮮潔如霜雪。裁為合歡扇，團團以明月。鮑照詩曰：始見西南樓，纖纖如玉鉤。末映西北墀，娟娟似蛾眉。

【鑒阮帷　照潘室】阮籍詩曰：夜中不能寐，起坐彈鳴琴。薄帷鑒明月，清風吹我衿。潘岳《悼亡詩》曰：皎皎窗中月，照我室南端。清商應秋至，溽暑隨節闌。

【吳牛喘　魏鵲飛】劉義慶《世說》曰：滿奮畏風，在武帝坐。北窗作琉璃屏風，實密似疏，奮有難色。帝笑之。奮答曰：臣猶吳牛，見月而喘。魏武帝《短歌行》曰：月明星稀，烏鵲南飛；繞樹三匝，何枝可依。

【蟾兔並　麟龍鬥】《五經通義》曰：月中有兔與蟾蟲何？兔，陰也；蟾蟲，陽也。而與兔並，明陰繫於陽也。《春秋元命苞》曰：麟龍鬥，日月薄蝕。

【賦】

【宋謝靈運《怨曉月賦》】臥洞房兮當何悅？滅華燭兮弄曉月。昨三五兮既滿，今二八兮將缺。浮雲褰兮收泛灩，明舒照兮殊皎潔。

墀除兮鏡鑒，廊櫳兮澄澈。【宋謝莊《月賦》】陳王初喪應劉，端憂多暇，悄焉疚懷，弗怡中夜。於時斜漢左界，北陸南躔，白露暖空，素月流天，沈吟齊章，殷勤陳篇，抽毫進牘，以命仲宣。仲宣跪而稱曰：「臣聞，日以陽德，月以陰靈；擅扶光於東沼，嗣若英於西溟；引玄兔於帝臺，集素娥於後庭；若夫氣霽地表，雲斂天末，洞庭始波，木葉微脫。升清質之悠悠，降澄輝之藹藹。列宿掩縟，長河韜映；柔祇雪凝，圓虛水鏡；連觀霜縞，周除冰淨。」歌曰：「美人邁兮音塵闕，隔千里兮共明月。」

【詩】

【太宗文皇帝《遼城望月詩》】玄兔月初明，澄輝照遐邇。映雲光暫隱，隔光如綴。魄滿桂枝圓，輪虧鏡彩缺。臨城卻影散，帶暈重圍結。駐蹕俯九都，佇觀妖氣滅。

【梁元帝《望江中月詩》】澄江涵皓月，水影若浮天。風來如可泛，流急不成圓。秦鉤斷復接，和璧碎還聯。裂紈依岸草，斜桂逐行船。即此清江上，無俟百枝然。

【梁沈約《詠月詩》】月華臨淨夜，夜淨滅氛埃。方暉竟戶入，圓影隙中來。高樓切思婦，西園遊上才。網軒映珠綴，應門照綠苔。洞房殊未曉，清光信悠哉。

【梁朱超《舟中望月詩》】大江闊千里，孤舟無四鄰。唯余故樓月，遠近必隨人。微風光繞暈，薄霧急移輪。若教長似扇，堪拂豔歌塵。

【梁庾肩吾《和望月詩》】桂殿月偏來，留光引上才。圓隨漢東蚌，暈逐淮南灰。渡河光不濕，移輪轍詎開。此夜臨清景，還承終宴杯。

【又《和徐主簿望月詩》】樓上徘徊月，窗中愁思人。照雪光偏冷，臨花色轉春。星流時入暈，桂長欲侵輪。願以重光曲，承君歌扇塵。

【梁戴嵩《月重輪行詩》】皇儲屬明兩，副德表重輪。重輪非是暈，桂滿月恒春。海珠全更減，階蓂翳且新。婕妤比圓扇，曹王警洛神。浮川疑讓璧，入戶類燒銀。從來看顧兔，不曾聞鬥麟。北堂豈盈手，西園偏照人。

【陳張正見《薄帷鑒明月詩》】長河上月桂，澄彩照高樓。分簾疑碎璧，隔幔似重鉤。窗外光恒滿，帷中影暫流。豈及西園夜，長隨飛蓋遊。

【周王褒《關山月詩》】關山夜月明，愁色照孤城。半形同漢陣，全影逐胡兵。灰寒色轉白，風多暈欲生。寄言亭上吏，遊客解雞鳴。

【隋庾信《舟中望月詩》】舟子夜離家，開船望月華。山明疑有雪，岸白不關沙。天漢看珠蚌，星橋視桂花。灰飛重暈缺，蓂落獨輪斜。

【董思恭《詠月詩》】北堂未安寢，西園聊騁望；玉戶照羅幃，珠軒明綺障。別客長安道，思婦高樓上。所願君莫違，清風時可訪。

按照「敘事—事對—賦—詩」的順序排列，其知識含量之高，連今日之博士也望塵莫及，更不要說黃口小兒了！

《新五代史》卷五十五《劉岳傳》載：

> 宰相馮道世本田家，狀貌質野，朝士多笑其陋。道旦入朝，兵部侍郎任贊與岳在其後，道行數反顧，贊問岳：道反顧何為？岳曰：遺下《兔園冊》爾。《兔園冊》者，鄉校俚儒教田夫牧子之所誦也，故岳舉以誚道。〔註49〕

相比較而言，孫光憲《北夢瑣言》對於《兔園策府》的評價更為公正客觀。其《詼諧所累》載：

> 宰相馮道，形神庸陋，一旦為丞相，士人多竊笑之。劉岳與任贊偶語，見道行而復顧。贊曰：「新相回顧何也？」岳曰：「定是忘持《兔園冊》來。」道之鄉人在朝者，聞之告道，道因授岳秘書監，任贊授散騎常侍。北中村墅多以《兔園冊》教童蒙，以是譏之。然《兔園冊》乃徐庾文體，非鄙樸之談，但家藏一本，人多賤之也。〔註50〕

呂思勉先生在比較了古人對《兔園策府》的各種評價後說：「士大夫之取此書，初蓋以共對策之用，後則所重者惟在其儷語而不在其訓注，蓋有錄其辭而刪其注者，故其卷帙止三之一；若寫作巾箱本，則並可藏之懷袖間矣。」〔註51〕我

〔註49〕《新五代史》卷五十五《劉岳傳》，北京：中華書局，1974年，第632頁。
〔註50〕（五代）孫光憲《北夢瑣言》，《唐宋筆記史料叢刊》，北京：中華書局，2002年，第349～350頁。
〔註51〕呂思勉：《蒿廬箚記》，《論學集林》，上海：上海教育出版社，1987年，第776頁。

們這裡關注的要點不是《兔園策府》的「鄙樸」與否？而是原來用作科舉屬於科舉類書的《兔園策府》，隨著時代的變遷又成為教人知識、禮儀的蒙學教材，轉變成了蒙學類書，可見科舉類書與蒙學類書之間的關係與影響，更可見類書對中國古代教育的影響之大，類書已經悄悄地滲透到讀書人從幼到壯全部的學習過程之中，進而滲透到每個人的血液之中，作為一種集體無意識沉澱下來。

其實，類書在古代被用作童蒙教材的現象是很普遍的，類書與童蒙之間的關係也並不是像我們想像的那樣僅僅供閱讀瀏覽、檢索徵引，在古代以背誦、記憶為主的教育方法之下，部分被用作教材的類書如《初學記》《兔園策府》等絕對是需要背誦、記憶的，所以類書與童蒙之間的關係是十分緊密的，並不是偶而使用。〔註52〕1900年，敦煌道士王圓籙發現了藏經洞，藏經洞出土了大量珍貴文獻，其中就有不少魏晉至唐宋代間的類書文獻，據王三慶教授《敦煌類書》統計，敦煌寫卷中的類書或部分接近類書的書抄，凡113卷號，可歸納為6體43種，如《修文殿御覽》《勵忠節鈔》《語對》《籑金》《兔園策府》《類林》《事林》《新集文詞九經抄》《應機抄》《勤讀書抄》等。〔註53〕這些敦煌類書中很大一部分就是作為中古時期敦煌地區學郎學習知識的教材，在這些寫卷的背面留下的大量的學郎詩、雜寫、雜畫就是證據。

五、類書與日常生活

明清時代，書肆中又出現了大量日用類書，這些類書主要是為適應普通百姓日常生活而編寫的，書裏面有大量的實用知識和經驗總結，甚至還有許多修身齊家、勸人行善的治家格言。吳蕙芳《萬寶全書：明清時期的民間生活實錄》載：「最早的日用類書應為南宋時陳元靚的《事林廣記》，以後陸續有元代的《啟札青錢》《居家必用事類全集》，乃至明代前期的《多能鄙事》《便民圖纂》《居家必備》《家居要覽》《日用便覽事類全集》等書；此種日用類書與以往傳統類書的最大不同，在於其內容的實際而生活化，且為便於人們的瞭解使用，內容多以圖例說明；同時日用類書的卷數也有縮減，方便應用，不似傳統類書多卷

〔註52〕事實證明，吟誦有助於記憶。傳統讀書之法強調開口大聲朗讀，古代謂之籀讀，用之於童蒙效果尤佳。古人強調兒童死背書，忽視理解，等知識漸開，眼界漸廣，對背過的書自然心領神會。傳統方法是有效的，切不可盲目否定。古代用作教材的類書絕對是需要背誦的，現代應付各種考試不需要背誦嗎？
〔註53〕王三慶：《敦煌類書》，高雄：麗文文化事業股份有限公司，1993年，第149頁。

帙浩繁，檢索費時；而為配合日常生活之變化，日用類書的內容亦不斷增減以
供新的需求，故相同書名的日用類書時有不同版本的刊行。」〔註54〕

　　真正專供庶民百姓、士農工商使用的日用類書，大量出現在明朝後期的萬
曆年間。日本學者酒井忠夫、阪出祥伸、小川陽一收集日本各機構所藏的日用
類書善本編成《中國日用類書集成》，其收錄影印了《五車拔錦》《三臺萬用正
宗》《萬書淵海》《五車萬寶全書》《萬用正宗不求人》《妙錦萬寶全書》六種明
清時期乃至今天都流傳極廣的日用類書。此外，流傳較廣的還有《博覽不求人》
《萬象全編不求人》《萬事不求人博考全書》《萬珠聚囊不求人》《一事不求人》
《文林聚寶萬卷星羅》《諸書博覽》《學海群玉》《文林廣記》《積玉全書》《全
書備考》《博覽全書》《燕閒秘錄》《酬世錦囊》《商賈指南》《士商類要》等。
日用類書的內容十分龐雜，可謂無所不包，以《三臺萬用正宗》為例，其內容
包括「天文門、地輿門、時令門、音樂門、書法門、畫譜門、文翰門、四禮門、
蹴鞠門、博戲門、商旅門、算法門、金丹門、養生門、醫學門、護幼門、胎產
門、星命門、相法門、卜筮門、夢珍門、營宅門、牧養門、農桑門」等四十三
門，〔註55〕囊括了民眾居家生活所能遇見的各種事情，是當之無愧的民眾生活
指南。

	五車拔錦〔註56〕	三臺萬用正宗	萬書淵海	五車萬寶全書	萬用正宗不求人	妙錦萬寶全書
卷一	天文	天文	天文	天文	天文	天文
卷二	地輿	地輿	地輿	地輿	地輿	地輿
卷三	人紀	時令	人紀	人紀	人紀	人紀
卷四	諸夷	人紀	官品	諸夷	時令	諸夷
卷五	官職	諸夷	諸夷	時令	體式	官品
卷六	律例	師儒	律例	官品	書啟	律法
卷七	文翰	官品	雲箋	四禮	婚娶	武備
卷八	啟札	律法	啟札	束禮	喪祭	八譜
卷九	婚娶	音樂	民用	民用	農桑	琴學

〔註54〕吳蕙芳：《萬寶全書：明清時期的民間生活實錄》，臺北：政治大學歷史學系，
　　　　2001年，第623頁。
〔註55〕《三臺萬用正宗》，《中國日用類書集成》3，東京：汲古書院，2000年。
〔註56〕酒井忠夫監修，阪出祥伸、小川陽一編：《中國日用類書集成》，東京：汲古書
　　　　院，1999〜2004年。

卷十	喪祭	五譜	冠婚	風月	官爵	棋譜
卷十一	琴學	書法	喪祭	書畫	卜員	書法
卷十二	棋譜	書譜	八譜	八譜	律法	畫譜
卷十三	書法	蹴鞠	琴學	醫林	諸夷	文翰
卷十四	畫譜	武備	棋譜	夢員	筭法	啟札
卷十五	八譜	文翰	書法	相法	八譜	伉儷
卷十六	塋宅	四禮	畫譜	詞狀	書法	喪祭
卷十七	克擇	民用	狀式	筭法	畫譜	體式
卷十八	醫學	子弟	星命	戲術	種子	詩對
卷十九	保嬰	侑觴	相法	舞備	克擇	涓吉
卷二十	卜筮	博戲	醫學	塋葬	武備	卜筮
卷二一	星命	商旅	易卦	卜筮笑談	相法	星命
卷二二	相法	筭法	保嬰	謎令	占課	相法
卷二三	詩對	真修	訓童	雜覽	風月	塋宅
卷二四	體式	金丹	勸諭	馬經	笑談	修真
卷二五	筭法	養生	農桑	翎毛	星命	養生
卷二六	武備	醫學	衛生	克擇	酒令	醫學
卷二七	養生	護幼	笑談	筈譜	法病	全嬰
卷二八	農桑	胎產	酒令	耕布	養生	訓童
卷二九	侑觴	星命	筭法	星命	修真	筭法
卷三十	風月	相法	詩對	陽宅	戲術	農桑
卷三一	玄教	卜筮	婦人	祈嗣	塋宅	勸諭
卷三二	法病	數課	武備	種子	斷易	侑觴
卷三三	修真	夢真	夢課	修真	醫學	笑談
卷三四		營宅	法病	筆法	詩聯	風月
卷三五		地理	仙術		雜覽	玄教
卷三六		克擇	風月			卜員
卷三七		牧養	雜覽			法病
卷三八		農桑				雜覽
卷三九		僧道				
卷四十		玄教				

卷四一	法病				
卷四二	閒中記				
卷四三	笑謔				

日用類書以便利快捷的服務民眾為主旨，故日用類書題名多標有「天下」「四民」「士民」「便用」「利用」「便觀」「便覽」等字眼。《天下四民利用便覽五車拔錦序》曰：

> 近書林鄭氏新集《五車拔錦》若干篇，呵呵為余示。予閱之，其間天文地理，人紀國法，文修武備，與夫冠婚喪祭之儀，陰陽術數之學，悉皆分門定類，若綱在紀，誠天下四民利用便觀……今而後，寰中君子日用間則不必堆案五車，玄覽記載，一展卷之下，若揭錦囊而探物已，五車拔錦之號，其無愧顏哉。〔註57〕

《刻全補天下便用文林妙錦萬寶全書序》曰：

> 書林劉氏雙松集成《萬寶全書》，上下古今，載記悉備。凡陰陽星數之奧，物理人事之機，交際之柬儀，壺闈之教戒，但有益於民生使用者，皆兼收而並採之。又且摘粹而拔尤，刪繁而就簡，分別門類，井井可觀。一展玩之餘，誠有如錦繡之布於金谷，萬寶之興於名山，昭曜耳目，資益身心，其有利於天下也。〔註58〕

日用類書通過其文本向農牧商賈傳播、普及知識，這就將知識傳播的接受面大大的拓寬了，日用類書的知識內容涵蓋到民眾生活的各個領域，為農牧商賈提供生產、生活指導。《三臺萬用正宗》卷三十八《農桑門》載：

> 夫墾耕者，農功之第一義也。墾除荒也，耕犁也，凡墾闢荒地者，春曰燎荒，如平原草萊深者，至春燒荒趁地氣通，潤草芽，欲發根荄桑脆易為開墾。夏曰掩青，夏日草茂時開謂之掩青，可當草糞，但根須壯，籍強牛乃可，莫若春日為上。〔註59〕

《三臺萬用正宗》卷三十七《牧養門》載：

> 養馬法。陶朱公曰：子欲速富，富五牲。五牲之中，惟馬為貴。

〔註57〕《五車拔錦序》，《中國日用類書集成》1，東京：汲古書院，1999年，第5～7頁。
〔註58〕《妙錦萬寶全書序》，《中國日用類書集成》12，東京：汲古書院，2003年，第5～6頁。
〔註59〕《三臺萬用正宗》卷三十八《農桑門》，《中國日用類書集成》5，東京：汲古書院，2000年，第414頁。

馬者，火畜也，其性惡濕，利居高燥，忌作房於午位，日夜餵飼。
中春放淫，順其性也；季春必啖，恐其退也；盛夏必浸，恐傷於暑；
冬季必溫，恐傷於寒。啖以豬脂，及大膽汁煮粥，則肥。〔註60〕

《三臺萬用正宗》卷二十一《商旅門》載：

至於客途艱苦，亦當具布其言，巴蜀山川險阻，更防出沒之苗
蠻；山東陸路平夷，尤慎凶強之響馬；山西陝西崎嶇之路，遼東口
外兇險之方；黃河有溜洪之險，閩廣有峻嶺之難；兩廣有食蟲之毒，
又兼瘴氣之災。〔註61〕

日用類書實現了生活常識的系統化，他將四民百姓日常生活中所能遭遇
到的問題全部聚合在一起，且提供了解決之道、應急之方，在沒有現代化聯絡
工具的古代，四民百姓所能接觸到的世界畢竟是有限的，他們所能得到的信息
也是有限的，而日用類書這個知識寶庫，就給四民百姓提供了一個窗口；日用
類書的流傳極廣，版本眾多，不斷有新刊新刻本出現。吳蕙芳《萬寶全書：明
清時期的民間生活實錄》共搜集到66種版本的《萬寶全書》。〔註62〕如此多的
刊刻版本只能說明市場需求量十分的大，進一步則展現了日用類書的流傳之
廣，如此眾多的日用類書流散在民間，這對於社會文化的影響該是多麼巨大，
反過來，民眾為何樂於接受日用類書呢？無疑還是因為它的強大的知識性，所
謂一冊在手，萬事不求人。

再者，「書林鄭氏」「書林劉氏雙松」等書商為了滿足民眾的需要，不斷的
雕刻、重印出大量的日用類書，於是日用類書的流傳漸趨廣泛，甚至如同老黃
曆一般深入到普通民眾的生活中。日用類書的繁榮源於當時商品經濟的興盛，
經濟的繁榮造成了生活環境的改變，教育也得到一定程度的普及，於是，庶民
階層識字的人增多了，普通百姓、農牧商賈對於知識的需求開始增加，日用類
書成為最佳選擇。日用類書收錄了較多的市井生活資料，今天看來，這些資料
確有不少早已過時甚至是錯誤的內容，但其與民眾生活之緊密相連則無可質
疑，其所載之天下路程、雙陸投壺、蹴鞠武術、酒令燈謎、養生去病恰恰就成

〔註60〕《三臺萬用正宗》卷三十七《牧養門》，《中國日用類書集成》5，東京：汲古
　　　　書院，2000年，第323頁。
〔註61〕《三臺萬用正宗》卷二十一《商旅門》，《中國日用類書集成》4，東京：汲古
　　　　書院，2000年，第340頁。
〔註62〕吳蕙芳《萬寶全書：明清時期的民間生活實錄》，臺北：政治大學歷史學系，
　　　　2001年，第87頁。

為我們研究明清民眾日常生活史的絕佳史料，無疑給我們提供了一部生動鮮活的民眾社會史。

　　此外，還有一類日用類書是專為官員準備的，如《宦林備覽》《士商類要》等。《明代版刻圖典》載有：「《新刊南北直隸十三省府州縣正佐首領全號宦林備覽》。明萬曆十二年（1584 年）北京鐵匠胡同刻本。」〔註63〕《明代版刻圖典》載有：「《新刊真楷大字全號縉紳便覽》。明萬曆十二年（1584 年）北京鐵匠胡同葉鋪刻藍印本。」〔註64〕他們是官員執行公務的參考材料，諸日用類書之中亦多有「官職門」「官品門」「官爵門」。

六、類書功用論

　　一部優秀的類書往往是一個時代的知識總匯，宇宙的、國家的、歷史的、地理的、動物的、植物的乃至日常生活的知識都被網羅搜輯，且分門別類，清晰而整齊的排列組合在一起，一展卷而天下萬事萬物盡在於此，這就為讀書人積累知識、開拓視野提供了極大的便利，也正因如此，肴饌經史、醯醢諸子百家的類書才被一代代讀書人所重視、認可，並不斷編纂新的類書以實現類書的新陳代謝。我們很多時候只知道類書是「宜皇王之省覽」的資料彙編，是詩文創作時備檢索徵引的「獺祭魚」，是輯佚校勘所得的「殘璣斷璧」，好像類書是志大才疏之人，裝點門面，無甚大用，我們卻忘記了類書其實還是童蒙的教材，士子的參考書，農牧商賈的萬寶全書；也就是說，類書與古人之間的關係是十分密切的，在古人的世界裏，類書離他們很近，而不是我們所認為的疏遠，類書也擁有眾多的編纂者、使用者、閱讀者、收藏者，且不斷地被刊刻、新編、補編，無形中類書已經融入到中國文化的每一個角落。並且，類書把最基本且被正統思想所認可的知識集中起來，並通過最便利的方法使讀者將之刻在心底、烙於腦際，這就在無形中把最正統的知識轉化成一種潛意識，日積月累，實現了道德化成。

〔註63〕趙前《明代版刻圖典》，北京：文物出版社，2008 年，第 345 頁。
〔註64〕趙前《明代版刻圖典》，北京：文物出版社，2008 年，第 346 頁。

正編　中古的類書

第一章　魏晉南北朝的類書

第一節　《皇覽》

一、《皇覽》的編纂

　　《皇覽》是漢魏交替之際魏文帝曹丕敕令諸儒編纂的一部大型官修類書，在中國類書發展史上具有劃時代的意義，開創了一個新的圖書編纂模式，被後人追奉為類書之祖。雖然它在流傳中已經幾乎散佚殆盡，但是它對於中國類書發展史的重要價值卻是無可替代的。王應麟《玉海》卷五十四《藝文·承詔撰述篇、類書》載：「類事之書，始於《皇覽》。建雲臺者非一枝，成珍裘者非一腋，言集之者眾也。」〔註1〕後世學者已經基本完全接受了王應麟的觀點，奉《皇覽》為類書之祖。

　　《四庫全書總目》卷一百二十三《古今說海》提要曰：「考割裂古書，分隸門目者，始魏繆襲、王象之《皇覽》。」〔註2〕《四庫全書總目》卷一百三十五《事類賦》提要曰：「類書始於《皇覽》。」〔註3〕清人孫馮翼輯得《皇覽》一卷，他在《皇覽序》中亦認為：「其書採集經傳，以類相從，實為類書之權輿。」〔註4〕張滌華《類書流別》則認為：「考類書莫古於《皇覽》，其書凡分

〔註1〕　（宋）王應麟：《玉海》，京都：中文出版社，1977 年，第 1074 頁。

〔註2〕　（清）永瑢等：《四庫全書總目》卷一三三，北京：中華書局，1965 年，第 1062頁。

〔註3〕　（清）永瑢等：《四庫全書總目》卷一三五，北京：中華書局，1965 年，第 1145頁。

〔註4〕　（清）孫馮翼輯：《皇覽》，《叢書集成初編》，第 172 冊，第 1 頁。

四十餘部，可謂周詳；惟其名目，今已不可詳知，末由判其得失。」〔註5〕由此可見，古今學者對於《皇覽》之重要地位及價值還是有共識的，只是由於資料的嚴重散佚，故無法看清《皇覽》的真面目，也就是說，對於《皇覽》的認知還是有待加深。

　　《三國志》卷二《魏志‧文帝紀》載：「初，帝好文學，以著述為務，自所勒成垂百篇。又使諸儒撰集經傳，隨類相從，凡千餘篇，號曰《皇覽》。」〔註6〕《唐六典》卷十《秘書省》亦載：「文帝黃初中，分秘書立中書，因置監、令，乃以散騎常侍王象領秘書監，撰《皇覽》。」〔註7〕據《文帝紀》所載，我們可以知道《皇覽》的編纂是由諸儒撰集而成的，那麼，這些編纂《皇覽》的諸儒又是哪些人呢？《三國志》卷二十一《魏志‧劉劭傳》載：「劉劭字孔才，廣平邯鄲人也……黃初中，為尚書郎、散騎侍郎。受詔集五經群書，以類相從，作《皇覽》。」〔註8〕《三國志》卷二十三《魏志‧楊俊傳附王象傳》裴松之注載：「《魏略》曰：王象字羲伯……魏有天下，拜象散騎侍郎，遷為常侍，封列侯。受詔撰《皇覽》，使象領秘書監。象從延康元年始撰集，數歲成，藏於秘府，合四十餘部，部有數十篇，通合八百餘萬字。」〔註9〕《三國志》卷九《魏志‧桓範傳》載：「桓範字元則，世為冠族。建安末，入丞相府。延康中，為羽林左監。以有文學，與王象等典集《皇覽》。」〔註10〕由上可知，魏文帝使諸儒撰集經傳，隨類相從，以成《皇覽》，但陳壽撰、裴松之注《三國志》中僅記載了劉劭、王象、桓範三人，而《皇覽》是一部大書，必定還有其他的編纂者是《三國志》中沒有記載的，因為類書資料的搜集是異常廣泛的，要編著一部巨大的無所不包的類書，絕不是一二人的力量所能及的，而且不僅需要動用大量的人力，還需要足夠的物質基礎保障，統治者的支持和重視也是不可缺少的。

　　《史記》卷一《五帝本紀》司馬貞《索隱》載：「《皇覽》，書名也。記先代冢墓之處，宜皇王之省覽，故曰《皇覽》。是魏人王象、繆襲等所撰也。」

〔註5〕張滌華：《類書流別》，北京：商務印書館，1985年，第22頁。

〔註6〕《三國志‧魏志‧文帝紀》，北京：中華書局，1959年，第88頁。

〔註7〕（唐）李林甫等撰：《唐六典》卷十《秘書省》，北京：中華書局，1992年，第296頁。

〔註8〕《三國志‧魏志‧劉劭傳》，北京：中華書局，1959年，第618頁。

〔註9〕《三國志‧魏志‧楊俊傳附王象傳》，北京：中華書局，1959年，第664頁。

〔註10〕《三國志‧魏志‧曹爽傳附桓範傳》，北京：中華書局，1959年，第290頁。

〔註11〕《隋書》卷三十四《經籍三》載：「《皇覽》一百二十卷，繆襲等撰。（注：繆襲『襲』原作『卜』，據《史記·五帝本紀》《索引》改。）」〔註12〕由《史記》司馬貞《索隱》與《隋書》之記載，我們得知了《皇覽》的又一位編纂者繆襲。孫馮翼輯《叢書集成初編》本《皇覽序》亦云：「魏代諸臣撰集《皇覽》，據《魏志》認為：乃劉劭、王象奉敕作。《史記索隱》則云：王象、繆襲等。《隋書·經籍志》復稱繆襲為繆卜，《唐志》不載，竊疑襲、卜本一人，而名字互見，然襲於史無專傳，不可考矣。」〔註13〕

　　《太平御覽》卷六百一《文部十七·著書上》引《三國典略》又載：「齊主如晉陽，尚書右僕射祖珽等上言，昔魏文帝命韋誕諸人撰著《皇覽》，包括群言，區分義別。」〔註14〕韋誕是目前我們所知的《皇覽》的第五位編纂者。總之，通過以上記載，我們知道了《皇覽》的五位編纂者，即劉劭、王象、桓範、繆襲、韋誕，即便是魏文帝曹丕也會參與其中，《皇覽》的編纂者才有六人而已，但是我們認為《皇覽》的編纂肯定是一項大工程，不可能僅僅是五六個人就能完成的任務，應該還有其他「諸儒」的參加，只是史料散佚，暫時無從考察而已。

　　《皇覽》的編纂者在當時皆是一時俊傑，確實是有真才實學之人。《三國志》卷二十一《魏志·劉劭傳》載：「劭同時東海繆襲亦有才學，多所述敘，官至尚書、光祿勳。」〔註15〕《三國志》卷二十三《魏志·楊俊傳附王象傳》載：「《魏略》曰：象既性器和厚，又文采溫雅，用是京師歸美，稱為儒宗。」〔註16〕

　　對於《皇覽》的編纂時間，《王象傳》載：「象從延康元年（220）始撰集，數歲成，藏於秘府。」〔註17〕公元 220 年，三次改元，初為建安二十五年，正月裏曹操去世，曹丕嗣魏王，自為丞相，二月改年號為延康元年，在接下來的幾個月之間，曹丕加緊了代漢的步伐，大造讖緯祥瑞，製造代漢的輿論基礎，並最終於該年十月，廢漢獻帝，稱帝，改元黃初。既然《皇覽》是延康元年開

〔註11〕《史記·五帝本紀》，北京：中華書局，1959 年，第 5 頁。
〔註12〕《隋書·經籍三》，北京：中華書局，1973 年，第 1009 頁。
〔註13〕（清）孫馮翼輯：《皇覽》，《叢書集成初編》，第 172 冊，第 1 頁。
〔註14〕（宋）李昉等撰：《太平御覽》卷六百一《文部十七·著書上》，北京：中華書局，1960 年，第 2706～2707 頁。
〔註15〕《三國志·魏志·劉劭傳》，北京：中華書局，1959 年，第 620 頁。
〔註16〕《三國志·魏志·楊俊傳附王象傳》，北京：中華書局，1959 年，第 664 頁。
〔註17〕《三國志·魏志·楊俊傳附王象傳》，北京：中華書局，1959 年，第 664 頁。

始編纂的，而延康年號的使用僅僅在 220 年的二月至十月，那麼《皇覽》的開始撰集必定是在 220 年的二月之後十月之前。試想當時，曹丕繼承了其父曹操的權力，漢室江山也必定走到盡頭，取代漢室江山就只是時間問題了，奪人江山，又要名正言順，所以曹丕在嗣丞相、魏王之後就採取了一系列的活動，包括官員的任免、陣亡將士的撫恤等等，按捺不住的公卿百官也看透了曹丕的心思，不斷的通過製造讖緯、祥瑞等來為曹丕營造代漢的輿論氛圍。

《三國志》卷二《魏志·文帝紀》記載了 220 年曹丕的一系列活動：

> 改建安二十五年為延康元年。
>
> 元年二月壬戌，以大中大夫賈詡為太尉，御史大夫華歆為相國，大理王朗為御史大夫。置散騎常侍、侍郎各四人，其宦人為官者不得過諸署令；為金策著令，藏之石室。
>
> 初，漢熹平五年，黃龍見譙，光祿大夫橋玄問太史令單颺：「此何祥也？」颺曰：「其國後當有王者興，不及五十年，亦當復見。天事恒象，此其應也。」內黃殷登默而記之。至四十五年，登尚在。三月，黃龍見譙，登聞之曰：「單颺之言，其驗茲乎！」
>
> 夏四月丁巳，饒安縣言白雉見。
>
> 五月戊寅，天子命王追尊皇祖太尉曰太王，夫人丁氏曰太王後，封王子睿為武德侯。
>
> 六月辛亥，治兵於東郊，庚午，遂南征。
>
> 秋七月庚辰，令曰：「軒轅有明臺之議，放勳有衢室之問，皆所以廣詢於下也。百官有司，其務以職盡規諫，將率陳軍法，朝士明制度，牧守申政事，縉紳考六藝，吾將兼覽焉。」甲午，軍次於譙，大饗六軍及譙父老百姓於邑東。
>
> 八月，石邑縣言鳳皇集。
>
> 冬十月癸卯，令曰：「諸將征伐，士卒死亡者或未收斂，吾甚哀之；其告郡國給櫬櫝殯殮，送致其家，官為設祭。」漢帝以眾望在魏，乃召群公卿士，告祠高廟。使兼御史大夫張音持節奉璽綬禪位……乃為壇於繁陽。庚午，王升壇即阼，百官陪位。事訖，降壇，視燎成禮而反。改延康為黃初，大赦。〔註18〕

這幾個月之間，正處在曹丕代漢的關鍵時期，曹丕為了拉攏士族而採納陳

〔註18〕《三國志·魏志·文帝紀》，北京：中華書局，1959 年，第 58～61 頁。

群的意見，在曹丕篡漢前夕頒布由吏部尚書陳群制定的九品官人法。《三國志》卷二十二《魏志·陳群傳》載：「文帝在東宮，深敬器焉，待以交友之禮，常歎曰：『自吾有回，門人日以親。』及即王位，封群昌武亭侯，徙為尚書。制九品官人之法，群所建也。及踐祚，遷尚書僕射，加侍中，徙尚書令，進爵潁鄉侯。」〔註19〕曹丕制定九品中正制緩和了中央政府與世家大族的矛盾，以求得世家大族對曹丕代漢稱帝的支持。

曹丕還採取了其他一系列措施，為其稱帝做輿論動員，其七月頒布的「庚辰之令」，則是曹丕效法古之帝王，申明制度的一個舉措，且其言「將率陳軍法，朝士明制度，牧守申政事，縉紳考六藝」，這很顯然是一項督促官員對其負責的命令，這個詔令的頒布說明曹丕在給各級官吏制定考核任務，以鞏固政權，我們關注的是「縉紳考六藝」，這很顯然是一項文化政策，而此項文化政策的宗旨，就是讓縉紳加強對六藝的學習，且曹丕還說了「吾將兼覽焉」，也就是說，曹丕會考察他們的執行力度。

前文我們已經說了，《皇覽》的編纂就是在延康年號施行的這一段內，即是 220 年的二月至十月，而通過對《文帝紀》的觀察，我們認為《皇覽》編纂的開始時間，當在此「庚辰令」頒布之後，「縉紳考六藝」這一要求之下，縉紳們必然會做點什麼，做點什麼才能讓曹丕滿意呢？編纂一部囊括六藝百家的大書，或許就是當時縉紳們的想法。周少川等著《中國出版通史（魏晉南北朝卷）》亦認為：「西漢時期，特別是漢武帝之後，儒學大盛，皇帝往往視儒家經傳為必修課，多有親自講述經義、回答諸儒詰難的才學，也經常組織群儒辯駁議論。然而到了漢末，由於政治腐敗、宦官專權，太學生激抨時政，遭到兩次血腥鎮壓，使儒學遭到巨大打擊。挾天子以令諸侯的曹操又重法度、破傳統，更使得儒學衰微，一落千丈。『講論大義，侃侃無倦』的曹丕在對待儒學的態度上則與其父不同，他嚮往西漢時儒學繁榮的景象，所以登基後修孔廟、開太學、立石經，採取了一系列為儒學『撥亂反正』的舉措，撰修《皇覽》可視為系列舉措中的一項。」〔註20〕孟昭晉《曹丕與圖書》亦認為：「他（曹丕）是文論、總集、類書等圖書新品種的開創者，是秘書官署的改革者。」「曹丕接受劉協的禪讓，在 220 年幾個月之間曾百般利用

〔註19〕《三國志·魏志·陳群傳》，北京：中華書局，1959 年，第 634～635 頁。
〔註20〕周少川等：《中國出版通史（魏晉南北朝卷）》，北京：中國書籍出版社，2008 年，第 287 頁。

讖緯書。但讖緯書的張揚利用限於造一時輿論，最高統治者更需要切實提供各方面知識的書。以曹丕為核心的鄴下文士集團，也把這種書創作出來了，這就是中國類書之祖《皇覽》。」對於曹丕所下之庚辰令，孟先生評價道：「此令的直接反響，史無明文。不過，通讀史文，依時考跡，可知此令下之日，正當《皇覽》開修之時。不久，又有李伏、許芝條魏代漢見讖緯的事，均屬庚辰令的效應——發動了群臣，挖掘圖書文獻中一切有利於推進曹氏統治的內容，使之成為執政的輿論支持。」〔註21〕

又因為《皇覽》的編纂者之一王象死於黃初三年（222）或稍後，而王象病死之前，《皇覽》已經成書，可知《皇覽》的編纂時間在延康元年至黃初三年之間。〔註22〕

《三國志》卷二十三《魏志·楊俊傳附王象傳》載：

> 黃初三年，車駕至宛，以市不豐樂，發怒收俊。尚書僕射司馬宣王、常侍王象、荀緯請俊，叩頭流血，帝不許。俊曰：「吾知罪矣。」遂自殺。眾冤痛之……王象字義伯。既為俊所知拔，果有才志……車駕南巡，未到宛，有詔百官不得干豫郡縣。及車駕到，而宛令不解詔旨，閉市門。帝聞之，忿然曰：「吾是寇邪？」乃收宛令及太守楊俊。詔問尚書：「漢明帝殺幾二千石？」時象見詔文，知俊必不免。乃當帝前叩頭，流血竟面，請俊減死一等。帝不答，欲釋入禁中。象引帝衣，帝顧謂象曰：「我知楊俊與卿本末耳。今聽卿，是無我也。卿寧無俊邪？無我邪？」象以帝言切，乃縮手。帝遂入，決俊法，然後乃出。象自恨不能濟俊，遂發病死。〔註23〕

由上可知，黃初三年，文帝藉故逼死了楊俊，楊俊對王象有知遇之恩，故王象以自己沒有能夠解救楊俊而內心自責，不久也發病而死。《王象傳》載：「象從延康元年始撰集，數歲成，藏於秘府。」可見，《皇覽》在王象生前，已經基本完成，不然如何「藏於秘府」。

對於《皇覽》的卷帙，《文帝紀》言「凡千餘篇」，而《王象傳》認為：「合四十餘部，部有數十篇，通合八百餘萬字。」這個四十餘部，部有數十篇，此

〔註21〕孟昭晉：《曹丕與圖書》，《北京大學學報（哲社版）》1986年第5期，第99～104頁。

〔註22〕胡道靜：《中國古代的類書》，北京：中華書局，2005年新1版，第40～42頁。

〔註23〕《三國志》卷二十三《魏志·楊俊傳附王象傳》，北京：中華書局，1959年，第664頁。

數十或可理解為三十、四十，兩者相乘，果然是千餘篇，可見兩者的記載是相符的。而通合八百餘萬字，千餘篇，就是可以理解為每篇的字數是八千字上下，這個數量是相當可觀的，但是也十分讓人懷疑，在漢魏之交，是如何編纂出如此卷帙浩瀚的一部《皇覽》的呢？〔註24〕

對於《皇覽》的內容，《文帝紀》言「撰集經傳」，《劉劭傳》認為：「受詔集五經群書。」這裡面的記載都記載到了「經」，這裡的經書自然是指儒家經典，但是他的內容絕不僅僅如此，應該是包括群書，所以《皇覽》的內容應該是兼容並包，收納了當時魏之秘書監所藏全部圖書，至少是大部分，也就是包括了後來的經史子集四部之書。

《三國志》卷十九《魏志・陳思王曹植傳》載：

> 《典略》曰：昔田巴毀五帝，罪三王，呰五伯於稷下，一旦而服千人，魯連一說，使終身杜口。劉生之辯未若田氏，今之仲連求之不難，可無歎息乎！人各有所好尚。蘭茞蓀蕙之芳，眾人之所好，而海畔有逐臭之夫；咸池、六英之發，眾人所樂，而墨翟有非之之論；豈可同哉！
>
> 臣松之案《呂氏春秋》曰：「人有臭者，其兄弟妻子皆莫能與居，其人自苦而居海上。海上人有悅其臭者，晝夜隨之而不能去。」此植所云「逐臭之夫」也。田巴事出《魯連子》，亦見《皇覽》，文多，故不載。〔註25〕

按上文記載，我們可以知道二件事情，第一，裴松之說「田巴事出《魯連子》，亦見《皇覽》，文多，故不載」，也就是說，裴松之是見過《皇覽》的，

〔註24〕當我們對孫馮翼輯本《皇覽》之《冢墓記》作字數統計時，其字數有四千，可見我們對於篇之字數的推斷是合理的，同時也印證了《三國志》的記載是真實的。夏南強《類書通論》載：「篇」，本義指竹簡、簡冊。後來文章有首有尾的便稱「篇」。如《尚書・太甲上》：「伊尹作《太甲》三篇。」《史記・孟子荀卿列傳》：「作《孟子》七篇。」清代姚振宗認為，這裡的「篇」即是「卷」，「凡千餘篇，當是千餘卷」。他根據《隋書・經籍志》著錄《皇覽》梁六百八十卷，隋一百二十卷，判斷其反映了流傳過程中的存佚情況。今檢《南齊書・竟陵王文宣王子良傳》：「五年，正為司徒，給班劍二十人，侍中如故。移居雞籠山邸，集學士抄五經、百家，依《皇覽》例，為《四部要略》千卷」。亦可佐證姚氏的見解是正確的。以上諸多方面說明，《皇覽》正是一部一千餘卷、分四十餘類的文獻資料彙編，是一部地地道道的大型類書。

〔註25〕《三國志・魏志・陳思王曹植傳》，北京：中華書局，1959年，第558～569頁。

或者見到《皇覽》的部分內容，裴松之（372～451）是東晉、南朝宋時人，其在給《三國志》補注的時候，本應該對「曹植徵引田巴事」做說明，但是由於文多，裴松之未載，但是裴松之說此事「亦見《皇覽》」，其必然是目見過《皇覽》的，可見，《皇覽》的流傳已經到了南朝。第二，前文說「使諸儒撰集經傳」，我們通常認為《皇覽》的取材是以「經」「傳」為主，但是通過《魯連子》，我們應該認識到《皇覽》的取材不限於「經」「傳」，亦包括子部諸書。

清侯康（1798～1837）《補三國藝文志》卷四《雜家類》認為：

> 《皇覽》六百八十卷（魏文帝命王象、繆卜等撰）。《魏略》云：桓範以有文學與王象等典集《皇覽》（曹爽傳注）。又云：王象字義伯，受詔撰《皇覽》，使象領秘書監，象從延康元年始，撰集數歲成，藏於秘府合四十餘部，部有數十篇，通合八百餘萬字（楊俊傳注）。《御覽》六百一引《三國典略》曰：祖珽等上言，昔魏文帝命韋誕諸人撰著《皇覽》，包括群言，區分義別。《史記索隱》卷一云：《皇覽》記先代冢墓之處，宜皇王之省覽，故曰《皇覽》。康案：《御覽·禮儀部》三十九，引《皇覽·冢墓記》二十餘條，《水經注》引《皇覽》十三條，言冢墓者十之九，冢墓蓋即四十餘部中之一。《御覽》卷五百九十，又引《皇覽·記陰謀》，疑亦書中篇名也。《論語·三省章·釋文》稱《皇覽》引魯讀六事，則兼及經義，此魏文帝紀所謂撰集經傳，隨類相從者，蓋後世緯書之濫觴，故無所不包矣。〔註26〕

對於皇覽的部篇分類，孫馮翼輯得《皇覽》一卷，其中有「逸禮」「冢墓記」二篇，亦有「記陰謀」似另一篇目。其認為：

> 今緝《逸篇》，雖不審昔人所引，是否繆著，抑係何、徐合併，第其分篇，可見者則有《逸禮》及《冢墓記》二篇。劉劭《續漢·祭祀志》補注，載《逸禮》春夏秋冬天子迎四節之樂，刊本誤以逸為迎，證以《藝文類聚》《北堂書鈔·歲時部》《太平御覽·禮儀部》引語相符，並題《皇覽·逸禮》，知《逸禮》確為篇名。

> 《冢墓記》分篇，《史記》集解索隱等書共引六十餘事，雖未盡題《冢墓記》名，而舉一例餘，其類顯而易見。然漢東平思王冢上松柏皆西靡一事，《漢書》本傳注，引稱《皇覽》，而《文選·劉峻重答

〔註26〕（清）侯康撰：《補三國藝文志》，《叢書集成初編》，第3冊，第76～77頁。

劉秣陵書》注，引語尤詳，則題《聖賢冢墓記》，按《隋志》史部地理類，有李彤撰《聖賢冢墓記》一卷，乃別自為書，選注，劉先主夫人墓誌，又引孔子冢一事，語雖與《皇覽·冢墓記》大同而不得以李彤所撰，認為《皇覽》也。又《太平寰宇記》引有古今葬地記，《古今冢墓記》，《城冢記》，《御覽》引有《蘇州冢墓記》，皆不著於隋唐志，當是唐以後書矣，劉昭補注漢《儀禮志》，述漢家葬儀，引《皇覽》而無篇名，觀其文義，以入《逸禮》《冢墓記》，以無能分篇也。

金人器銘稱《皇覽·記陰謀》，《困學紀聞》並同，似《記陰謀》亦一篇名，而他無考見，則寧為闕疑，余獨惜此書篇部眾多，而徵引僅取二篇，且又《冢墓記》見引數十倍於《逸禮》，致使司馬貞作《索引》，專謂記先代冢墓之處，宜皇王之省覽，蓋只見裴駰《集解》，惟引《冢墓記》中語，遂強成其說，然則《皇覽》雖存於李唐，而貞固未見本書也。〔註27〕

王應麟《困學紀聞》卷八《經說》亦載：

《皇覽·冢墓記》曰：「漢明帝時，公卿大夫諸儒八十餘人，論《五經》誤失。符節令宋元上認為：秦昭王與呂不韋好書，皆以書葬。王至尊，不韋久貴，冢皆以黃腸題湊，處地高燥未壞。臣願發昭王、不韋冢，視未燒《詩》《書》。」愚謂：儒以《詩》《禮》發冢，《莊子》譏假經以文奸者爾。乃欲發冢以求《詩》《書》，漢儒之陋至此。〔註28〕

王應麟《困學紀聞》卷十《諸子》又載：

《皇覽·記陰謀》黃帝《金人器銘》：武王問尚父曰：「五帝之誡，可得聞乎？」尚父曰：「黃帝之誡曰：『吾之居民上也，搖搖恐夕不至朝。』故為金人，三封其口，曰古之慎言。」按《漢·藝文志》道家，有《黃帝銘》六篇。蔡邕《銘論》：黃帝有《巾機》之法。《皇覽》撰集於魏文帝時，漢《七略》之書猶存。《金人銘》，蓋六篇之一也。〔註29〕

〔註27〕　（清）孫馮翼輯：《皇覽》，《叢書集成初編》，第172冊，第1～2頁。

〔註28〕　（宋）王應麟：《困學紀聞》卷八《經說》，瀋陽：遼寧教育出版社，1998年，第188頁。

〔註29〕　（宋）王應麟：《困學紀聞》卷十《諸子》，瀋陽：遼寧教育出版社，1998年，第210頁。

對於《皇覽》是否有目的問題，清代學者姚振宗在《三國藝文志》裏將「魏《皇覽簿》」置於史部「簿錄類」，「魏文帝《皇覽》千餘篇」則錄於子部「雜家類」。姚振宗認為：「《皇覽》必有部目。《魏略》稱四十餘部，其總要也。部分數十篇，凡千餘篇則其子目。荀氏取其門類部分編入新簿之，丙曰《皇覽簿》，蓋即魏之舊名。《隋志》雜家：梁有《皇覽目》四卷，則又從殘佚之餘鈔合其目也。」〔註30〕針對姚振宗的論斷，我們想做一點補充。

《隋書‧經籍志序》載：「魏氏代漢，採掇遺亡，藏在秘書中、外三閣。魏秘書郎鄭默，始制《中經》，秘書監荀勗，又因《中經》，更著《新簿》，分為四部，總括群書。一曰甲部，紀六藝及小學等書；二曰乙部，有古諸子家、近世子家、兵書、兵家、術數；三曰丙部，有《史記》、舊事、《皇覽簿》、雜事；四曰丁部，有詩賦、圖贊、汲冢書，大凡四部合二萬九千九百四十五卷。」〔註31〕此「《皇覽簿》」，或言其就是《皇覽》之別稱，或言其為《皇覽》之簿。姚振宗撰《隋書經籍志考證》卷三十又認為：「案：《皇覽簿》者，載《皇覽》之目錄也。魏《中經》以此為丙部中之一類，晉《新簿》仍之。」〔註32〕逯耀東《魏晉史學的思想與社會基礎》亦認為：「其中的《皇覽簿》，就是《皇覽》的目錄。由於荀勗的《新簿》是根據魏鄭默的《中經》而來的，由此可知《皇覽》的目錄，在曹魏時代已單行成書，成為目錄編輯的專門書目。」〔註33〕我們認為，姚振宗、逯耀東二位依據《隋書‧經籍志》所得到的「《皇覽簿》」恐怕難以認定為《皇覽》之目，此處之「《皇覽簿》」應該就是《皇覽》之別稱，《皇覽》之列入「史部」都會令古今學者狐疑不止，若單單一個《皇覽》之目錄又哪有資格列入「史部」，且與「《史記》、舊事、雜事」並列，此外，此處「皇覽簿」之「簿」絕不可與後世之「譜錄類」典籍相混淆，二者明顯性質不同。〔註34〕但是我們目前還真沒有證據證明《皇覽》是否有目，只能闕疑。但是毫無置疑的是，《隋書‧經籍志》記載了一個「《皇覽目》四

〔註30〕（清）姚振宗：《三國藝文志》，《續修四庫全書》，第 914 冊，第 518、544 頁。

〔註31〕《隋書》卷三十二《經籍志序》，北京：中華書局，1973 年，第 906 頁。

〔註32〕（清）姚振宗：《隋書經籍志考證》，《續修四庫全書》，第 915 冊，第 485 頁。

〔註33〕逯耀東：《魏晉史學的思想與社會基礎》，北京：中華書局，2006 年，第 45 頁。

〔註34〕劉全波：《論類書與史部書的關係》，《典籍‧社會與文化國際學術研討會暨中國歷史文獻研究會第 34 屆年會論文選集》，上海：華東師範大學出版社，2015 年，第 34～45 頁。

卷」。《隋書》卷三十四《經籍三》載：「《皇覽》一百二十卷。繆襲等撰。梁六百八十卷。梁又有《皇覽》一百二十三卷，何承天合；《皇覽》五十卷，徐爰合，《皇覽目》四卷；又有《皇覽抄》二十卷，梁特進蕭琛抄。亡。」〔註35〕但是這個「《皇覽目》四卷」究竟是徐爰合《皇覽》的目，還是《皇覽目》的殘存？我們認為，前者可能性更大一點，上文所引資料顯示，姚振宗也是贊同這個觀點的。

二、《皇覽》的流傳

歷代目錄學著作中，對於《皇覽》之流傳記載頗多。《隋書》卷三十四《經籍三》載：「《皇覽》一百二十卷。繆襲等撰。梁六百八十卷。梁又有《皇覽》一百二十三卷，何承天合；《皇覽》五十卷，徐爰合，《皇覽目》四卷；又有《皇覽抄》二十卷，梁特進蕭琛抄。亡。」〔註36〕《舊唐書》卷四十七《經籍下》載：「《皇覽》一百二十二卷。何承天撰。又八十四卷。徐爰併合。」《新唐書》卷五十九《藝文三》載：「何承天併合《皇覽》一百二十二卷。徐爰併合《皇覽》八十四卷。」〔註37〕《通志·藝文略第七》載：「何承天併合《皇覽》一百二十二卷。宋御史中丞何承天編。徐爰併合《皇覽》八十四卷。」〔註38〕《宋史》卷二百七《藝文六》載：「《皇覽總論》十卷。」〔註39〕

	《隋書》	《舊唐書》	《新唐書》	《通志》	《宋史》
	《皇覽》一百二十卷，繆襲等撰。梁六百八十卷。				
何承天本	梁又有《皇覽》一百二十三卷，何承天合。	《皇覽》一百二十二卷。何承天撰。	何承天併合《皇覽》一百二十二卷。	何承天併合《皇覽》一百二十二卷。宋御史中丞何承天編。	

〔註35〕《隋書》卷三十四《經籍三》，北京：中華書局，1973年，第1009頁。
〔註36〕《隋書》卷三十四《經籍三》，北京：中華書局，1973年，第1009頁。
〔註37〕《新唐書》卷五十九《藝文三》，北京：中華書局，1975年，第1562頁。
〔註38〕（宋）鄭樵：《通志二十略·藝文略第七》，北京：中華書局，1995年，第1731頁。
〔註39〕《宋史》卷二百七《藝文六》，北京：中華書局，1985年，第5296頁。

徐爰本	《皇覽》五十卷，徐爰合，《皇覽目》四卷。〔註40〕	又八十四卷。徐爰併合。	徐爰併合《皇覽》八十四卷。	徐爰併合《覽》八十四卷。	
蕭琛本	又有《皇覽抄》二十卷，梁特進蕭琛抄，亡。				
					《皇覽總論》十卷

　　張滌華《類書流別》載：「《皇覽》一書，昔人並推為千古類書之權輿。由今考之，其書作者六七人，分部四十餘，字數數百萬，且歷時數載始成，較之後世《太平御覽》、《冊府元龜》諸大書，未遑多讓。言類書者，此誠其巨擘矣。惟惜其書李唐時已不得見。」〔註41〕張滌華先生認為《皇覽》到李唐時期已經不得見。而《宋史》所載之《皇覽總論》或許只是借用《皇覽》之名而已，但其書不傳，也無從得知了。

　　《三國志》卷二十三《魏志‧王象傳》載：「受詔撰《皇覽》，使象領秘書監。象從延康元年始撰集，數歲成，藏於秘府，合四十餘部，部有數十篇，通合八百餘萬字。」〔註42〕既然《皇覽》編纂完成之後被「藏於秘府」，那麼《皇覽》當時的流傳面必然不會很廣，只有少數人可以見到，既然《皇覽》被珍藏起來了，那麼在沒有大的動亂的情況下，其必然不會被損毀遺棄，故從曹魏至西晉滅亡（220～316）的這段時間裏面，雖然有魏晉交替發生，但是由於西晉的建立是通過政變而不是大規模戰爭進行的，故藏於秘府的《皇覽》應該不會受到損失，荀勗編纂《中經新簿》時仍然提及《皇覽簿》即是明證，可見《皇覽》並未因為魏晉交替而受到損毀。五胡亂華，衣冠南渡，東晉政權建立的過

〔註40〕　胡道靜先生《中國古代的類書》認為：徐爰合抄的《皇覽》，《隋志》載梁代《七錄》的著錄為五十卷和目錄四卷。隋亡唐出，《唐志》的著錄為八十四卷，卷帙反大於梁，孫馮翼引以為疑，在輯本《皇覽序》中云：「何以徐本閱唐而獨增多？且其本既見《唐志》，則與何本《隋志》並云亡者，誤也。惟《皇覽目》及蕭琛所抄或亡於隋時，故《唐志》只載何、徐二本。」姚振宗不同意這種看法，在《隋書經籍志考證》中說：「徐本唐時復出，乃八十、目錄四卷。視梁本多三十卷。然亦疑本志此條『五』字乃『八』字之誤。」姚說為長。（北京：中華書局，2005年新1版，第56頁）

〔註41〕　張滌華：《類書流別》，北京：商務印書館，1985年，第12～13頁。

〔註42〕　《三國志‧魏志‧楊俊傳附王象傳》，北京：中華書局，1959年，第664頁。

程中，《皇覽》是否安然無恙？就需要我們考察，但是通過《隋書》《舊唐書》《新唐書》中的記載，何承天、徐爰、蕭琛皆對《皇覽》做過「合」或者「抄」，他們所依據的底本是什麼呢？這是不是意味著《皇覽》並未遺失，完好無損的轉移到了東晉南朝。並且如上文所述，裴松之亦見過《皇覽》。通過這些記載，我們可以肯定的是，經過五胡亂華，西晉滅亡，衣冠南渡，立國江南這些事變之後，《皇覽》抑或是《皇覽》的部分內容毫無疑問的流傳到了東晉南朝。

　　《宋書》卷六十四《何承天傳》載：「永初末，補南臺治書侍御史……十六年，除著作佐郎，撰國史……尋轉太子率更令，著作如故……十九年，立國子學，以本官領國子博士。皇太子講《孝經》，承天與中庶子顏延之同為執經。頃之，遷御史中丞……二十四年，承天遷廷尉，未拜，上欲以為吏部，已受密旨，承天宣漏之，坐免官。卒於家，年七十八。先是，《禮論》有八百卷，承天刪減併合，以類相從，凡為三百卷，並《前傳》《雜語》《纂文》、論並傳於世。」〔註43〕《南史》卷三十三《何承天傳》又載：「承天博見古今，為一時所重。張永嘗開玄武湖遇古冢，冢上得一銅斗，有柄。文帝以訪朝士。承天曰：『此亡新威斗。王莽三公亡，皆賜之。一在冢外，一在冢內。時三臺居江左者，唯甄邯為大司徒，必邯之墓。』俄而永又啟冢內更得一斗，復有一石銘『大司徒甄邯之墓』。時帝每有疑議，必先訪之，信命相望於道。」〔註44〕何承天（370～447）是《隋書》所記載的第一位對《皇覽》進行抄合的人，《隋書》載「梁又有《皇覽》一百二十三卷，何承天合。」而《舊唐書》《新唐書》則記載為「一百二十二卷」。可惜的是《何承天傳》中並沒有對何承天抄合《皇覽》之事做記載，但縱觀何承天一生，其聰明博學，學問博贍，並且從其「除著作佐郎，撰國史」，以類相從的刪減併合《禮論》等事蹟來看，何承天確實有可能也有能力對《皇覽》進行抄合。

　　《宋書》卷九十四《恩倖傳·徐爰傳》載：「徐爰字長玉，南琅邪開陽人也。本名瑗，後以與傅亮父同名，改為爰……時世祖將即大位，軍府造次，不曉朝章。爰素諳其事，既至，莫不喜說，以兼太常丞，撰立儀注……先是元嘉中，使著作郎何承天草創國史。世祖初，又使奉朝請山謙之、南臺御史蘇寶生踵成之。六年，又以爰領著作郎，使終其業。爰雖因前作，而專為一

────────────

〔註43〕《宋書》卷六十四《何承天傳》，北京：中華書局，1974 年，第 1701～1711 頁。

〔註44〕《南史》卷三十三《何承天傳》，北京：中華書局，1975 年，第 870 頁。

家之書。」〔註45〕《南史》卷七十七《徐爰傳》所載相同。〔註46〕南朝宋一代之內，何承天與徐爰（394～475）皆併合《皇覽》，但是徐爰之併合本已只有「《皇覽》五十卷，《皇覽目》四卷」，徐爰所據底本是不是《皇覽》原本，我們不得而知。但是何承天與徐爰皆曾做過「領著作郎」，並撰修國史，且何承天所草創之國史，在徐爰領著作郎時，最終完成，可見此二人在撰史一事上有先後承繼的關係，更為巧合的是此二人曾先後對《皇覽》進行過抄合，難道是巧合？

《梁書》卷二十六《蕭琛傳》載：「琛少而朗悟，有縱橫才辯。起家齊太學博士。時王儉當朝，琛年少，未為儉所識，負其才氣，欲候儉。時儉宴於樂遊苑，琛乃著虎皮靴，策桃枝杖，直造儉坐，儉與語，大悅。儉為丹陽尹，辟為主簿，舉為南徐州秀才，累遷司徒記室。永明九年，魏始通好，琛再銜命到桑乾，還為通直散騎侍郎……始琛在宣城，有北僧南渡，惟齎一葫蘆，中有《漢書序傳》。僧曰：『三輔舊老相傳，以為班固真本。』琛固求得之，其書多有異今者，而紙墨亦古，文字多如龍舉之例，非隸非篆，琛甚秘之。及是行也，以書餉鄱陽王范，范乃獻於東宮……琛常認為：『少壯三好，音律、書、酒。年長以來，二事都廢，惟書籍不衰。』而琛性通脫，常自解灶事，畢狄餘，必陶然致醉。」〔註47〕據蕭琛本傳記載可知，蕭琛（476～512）也是博學之人，有才氣，早年得到王儉賞識，位列「竟陵八友」，但其本傳同樣沒有記載其抄合《皇覽》之事。何承天、徐爰、蕭琛三人在當時皆是博學之人，且地位較高，他們在宋齊梁時期之所以能夠見到《皇覽》必然是與其特殊身份有關，參與撰修國史，可以閱覽官府藏書，而《皇覽》或其殘存必然是在官府的藏書中，使得何承天、徐爰、蕭琛可以見到，但如此重要的一部大書，為何流傳並不廣，從何承天的一百二十三卷，到徐爰的五十卷，再到蕭琛的二十卷，甚至逐漸被散佚掉，卻沒有三人之外的人再對之做整理。

通過上文的考察，在細讀《隋書》所記載的關於《皇覽》的這段話，我們會對這些記載「《皇覽》一百二十卷。繆襲等撰。梁六百八十卷。梁又有《皇覽》一百二十三卷，何承天合；《皇覽》五十卷，徐爰合，《皇覽目》四卷；又

〔註45〕《宋書》卷九十四《恩倖傳·徐爰傳》，北京：中華書局，1974 年，第 2306～2312 頁。

〔註46〕《南史》卷七十七《徐爰傳》，北京：中華書局，1975 年，第 1918 頁。

〔註47〕《梁書》卷二十六《蕭琛傳》，北京：中華書局，1973 年，第 396～398 頁。

有《皇覽抄》二十卷，梁特進蕭琛抄。亡」產生新的理解，並重新審查《皇覽》的流傳等問題。第一，據《隋書》所載，《皇覽》是繆襲等人所編纂的，有「一百二十卷」，這個卷數大概相當於隋至唐初時期《皇覽》的實際情況，更有可能是唐初編纂《隋書》的人，從此前的南北朝至隋時期的某種目錄學著作中因襲而來，但是我們從中知道了南朝梁時期《皇覽》的卷數是「梁六百八十卷」，而到了隋唐時代只剩下「一百二十卷」，對於這個「一百二十卷」與「梁六百八十卷」，我們認為他或許是《皇覽》的官方系統流傳狀況，他應該就是何承天、徐爰、蕭琛見到並進行抄撮的底本。第二，在官方系統之外，《皇覽》應該還有一個私人抄合系統，即是何承天、徐爰、蕭琛的抄寫本，且《隋書》記載明確，南朝宋時期何承天、徐爰二人皆曾抄合過《皇覽》，「梁又有《皇覽》一百二十三卷，何承天合。」「《皇覽》五十卷，徐爰合，《皇覽目》四卷。」既然說是「梁有」，可見這兩個抄合本無疑是保存到了南朝梁時代，他們之後的蕭琛亦曾抄合過《皇覽》，「又有《皇覽抄》二十卷，梁特進蕭琛抄。」可見在南朝梁應該有三個私人系統的《皇覽》抄合本存在，並且這個私人系統抄本與官方系統中所說的「一百二十卷」「六百八十卷」不是一個系統，且私人系統有可能就是對官方系統的抄合。但是《隋書》最後所說的「亡」字，我們就不知道如何解釋了，究竟是蕭琛的抄本亡了，還是三個抄本都亡了，更或者是「梁六百八十卷」也亡了。當然這一切都是我們的臆測，但是南北朝早期，類書家族的確沒有什麼大的發展，只有這幾種《皇覽》抄合本在流傳卻是真的。

明方以智（1611～1671）《通雅》卷三《釋詁》載：

> 類書始於《皇覽》。《通考》：「類書始於梁元帝《同姓名錄》。」晁氏曰：「齊梁喜徵事，類書之起，當在此時。」智按：《唐志》：「類事之書，始於《皇覽》。」而《直齋》止於祖珽、李徵撰《修文殿御覽》，不引前有《皇覽》《類苑》《遍略》等書，則世已無其書，皆併合入新編內矣。考《魏志·劉劭傳》，黃初中，受詔集群書，以類相從，號《皇覽》。《魏略》云：「常侍王象撰，八百餘萬字。」《隋志·雜家》：「《皇覽》百二十卷，繆卜等撰，何承天、徐爰合之，蕭琛抄之，而《史記注》《皇覽》記先代冢墓，是魏人王象、繆襲等撰。」則當時亦止就《修文御覽》等書引用，未及覈其全書也。〔註48〕

〔註48〕　（明）方以智撰：《通雅》卷三《釋詁》，《文淵閣四庫全書》，第 857 冊，第 117 頁。

　　方以智的觀點是說陳振孫《直齋書錄解題》編纂的年代，《皇覽》等書已經沒有了，這個沒有不是散佚殆盡，而是被後來者合入新編內了，也即是說後來的類書消化了《皇覽》等前世類書，產生了新的類書。黃永年亦認為：「《皇覽》等之所以失傳，當是為《北堂書鈔》等後來居上者取代而自然淘汰。」〔註49〕類書的編纂的確是如積薪，後來者居上，後世類書多因襲前世類書，並對之進行改造，使得前世類書逐漸被後世類書取代，但在《四部要略》《華林遍略》的編纂之時，並未見利用《皇覽》為底本之事，只不過《史林》《四部要略》皆言自己是《皇覽》之流，想必當時人對《皇覽》是有所瞭解的。方以智又據《隋志》所載，認為《皇覽》雖有何承天、徐爰合之，蕭琛抄之，但是此等抄合本，唐司馬貞為《史記索隱》時或許沒有見到，只是從《修文殿御覽》等書中引用了部分內容，所以才做出「《皇覽》記先代冢墓」的結論，其實《冢墓記》只是《皇覽》四十部類之一。

　　清周中孚（1768～1831）《鄭堂讀書記》子部十一之上《類書類一》載：

> 《皇覽》一卷（《問經堂叢書》本），魏皇象等奉敕撰，國朝孫憑翼輯。案《魏志·文帝紀》，帝使諸儒撰集經傳，隨類相從，凡千餘篇，號曰《皇覽》，魚豢《魏略》載皇象受詔撰《皇覽》，使象領祕書監，象從延康元年始撰集，數歲成，藏於祕府，合四十餘部，部有數十篇，通合八百餘萬字（《魏志·楊俊傳》注引）。阮氏《七錄》作六百八十卷，見《隋志》，當是原書卷數，至隋已亡其七八，故《隋志》止作一百二十卷，繆卜等撰，征諸《史記·五帝本紀》索隱，繆卜當是繆襲之誤。魏《劉邵傳》亦言邵受詔作《皇覽》，《玉海》又以《皇覽》為韋誕諸人撰，蓋當時作者本非一人也。至《新唐志》僅有何承天併合《皇覽》一百二十二卷，徐爰併合《皇覽》八十四卷，知繆氏舊著，唐人已未及見，後來無論矣。其書採集五經群書，以類相從，實為類書之祖。鳳卿所輯逸篇，雖不審昔人所引是否繆著，抑係何、徐併合？第其分篇可見者，則有《逸禮》及《冢墓記》二篇，余獨惜此書篇部眾多，而徵引僅取二篇，且義《冢墓記》見引十倍於逸禮篇，以致司馬貞索隱專謂記先代冢墓之處，宜皇王之省覽，蓋只見裴駰集解惟引《冢墓記》中記語，遂強成其說，然則

<hr>

〔註49〕黃永年：《談類書和叢書的興替》，《海峽兩岸古典文獻學學術研討會論文集》，上海：上海古籍出版社，2002 年，第 1 頁。今按：以後銷前，惡習也！

《皇覽》雖存於李唐，而貞固未見本書也。是本卷首有鳳卿序及考
證八條。〔註50〕

　　周中孚提出了一個新的問題，他懷疑「鳳卿所輯逸篇，雖不審昔人所引是
否繆著，抑係何、徐併合？」這個問題很有意思，就是說孫馮翼所輯佚的《皇
覽》佚文，究竟是《皇覽》原文，還是經過何承天、徐爰、蕭琛抄合之後的《皇
覽》，沒有辦法得到證實，這裡關注的主要問題就是《皇覽》的原本究竟流傳
到什麼時候，甚至被古人引用的情況如何，我們認為，這個問題其實不難回答，
因為在印刷術尚未發達之前，書籍全靠抄寫，《皇覽》原本那麼大，抄寫者必
定會根據自己的喜好、需要進行抄合，又經過朝代變遷，《皇覽》原本必然會
不知所終，而後世所見必多是抄合本。此處周中孚還說司馬貞之所以稱《皇覽》
是專「記先代冢墓之處」的著作，是因為其看見了「裴駰集解惟引《冢墓記》
中記語」，這樣上文方以智的問題也就有了答案。《皇覽》雖然在唐朝還有抄合
本流傳，但是司馬貞卻沒有見到這些抄合本。

　　《汪辟疆文集》之《讀常見書齋小記》之「《皇覽》」條對《皇覽》做了較
全面的概括，認為：

　　　類書為體，意出於雜家，形成於《皇覽》，《魏志·文帝紀》：「帝
　　好文學，以著述為務，自所勒成垂百篇（此當指其詩文），又使諸儒
　　撰集經傳，隨類相從，凡千餘篇，號曰《皇覽》。」諸臣，紀不著其
　　名。據《魏志》《隋志》《史記索隱》《御覽》等書，有王象（《魏志·
　　楊俊傳》注引《魏略》）、劉劭（《魏志·劉邵傳》）、桓範（《魏志·曹
　　爽傳》注引《魏略》）、繆襲（《史記索隱》卷一）、繆卜（《隋志》）、
　　韋誕（《御覽》六〇一引《三國典略》）諸家。又《魏志·楊俊傳》：
　　「《皇覽》合四十餘部，部有數十篇，合八百餘萬字。」固北齊《修
　　文御覽》（三百六十篇，祖珽等撰）以前最大之類書也。按《史記索
　　隱》（卷一）云：「《皇覽》，書名也，記先代冢墓之處，宜皇王之省
　　覽，故曰《皇覽》。」小司馬之意，似以《皇覽》謂專記先代冢墓之
　　書。然《御覽》（五百九十）引《皇覽》記陰謀，《論語》「三省」章
　　釋文，稱《皇覽》引《魯論》六事。又《御覽》屢引《皇覽逸禮》。
　　又《陳思王傳》注謂田巴事出《魯連子》，亦見《皇覽》。是《皇覽》

〔註50〕（清）周中孚撰：《鄭堂讀書記》，《清人書目題跋叢刊八》，北京：中華書局，
　　　　1993 年，第 300 頁。

固兼收經傳諸子，以類相從，《魏志·文帝紀》所言蓋不虛也。小司馬但見裴駰《史記集解》，只引《皇覽·冢墓記》，又未睹本書，遂有此臆說耳。（《御覽·禮儀部》三十九引《皇覽·冢墓記》二十餘條，《水經注》引《皇覽》十三條，言冢墓者十之九。）《皇覽》撰集於延康元年，數歲成書，藏於秘府（《魏志·楊俊傳》注）。姚振宗曰：《皇覽》當有千餘卷，至梁存六百八十四卷（《七錄》著錄）。至隋存一百二十卷。至唐惟有何承天、徐爰二家之合併本。（《唐志》稱《皇覽》八十四卷，當為何、徐合併本。）而魏時原本早亡，至宋併合抄本亦亡。（按沈亞之《秦夢記》引《皇覽》云「秦穆公葬雍橐泉祈年宮下」，沈氏未必果見《皇覽》，恐從《水經注·渭水》轉引耳。）小司馬為開元時人，朝散大夫宏文館學士，不應不見本書，弇陋如此，此不可解也。〔註51〕

　　由於《皇覽》的散佚，後世學者所能見到的《皇覽》佚文越來越少，而對於《皇覽》的研究就只能是在有限的信息上的猜測了，但是《皇覽》的流傳恐怕不會很廣，因為在《皇覽》編纂成書之後的時代，《皇覽》雖受到重視，但是《皇覽》的價值或許並沒有得到較大的發揮，因為此時期的玄風高唱，玄談對《皇覽》這類資料彙編、後世類書之祖應該沒有多大的興趣，隨著後來的戰亂，《皇覽》命運可想而知，但是《皇覽》至少是部分內容無疑流傳到了南朝，受到部分學者的重視，或許是珍之秘之，故使得《皇覽》流傳還是不廣，等到類書體例受到重視之時，也到了南朝齊梁時代，好學之人們有了新編《皇覽》之行動，於是《史林》《四部要略》《華林遍略》等先後出現。

三、《皇覽》編纂的歷史背景

　　對於《皇覽》的研究我們不能不分析魏文帝曹丕，他是《皇覽》編纂的領導者，或許也親自參與到《皇覽》的編纂中，他的思想對於《皇覽》的編纂無疑具有重要的意義。後世評論家多言曹丕之才不及曹植，而劉勰卻並不這樣認為。其《文心雕龍·才略第四十七》載：「魏文之才，洋洋清綺，舊談抑之，謂去植千里，然子建思捷而才俊，詩麗而表逸，子桓慮詳而力緩，故不競於先鳴；而樂府清越，典論辯要，迭用短長，亦無懵焉。但俗情抑揚，雷同一響，

〔註51〕汪辟疆：《汪辟疆文集》之《讀常見書齋小記》，上海：上海古籍出版社，1988年，第 771～772 頁。

遂令文帝以位尊減才，思王以勢窘益價，未為篤論也。」〔註52〕《三國志》卷
二《魏志・文帝紀》亦載：「《魏書》曰：帝初在東宮，疫癘大起，時人凋傷，
帝深感歎，與素所敬者大理王朗書曰：『生有七尺之形，死唯一棺之土，唯立
德揚名，可以不朽，其次莫如著篇籍。疫癘數起，士人凋落，余獨何人，能全
其壽？』故論撰所著《典論》、詩賦，蓋百餘篇，集諸儒於肅城門內，講論大
義，侃侃無倦。」〔註53〕由上可見，曹丕之文學才氣應該不減曹植，而擁此大
才，加之曹丕對死生之深刻認識，故其對立德揚名，著書立說格外關注。《皇
覽》編纂的歷史大背景，就是與當時的這種社會風氣分不開的，更重要的就是
曹丕對於著書立說、揚名後世的認識，榮樂止乎其身，唯有篇籍可揚名後世，
傳之無窮，這種好著述的風氣無疑是曹丕樂於著述的一個重要原因。此外，曹
氏父子兄弟之間的競爭也是不可忽視的因素。三曹文學，彪炳千秋，亦各有千
秋。曹操橫槊賦詩，導夫先路；子建思捷，能夠七步成詩；子桓「慮詳而力緩，
故不競於先鳴」，類書正可濟其窮。曹丕為何要編纂《皇覽》？欲與曹植競爭
文才之高下也應該是動機之一。曹植「文才富豔，足以自通後葉」〔註54〕。曹
丕沒有曹植的八斗之天才，不得不借助後天之力，欲廣其學，濟之以後天之力，
藉以鎮之。你才高八斗，我就對之以學富五車。你脫口而出，我就探囊取物。
此乃類書發生之一因，決不可小覷也。至於魏晉之際「人的覺醒」、造紙術的
普及與知識的大爆炸等大的時代因素，我們放在後面討論。

　　魯迅先生《魏晉風度及文章與藥及酒之關係》說：「他（曹丕）說詩賦不
必寓教訓，反對當時那些寓訓勉於詩賦的見解，用近代的文學眼光看來，曹丕
的一個時代可說是『文學的自覺時代』，或如近代所說是為藝術而藝術的一
派。」〔註55〕「曹操曹丕以外，還有下面的七個人：孔融、陳琳、王粲、徐幹、
阮瑀、應瑒、劉楨，都很能做文章，後來稱為建安七子。七人的文章很少流傳，
現在我們很難判斷；但，大概都不外是『慷慨』『華麗』罷。華麗即曹丕所主
張，慷慨就因當天下大亂之際，親戚朋友死於亂者特多，於是為文就不免帶著

〔註52〕（南朝梁）劉勰撰，黃叔琳注、李詳補注、楊明照校注拾遺：《增訂文心雕龍
　　　　校注》，北京：中華書局，2000 年，第 575 頁。

〔註53〕《三國志》卷二《魏志・文帝紀》，北京：中華書局，1959 年，第 88 頁。

〔註54〕《三國志》卷二《魏志・任城陳蕭王傳贊》，北京：中華書局，1959 年，第 ¥
　　　　頁。

〔註55〕魯迅：《魏晉風度及文章與藥及酒之關係》，《而已集》，《魯迅全集》第 3 冊，
　　　　北京：人民文學出版社，2005 年，第 526 頁。

悲涼，激昂和『慷慨』了。」〔註56〕魏宏燦《曹丕集校注》亦載：「雖然東漢人已有所注意，但將文擺脫過去的以說理記事為主的傳統，而向吟詠性情、文辭欲麗的詩歌靠攏，由實用性轉變為抒情性，乃是曹丕的功績。」〔註57〕曹丕《典論論文》云：「夫文本同而未異，蓋奏議宜雅，書論宜理，銘誄尚實，詩賦欲麗。」〔註58〕誠然，在中國文學史上，魏晉文章趨於通脫自由，生動活潑，向抒情、個性、華麗發展，而曹丕就是最傑出的代表，且曹丕作為鄴下文人集團的首領，有引領風潮的作用。

並且在建安末年至曹魏初期，在曹操、曹丕、曹植周圍聚集了大批文士，他們被稱為鄴下文人集團。《文心雕龍・時序第四十五》載：

> 自獻帝播遷，文學蓬轉，建安之末，區宇方輯。魏武以相王之尊，雅愛詩章；文帝以副君之重，妙善辭賦；陳思以公子之豪，下筆琳琅：並體貌英逸，故俊才雲蒸。仲宣委質於漢南，孔璋歸命於河北；偉長從宦於青土，公幹徇質於海隅；德璉綜其斐然之思，元瑜展其翩翩之樂，文蔚、休伯之儔，於叔、德祖之侶，傲雅觴豆之前，雍容衽席之上，灑筆以成酣歌，和墨以藉談笑。觀其時文，雅好慷慨，良由世積亂離，風衰俗怨，並志深而筆長，故梗概而多氣也。〔註59〕

曹操、曹丕、曹植三人都重視人才，王粲、陳琳、徐幹、劉楨、應瑒、阮瑀、路粹、繁欽、邯鄲淳、楊脩等人物皆是才學之士，詩文往復不斷，相互激勵，出現了一個創作高峰，即是後世豔羨的建安文學，琳琅滿目的人才就是曹丕從事集體創作，編纂《皇覽》等著述的人才基礎。陳力教授《中國古代圖書史》認為：「魏晉南北朝時期，文壇盛行駢體文，講究遣詞用典，於是就出現了『類書』這一圖書形式。類書是將典故、詞語等分類編排起來的工具書，魏文帝曹丕詔儒臣編纂的《皇覽》是我國第一部類書，梁代的《華林遍略》、北齊的《修文殿御覽》也都是對後代產生了很大影響的類書。」〔註60〕程章燦教授認為：「類書產生於魏晉之時，那正是一個辭賦創作繁榮的時代。一般認為

〔註56〕 魯迅：《而已集》之《魏晉風度及文章與藥及酒之關係》，《魯迅全集》第3冊，北京：人民文學出版社，2005年，第527頁。

〔註57〕 魏宏燦校注：《曹丕集校注》，合肥：安徽大學出版社，2009年，第9頁。

〔註58〕 （三國魏）曹丕著，易健賢譯注：《魏文帝集全譯（修訂版）》卷一《論・典論論文》，貴陽：貴州人民出版社，2009年，第252頁。

〔註59〕 （南朝梁）劉勰撰，黃叔琳注、李詳補注、楊明照校注拾遺：《增訂文心雕龍校注》，北京：中華書局，2000年，第540～541頁。

〔註60〕 陳力：《中國古代圖書史》，北京：社會科學文獻出版社，2017年，第114頁。

最早的類書，魏文帝時繆襲、王象等人奉詔編撰的《皇覽》，就是適應當時文人詩賦創作的需要而產生的。」〔註61〕從辭賦的角度探討《皇覽》的產生，這當然是高招，其實《皇覽》的產生不僅僅是辭賦之下的產物，最主要是當時的文風、學風乃至整個社會風氣。

　　郜明《〈皇覽〉之編撰與曹魏之士》對《皇覽》產生的文化背景做了闡釋，對其出現的必然性與偶然性問題進行了思索，並且分析了《皇覽》產生與當時的知識分子之間的關係。他認為，個體的覺醒，文學的自覺，尤其是詩賦創作追求華麗，致使文章中充塞著典故排比，而文士們競相收集典故，以備臨文翻檢和查考，類書之祖《皇覽》出現的必然；作者認為曹丕敕修《皇覽》另外的目的就是撫士、儲才、炫耀文治，安撫擁漢派，使之編纂類書，考察士大夫的政治態度，耗磨士大夫的銳氣，粉飾太平，炫耀文治。〔註62〕王雪梅《〈皇覽〉探微》對《皇覽》之內容做了猜測：「可能會偏重前朝故事、典故、文人學士的軼事、王侯名臣的言行、宮閨趣聞、帝王駕御之術、理財之道和歷代典章制度的遞嬗等，不會像以後發展到唐代《藝文類聚》和宋代《太平御覽》那樣，於天、地、人、事、物，無所不包。另外，從輯佚各條看，還未見有器物、蟲獸等條目，也可算是一個佐證。」〔註63〕張天俊《論類書之祖——〈皇覽〉》亦做出如下推測：「《皇覽》的內容來自五經及注解五經的群書，其體例是割裂古書，以類相從，即將經傳中的文字材料按一定的需要輯錄出來，並分門別類地編排而成，以便皇王一覽。《皇覽》的產生則與與漢魏時代的文學、經學及曹丕尊儒有關係。」〔註64〕

　　誠然，曹丕編纂類書的一個大背景就是曹魏的代漢，在即將要取代漢室江山的背景下，要做出順應天命，接續道統的姿態。《皇覽》的內容必然是囊括四部，且曹丕本人對於知識的接受是比較綜合的，經史百家都是其關注的內容。《三國志》卷二《魏志·文帝紀》載：「《魏書》曰：集諸儒於肅城門內，講論大義，侃侃無倦。常嘉漢文帝之為君，寬仁玄默，務欲以德化民，有賢聖

〔註61〕程章燦：《賦學論叢》，北京：中華書局，2005 年，第 54 頁。
〔註62〕郜明：《〈皇覽〉之編撰與曹魏之士》，《大學圖書館學報》1989 年第 6 期，第27～29 頁。
〔註63〕王雪梅：《〈皇覽〉探微》，《貴州大學學報（社會科學版）》1993 年第 4 期，第92～93 頁。
〔註64〕張天俊：《論類書之祖——〈皇覽〉》，《南通師專學報》1995 年第 4 期，第 98～101 頁。

之風。」〔註65〕曹丕《典論自序》亦載：「余是以少誦《詩》論，及長，而備歷五經、四部，《史》《漢》、諸子百家之言，靡不畢覽。」〔註66〕《中國哲學發展史（魏晉南北朝）》認為：「黃巾起義把東漢王朝的政治經濟體制連同與之相配合的意識形態分裂成一個一個的碎片，如何依據新的形勢把這些碎片重新組合起來，就成了三國時期的人們所面臨的共同的歷史任務。」〔註67〕馬上取天下，不能馬上治天下，比起曹操時期，曹丕時期國家漸趨安定，治天下自然不能完全的否定儒家學說。立太學，制五經課試之法，置《春秋穀梁》博士，更集經典，這些舉措都是曹丕對儒家態度的轉變，這種轉變就在《皇覽》編纂前後，也是《皇覽》之內容以經傳為主的重要原因。

《皇覽》的編纂不僅是一項單純的類書編纂工作，而且是一項文化工程，是一個影響面較大的社會意識形態工程。諸儒在曹丕的敕令下整理文獻，是在對漢末以來典籍的整理，是對暫時中斷了的儒家道統的重續。雖然其結果並沒有挽救經學的中衰，但是其本意則在於文獻的整理、道統的重建。魏晉南北朝時期的類書絕不是像後世類書一樣，雖然《皇覽》散佚嚴重，但是從其殘存的部分來看，《皇覽》之博深可以說在當時是無與倫比的，囊括之浩瀚，資料使用之豐富，絕無僅有。魏文帝調動了當時的諸儒，使用了當時的宮廷藏書，並且以一個較為完整的體例，歷經多年編纂出一部鴻篇巨製《皇覽》，後世學者看到《皇覽》乃至其殘篇，驚為天人之作，奉為類書之祖。

鈴木啟造《類書考──〈皇覽〉について》〔註68〕、木島史雄《類書の發生──〈皇覽〉の性格をめぐって》〔註69〕針對《皇覽》的逸文中沒有引用書名為論據，主張《皇覽》非「類書」說，他們認為，隨著著作的急速增加，開始有必要對這些信息進行迅速的處理，這是《皇覽》編纂的主要原因，《皇覽》是抄撮、抄撰之書的發展，所以他們把《皇覽》看做某種「便覽」，認定其非類書。

〔註65〕《三國志》卷二《魏志・文帝紀》，北京：中華書局，1959年，第88頁。

〔註66〕（三國魏）曹丕著，易健賢譯注：《魏文帝集全譯（修訂版）》卷一《序・典論自序》，貴陽：貴州人民出版社，2009年，第239頁。

〔註67〕任繼愈主編：《中國哲學發展史（魏晉南北朝）》，北京：人民出版社，1988年，第20～21頁。

〔註68〕（日）鈴木啟造：《類書考──〈皇覽〉について》，《中國古代史研究（第六）》，東京：研文出版，1989年，第236～255頁。

〔註69〕（日）木島史雄：《類書の發生──〈皇覽〉の性格をめぐって》，《汲古》第26號，1994年，第27～32頁。

　　津田資久《漢魏交替期における〈皇覽〉の編纂》發表在《東方學》第108
輯上，〔註70〕其中文譯本則發表在《魏晉南北朝史論文集──中國魏晉南北朝
史學會第八屆年會暨繆鉞先生百年誕辰國際學術研討會論文集》中，其《漢魏
之際的〈皇覽〉編纂》首先對日本國內學者提出的《皇覽》非類書說做了評價，
並在此基礎上，對類書之祖《皇覽》的編纂背景、編纂意圖、編纂實踐做了分
析，作者認為：「《皇覽》是在延康元年（220）曹丕繼承曹操為魏王後不久，
在漢魏之際開始編纂，與九品官人法的制定時期相重疊。因此，很難認為這是
簡單的依據曹魏文帝興趣而編纂的，可以推測與九品官人法一樣，和曹魏政權
指向的新國家構想有密切關係。」「《皇覽》是馬上要面臨禪讓問題的曹魏政權
自認為東漢的正統後繼者而編纂的。該書是作為新國家理念深刻認識到《周
禮》中『類』和序列化的世界觀，並將之擴展至宇宙規模並賦予了秩序的最初
的類聚體書籍，基本上是『經國』的記錄集成，即可以認為應稱之為『通史』。」
〔註71〕津田資久的看法很有價值，很有啟發，津田氏認為在曹魏時代的人們眼
中，《皇覽》不是類書，而是一部承續道統的史書，或稱之為「通史」。這個觀
點在後世的人們看來的確有些怪異，但是毫無疑問，反映了曹魏時代人們的真
實想法，其後不久的西晉時代，荀勖編纂《中經新簿》時果真將類書放在了史
部，難道是巧合！在曹魏時期，《皇覽》或許就是被當做「文獻大成」「文獻集
成」的，也就是說，曹丕敕令編纂的這部大書的政治含義遠比我們後人想像的
要高、要大，他極有可能是帝王之書，更是曹丕文化政策的代表作。

　　此時造紙技術的進步與紙張的使用，也為一千卷的《皇覽》編纂奠定了物
質條件。方師鐸《傳統文學與類書之關係》認為：「從漢獻帝初平元年（190），
到魏文帝曹丕的黃初年間（220～226），這中間只不過相隔了三十幾年；但由
於曹氏父子的魏室後方，尚稱安定，所以秘書郎鄭默才能夠『刪定舊文，制作
《中經》』。這些舊文，當然是董卓之亂以後，採拾遺亡，重新鈔錄，藏諸秘府
的。我們推想三十餘年間，造紙的技術必然較前大為進步，魏室才得以利用這
種輕便價廉的書寫工具，抄錄大量的圖書，收藏於『秘府內外三閣』。也止有
這種：既有大量的參考圖書，又有輕便價廉的書寫工具之雙重條件下，八百餘

<hr />

〔註70〕　（日）津田資久：《漢魏交替期における〈皇覽〉の編纂》，《東方學》第108
　　　　輯，2004年，第55～68頁。
〔註71〕　（日）津田資久：《漢魏之際的〈皇覽〉編纂》，《魏晉南北朝史論文集──中
　　　　國魏晉南北朝史學會第八屆年會暨繆鉞先生百年誕辰國際學術研討會論文
　　　　集》，成都：巴蜀書社，2006年，第319～324頁。

萬言，一千餘卷的『類事之書』的《皇覽》，才能夠出現於世。在此以前，是從未出現過『千卷』的大書的。」〔註72〕

四、小結

　　《皇覽》開創了一個新的圖書編纂模式，被後人追奉為類書之祖。《皇覽》之後出現了一千餘種各式類書，並且作為典籍之薈萃、知識之精華的類書，成為了讀書人的錦繡萬花谷，不斷被刊刻、補編、續編、新編，類書漸漸與中國古代政治、文學、科舉、教育乃至日常生活都緊密相連，甚至流傳到了日本、韓國、越南等地。但是，類書之祖《皇覽》的產生並不是必然無疑的，我們還要看到其中存在著的諸多偶然性因素，雖然唐宋以來的學者多稱《皇覽》為類書之祖，但是《皇覽》產生之時何曾有「類書」之名？「類書」之名是宋朝才出現的，甚至在魏晉人眼中《皇覽》根本就不是類書，《皇覽》當時儼然是一部文獻大成、資料彙集，只不過後來的學者將「類書之祖」的稱號加給了他，當然他也是有資格擔當的。《皇覽》之後，雖然晉、宋、齊、梁間有人抄合《皇覽》，亦有幾部私纂小類書的編纂，如陸機《會要》、戴安道《纂要》等，但是直到南朝齊高帝蕭道成敕令編纂《史林》，蕭子顯編纂《四部要略》，稱之為「《皇覽》之流」的類書體例才再次得到重視，再次的發展起來。從《皇覽》編纂的時代，到《史林》《四部要略》編纂的時代，中間相隔了二百多年，雖然這期間《皇覽》被不斷抄合，但是我們卻沒有見到其他的大型類書、官修類書的編纂與出現，這是為什麼呢？《皇覽》所代表的類書體例開創之後，沒有被繼承，而是中斷了二百多年，直到南朝齊梁時代，稱之為「《皇覽》之流」的類書編纂才再次受到重視，再次得到帝王的支持，這是為什麼呢？當然這與晉宋時期的政治混亂有關，與當時文風、學術有關，但是毫無疑問的是《皇覽》所代表的類書體例沒有被繼承乃至發揚光大而是中斷了二百多年，如果《皇覽》所代表的類書的產生是勢不可擋的，那麼《皇覽》之後接踵而至的續作應該很多，但是中間卻停歇了二百多年，《皇覽》的產生或許更多的是特殊時期的特殊人物曹丕及其群臣的一時傑作，也就是說，《皇覽》產生的偶然性因素也是需要我們認識清楚的，只有這樣我們才可以更加清楚的認識《皇覽》的編纂及其時代背景。

〔註72〕方師鐸：《傳統文學與類書之關係》，天津：天津古籍出版社，1986年，第12～13頁。

第二節　《史林》

　　《皇覽》之後的西晉、東晉時期，史籍中沒有見到官方編纂類書的記載，就是南朝的宋也沒有見到記載。倒是何承天、徐爰對《皇覽》做過「併合」與「節抄」。到了南朝齊的時候，出現了一部仿照《皇覽》體例編纂的官修類書《史林》。南朝齊是南朝四個朝代中存在時間最短的，僅有二十三年。齊高帝蕭道成借鑒了宋滅亡的教訓，以寬厚為本，提倡節儉。齊高帝蕭道成（427～482），字紹伯，小名鬥將，在位四年（479～482），少時跟從名儒雷次宗受業，治《禮》及《左氏春秋》。

　　《南史》卷四《齊本紀上第四》載：

> 　　上少有大量，喜怒不形於色，深沉靜默，常有四海之心。博學，善屬文，工草隸書，弈棋第二品。雖經綸夷險，不廢素業。及即位後，身不禦精細之物，主衣中有玉介導，以長侈奢之源，命打破之。凡異物皆令隨例毀棄。後宮器物欄檻，以銅為飾者，皆改用鐵。內殿施黃紗帳，宮人著紫皮履。華蓋除金華爪，用鐵回釘。每曰：「使我臨天下十年，當使黃金與土同價。」欲以身率下，移風易俗。性寬，嘗與直合將軍周覆、給事中褚思莊共棋，累局不倦，覆乃抑上手，不許易行。其弘厚如此。所著文，詔中書侍郎江淹撰次之。又詔東觀學士撰《史林》三十篇，魏文帝《皇覽》之流也。〔註73〕

　　《南齊書》沒有記載《史林》的情況，而《南史》對於《史林》的記載也很簡單，僅有「又詔東觀學士撰《史林》三十篇，魏文帝《皇覽》之流也」一句而已。齊高帝蕭道成在位時間是479年的五月開始，482年的三月殁，雖說是四年，其實總共在位的時間不足三年。在這短短的三年裏齊高帝移風易俗，崇尚節儉，更敕令東觀學士編纂《史林》三十卷，其用意是什麼呢？或有以史為鑒之意存焉。

　　《冊府元龜》卷一百九十二《閏位部十一·文學》載：

> 　　南齊太祖年十三，受業於雷次宗，治《禮》及左氏《春秋》。其後，關康之尤善左氏《春秋》，帝為領軍，素好此學，送《春秋》五經，康之手自點定；並得論《禮記》十餘條，帝甚悅，寶愛之。在位所著文詔，中書侍郎江淹撰次之。又詔東觀學士撰《史林》三十篇，

〔註73〕《南史》卷四《齊本紀上第四》，北京：中華書局，1975年，第113頁。

魏文帝《皇覽》之流也。〔註74〕

《通志》卷十二《南齊紀》載：

> 又詔東觀學士撰《史林》三十篇，魏文帝《皇覽》之流也。〔註75〕

《玉海》卷四十九《藝文·論史》載：

> 齊《史林》。《南史》齊太祖建元四年，詔東觀學士撰《史林》
> 三十篇，魏文《皇覽》之流也。〔註76〕

以上文獻中，《通志》與《冊府元龜》記載與《南史》相同。《玉海》則加上了「齊太祖建元四年（482）」《南齊書》卷二《高帝下》記載了建元四年的大事：

> （建元）四年春正月壬戌，詔曰：「夫膠庠之典，彞倫攸先，所
> 以招振才端，啟發性緒，弘宇黎氓，納之軌義，是故五禮之跡可傳，
> 六樂之容不泯。朕自膺歷受圖，志闡經訓，且有司群僚，奏議咸集，
> 蓋以戎車時警，文教未宣，思樂泮宮，永言多慨。今關燧無虞，時
> 和歲稔，遠邇同風，華夷慕義。便可式遵前准，修建教學，精選儒
> 官，廣延國胄。」

> 二月，乙未，以冠軍將軍桓康為青、冀二州刺史。上不豫，庚
> 戌，詔原京師囚繫有差，元年以前逋責皆原除。

> 三月，庚申，召司徒褚淵、左僕射王儉詔曰：「吾本布衣素族，
> 念不到此，因藉時來，遂隆大業。風道沾被，升平可期。邁疾彌留，
> 至於大漸。公等奉太子如事吾，柔遠能邇，緝和內外，當令太子敦
> 穆親戚，委任賢才，崇尚節儉，弘宣簡惠，則天下之理盡矣。死生
> 有命，夫復何言！」壬戌，上崩於臨光殿，年五十六。

> 四月，庚寅，上諡曰太祖高皇帝。奉梓宮於東府前渚升龍舟。
> 丙午，窆武進泰安陵。〔註77〕

建元四年正月壬戌詔載齊高帝興辦學校的事情，這是一項文化政策，與《史林》的編纂或許有關係，但是此後不久的二月裏齊高帝身體轉壞，並於三

〔註74〕（宋）王欽若等編纂，周勛初等校訂：《冊府元龜》卷一百九十二《閏位部十一·文學》，南京：鳳凰出版社，2006 年，第 2146 頁。

〔註75〕（宋）鄭樵：《通志》卷十二《南齊紀》，《文淵閣四庫全書》，第 372 冊，第 557～558 頁。

〔註76〕（宋）王應麟：《玉海》，京都：中文出版社，1977 年，第 979 頁。

〔註77〕《南齊書》卷二《高帝下》，北京：中華書局，1972 年，第 37～38 頁。

月去世，可見建元四年沒有多少時間留給齊高帝的學士們編纂《史林》。但是
對於齊高帝蕭道成的好學、博學，《南齊書》的記載與《南史》記載基本無二。

> 上少沉深有大量，寬嚴清儉，喜怒無色。博涉經史，善屬文，
> 工草隸書，弈棋第二品。雖經綸夷險，不廢素業。從諫察謀，以威
> 重得眾。〔註78〕

對於《史林》的編修者史籍中沒有指出具體的人，只是說東觀學士，那麼
此時期的東觀學士究竟是何人，我們只能從永明時代為東觀學士的古人中尋
找。

《南史》卷三《宋本紀下》載：

> （泰始六年）九月戊寅，立總明觀，徵學士以充之。置東觀祭
> 酒、訪舉各一人，舉士二十人，分為儒、道、文、史、陰陽五部學，
> 言陰陽者遂無其人。〔註79〕

《南史》卷二十二《王儉傳》載：

> （永明）三年，領國子祭酒，又領太子少傅。舊太子敬二傅同，
> 至是朝議接少傅以賓友禮。宋時國學頹廢，未暇修復，宋明帝泰始
> 六年，置總明觀以集學士，或謂之東觀，置東觀祭酒一人，總明訪
> 舉郎二人；儒、玄、文、史四科，科置學士十人，其餘令史以下各
> 有差。是歲，以國學既立，省總明觀，於儉宅開學士館，以總明四
> 部書充之。〔註80〕

宋明帝泰始六年（470）置總明觀，有人稱之為東觀，學士有四科四十人。
這些人或許就後來為齊武帝編纂《史林》的諸學士。永明是齊高帝的兒子齊武
帝蕭賾的年號，永明三年是485年，設立國學，廢掉總明觀。

《南齊書》卷三十四《王諶傳》載：

> 出為臨川內史，還為尚書左丞。尋以本官領東觀祭酒，即明帝
> 所置總明觀也。遷黃門，轉正員常侍，輔國將軍，江夏王右軍長史，
> 冠軍將軍。轉給事中，廷尉卿，未拜。建元中，武陵王曄為會稽，
> 以諶為征虜長史行事，冠軍如故。永明初，遷豫章王太尉司馬，將
> 軍如故。世祖與諶相遇於宋明之世，欲委任，為輔國將軍、晉安王

〔註78〕《南齊書》卷二《高帝下》，北京：中華書局，1972年，第38頁。
〔註79〕《南史》卷三《宋本紀下》，北京：中華書局，1975年，第82頁。
〔註80〕《南史》卷二十二《王儉傳》，北京：中華書局，1975年，第595頁。

南中郎長史、淮南太守，行府、州事。〔註81〕

《南齊書》卷五十二《丘靈鞠傳》載：

> 昇明中，遷正員郎，領本郡中正，兼中書郎如故。時方禪讓，
> 太祖使靈鞠參掌詔策。建元元年，轉中書郎，中正如故，敕知東宮
> 手筆。尋又掌知國史。明年，出為鎮南長史、尋陽相，遷尚書左丞。
> 世祖即位，轉通直常侍，尋領東觀祭酒。靈鞠曰：「人居官願數遷，
> 使我終身為祭酒，不恨也。」〔註82〕

《南史》卷七十二《丘巨源傳附司馬憲傳》載：

> 憲字景思，河內溫人，待詔東觀為學士，至殿中郎，口辯有才
> 地，使魏見稱於北。〔註83〕

上文中，我們可以知道王諶、丘靈鞠曾任東觀祭酒，司馬憲曾為東觀學士，
但是通過時間來看，王諶之為東觀祭酒當在南朝宋末；丘靈鞠之為東觀祭酒又
在世祖即位之後，即齊武帝蕭賾繼位之後的永明初年，只有司馬憲或許在齊高
帝時做過東觀學士，但也不能確定其參與了《史林》的編纂。齊高帝蕭道成時
期，曾詔令東觀學士，以《皇覽》為例編纂了《史林》三十卷。

《史林》之為書名，應該是以史料為根底彙集而成的一部著作，憑直覺很
像是史部中的史書，前文我們也曾說過，《皇覽》在當時人們的眼中絕非是後
人眼中的類書，也是歷史資料彙編，是被視作歷史資料、文獻大成的，這就是
類書的最初形式，類書最初被歸入史部，必然也是因為此種原因，後來的《隋
書》中類書被歸入了子部雜家，可見南北朝至隋唐間，類書必然經歷了一個從
史部往子部轉變的過程。以我們今天的視角去看，《史林》既然是《皇覽》之
流，其性質必然是類書，因為《皇覽》是類書之祖，其實，在南朝齊初《皇覽》
何曾有類書之名？「類書」一名晚至宋初才被使用。這就是說，至少在齊初，
所謂的類書《皇覽》《史林》與史部的關係更為密切，其被當時的人們看做史
部資料彙編，而不是後世人們所認為的子部類書。《章學誠遺書》卷六《雜說》
載有一段極為精闢之話語，其認為：

> 諸子不難其文，而難於宗旨之卓然有其不可滅；諸史不難其事，

〔註81〕《南齊書》卷三十四《王諶傳》，北京：中華書局，1972 年，第 617 頁。

〔註82〕《南齊書》卷五十二《丘靈鞠傳》，北京：中華書局，1972 年，第 890 頁。

〔註83〕《南史》卷七十二《丘巨源傳附司馬憲傳》，北京：中華書局，1975 年，第 1771
頁。

而難其有以成一家之言。故諸子僅工文辭，即後世文集之濫觴；史

學惟求事實，即後世類書之緣起。〔註84〕

　　章學誠的觀點是，史學求事實，也就是說史學重事類、故事、典故，而類書的最初形態是編纂事類，這無疑就找到了史學與類書的共同點，也是他們之間融通的關鍵點，二者對待事實，收集事實的態度是一樣的，所不同的是史學要對資料進行加工，而類書主要是尋找以類相從的內容排列組合起來。既然史學是類書之緣起，那麼類書與史部的關係就顯而易見了，前文我們所說的《皇覽》被歸入史部也就容易理解了，而一部被後人視作類書卻極其類似於史書的《史林》的出現也就順理成章了。

　　王錦貴《中國歷史文獻目錄學》亦認為：「所謂類書，就是博採群書有關資料，然後依照類別或韻部組織而成的史書。」〔註85〕許兆昌、於薇《魏晉南北朝簡史》認為：「實錄、類書是魏晉南北朝時期創立的新的史書類型……類書是採輯群書、以類相從的一種史書，以便檢尋之用。當時著有《皇覽》《聖壽堂御覽》等，但這類書已經全部散佚了。」〔註86〕曹文柱《中國文化通史（魏晉南北朝卷）》認為：「類書是採輯群書、以類相從的一種史書，以便尋檢之用。唐宋以後，各種鴻文巨篇的類書不斷問世，就是受這一時期類書影響的結果。」〔註87〕王錦貴、許兆昌、於薇、曹文柱等先生徑直將類書稱為史書，目光如炬，透過現象發現了本質，這應該真實的反映了類書在魏晉南北朝時代的真實存在情況，其當時不但不是雜家之附庸，亦非子部之一類，而是史書至少是有補於史的資料彙編。

　　魏晉南北朝時期，類書多是以類事類書的編纂為主，類事類書編纂的主要材料來源無疑是史實、典故，大量史實、典故經過以類相從的排列組合之後就形成了一部部新的著作，後世學者往往可以見到這些典籍的兩種性質，一種是以類相從的類書性質，另一種無疑就是豐富史料整理的史書性質，這種現象的出現是類書編纂方法與史料整理相結合的一種產物，是特定時代的特殊現象，

〔註84〕（清）章學誠撰：《章學誠遺書》卷六《雜說》，北京：文物出版社，1985年，第55頁。

〔註85〕王錦貴主編：《中國歷史文獻目錄學》，北京：北京大學出版社，1994年，第168頁。

〔註86〕許兆昌、於薇編著：《魏晉南北朝簡史》，福州：福建人民出版社，2007年，第336頁。

〔註87〕曹文柱主編：《中國文化通史（魏晉南北朝卷）》，北京：北京師範大學出版社，2009年，第294頁。

我們不能忽略其中的任何一種性質，並且我們透過這種現象還可以發現早期類書的發展有借殼史書的現象，或者早期類書的存在形式就是歷史資料彙集，這種借殼現象無論是有意的還是無意的，都說明早期類事類書與史部書之間的親密關係。當然，類書與史書二者之間的區別也是很明顯的，史書是著作，是史家在收集到眾多史料之後，進行加工，重新撰寫出來的生動鮮活的著作；而類書是資料彙編，就算是運用不同的編纂體例，類書仍然是述而不作，仍然是對資料的整理加工、排列組合。隨著時代的發展，類書與史書的差別越來越大，並且六朝時期是中國史學急速發展的時代，史學的自覺意識得到充分的發展，主要表現在史籍數量的增多，史書體裁的豐富，史官制度的完善，史家隊伍的壯大，史學思想的成熟。迅猛發展起來的史學再也不需要拉人入夥，這就必然導致《皇覽》等類書被排擠出「史部」。與此同時，類書也獲得了較大的發展，類書的編纂模式亦多樣化，類事類書之外的類語類書、類句類書、類文類書隨著南北朝文學的勃興迅猛發展起來，如果類書的發展還是向著類事類書的方向發展，那麼類事類書必然不會被「史部」所排擠，類事類書的近親史抄就是例子，類書與史部書之間的分裂是各自獨立發展的必然結果，但是他們之間的聯繫無疑是難以割斷的。

第三節　《四部要略》

　　《四部要略》是由南朝齊武帝次子竟陵王蕭子良召集文人學士編纂而成的一部大型類書，其卷帙浩瀚，達一千卷。從《四部要略》的名稱來看，類書在此時已經將取材範圍毫無疑問的擴展至四部，原先「採集經傳」的《皇覽》，雖然也是包含經史子集之內容，但是，他更加突出「經傳」的內容。類書就是在這個時候，走上了一條「兼收四部，而非經非史，非子非集。四部之內，乃無類可歸」〔註88〕的道路的。既然類書在四部之內無類可歸，那麼四部之外它自成一隊。此點前面已經詳細論述。

　　竟陵王蕭子良是齊高帝蕭道成的孫子，齊武帝蕭賾的次子，《南齊書》卷四十《武十七王·蕭子良傳》載：「子良少有清尚，禮才好士，居不疑之地，傾意賓客，天下才學皆遊集焉。善立勝事，夏月客至，為設瓜飲及甘果，著之

〔註88〕（清）永瑢等：《四庫全書總目》卷一三五《類書類序》，北京：中華書局，1965
　　　　年，第 1141 頁。

文教。士子文章及朝貴辭翰，皆發教撰錄。」〔註89〕蕭子良非但禮賢下士，其對於永明時代的文風、學風乃至社會風氣都起著引導作用，其所組織的文人團體更是南北朝時期最大的文學集團之一，他們在蕭子良的組織下，吟詩酬唱，編書譯經，成為永明時代文學乃至社會風氣的帶動者。《四部要略》就是在蕭子良組織下編纂的一部大書，雖然《四部要略》已經失傳，甚至不為人知，湮滅多年，但是他在當時的影響，卻使得我們不得不去關注。

　　南朝梁任昉《齊竟陵文宣王行狀》：「天才博贍，學綜該明，至若曲臺之《禮》，九師之《易》，《樂》分龍趙，《詩》析齊韓，陳農所未究，河間所未輯，有一於此，罔不兼綜者與。昔沛獻訪對於雲臺，東平齊聲於楊史，淮南取貴於食時，陳思見稱於七步，方斯蔑如也。……上穆三能，下敷五典，避玄闈以闡化，寢鳴鐘以體國，翼亮孝治，緝熙中教，奪金恥訟，蹊田自默，不雕其樸，用晦其明，聲之有倫，係公是賴，庠序肇興，儀形國冑，師氏之選，允師人範，以本官領國子祭酒，固辭不拜。八座初啟，以公補尚書令，式是敷奏，百揆時序。……文皇帝養德東朝，同符作者，爰造九言，實該百行，導衿衿於未萌，申炯戒於茲日，非直旦暮千載，故乃萬世一時也。命公注解，衛將軍王儉綴而序之……至於言窮藥石，若味滋旨，信必由中，貌無外悅，貴而好禮，怡寄典墳，雖牽以物役，孜孜無怠，乃撰《四部要略》《淨住子》，並勒成一家，懸諸日月，弘洙泗之風，闡迦維之化。大漸彌留，話言盈耳，黜殯之請，至誠懇惻，豈古人所謂立言於世，沒而不朽者歟！」此行狀為後來的史家部分採信。如《南齊書》卷四十《武十七王‧蕭子良傳》載：

　　　　（永明）五年，正位司徒，給班劍二十人，侍中如故。移居雞籠山邸，集學士抄《五經》、百家，依《皇覽》例為《四部要略》千卷。招致名僧，講語佛法，造經唄新聲。道俗之盛，江左未有也。

　　　　〔註90〕

　　《南史》卷四十四《齊武帝諸子‧蕭子良傳》載同。〔註91〕《金樓子校箋》卷三《說蕃篇第八》又載：

〔註89〕《南齊書》卷四十《武十七王‧蕭子良傳》，北京：中華書局，1972年，第694頁。

〔註90〕《南齊書》卷四十《武十七王‧蕭子良傳》，北京：中華書局，1972年，第698頁。

〔註91〕《南史》卷四十四《齊武帝諸子‧蕭子良傳》，北京：中華書局，1975年，第1103頁。

竟陵蕭子良，開私倉賑貧民。少有清尚，禮才好士，居不疑之
地，傾意賓客，天下才學皆遊集焉。善立勝事，夏月客至，為設瓜
飲及甘果，著之文教。士子文章及朝貴辭翰，皆發教撰錄。居雞籠
山西邸，集學士抄《五經》、百家，依《皇覽》例為《四部要略》千
卷。招致名僧，講論佛法，造經唄新聲，道俗之盛，江左未有也。
好文學，我高祖、王元長、謝玄暉、張思光、何憲、任昉、孔廣、江
淹、虞炎、何偘、周顒之儔，皆當時之傑，號士林也。〔註92〕

《冊府元龜》卷二百七十《宗室部九·文學》亦載：「竟陵王子良，武帝
第二子也，永明五年，移居雞籠山西邸，集學士抄五經百家，依《皇覽》例，
為《四部要略》千卷，令司徒右長史陸惠曉參知事。子良所著內外文筆數十卷，
雖無文采，多是勸誡。」〔註93〕《玉海》卷五十二《藝文·書目》載：「齊《四
部要略》。《齊史》竟陵王子良集學士抄五經百家，依《皇覽》例為《四部要略》
千卷。」〔註94〕

由上觀之，《南齊書》《南史》《金樓子》《冊府元龜》《玉海》對於《四部
要略》的記載大致相同，主要觀點就是永明五年，蕭子良移居雞籠山西邸「集
學士抄《五經》、百家，依《皇覽》例為《四部要略》千卷」。上文我們說《四
部要略》取材範圍是四部，但是更加需要指出的是，以上諸書皆說是「抄《五
經》、百家」，經部自然毋庸贅言，而此「百家」自然是包括史部與子部，其次
就是集部之大家詩篇。《四部要略》的卷帙為千卷，不可謂不大，如此大部頭
的著作，就算其每卷內容皆不豐，相比較三十卷的《史林》亦是數量巨大，此
必然是蕭子良集合眾學士所做，這眾多學士很多隨著南齊的覆滅，進入了蕭
梁，梁武帝蕭衍就是最顯然的例子，曾經參與或聞見過《四部要略》編纂的諸
多學士，在入梁之後，必然會將這個事業繼續下去，而蕭子良編纂《四部要略》
鍛鍊、培養了一大批人才，為梁武帝時代類書編纂奠定了基礎。

南朝皇室貴冑子弟，多傚仿古代諸侯養士之風，招攬才俊，組成文人集團，
這些集團名義上是吸納文學之士從事文化活動，實際則有壯大自己勢力的圖
謀，而文人則多借助文學集團獲取名聲，取得庇護，蕭子良是當時最有權勢的

〔註92〕（南朝梁）蕭繹撰，許逸民校箋：《金樓子校箋》卷三《說蕃篇第八》，北京：
中華書局，2011 年，第 643 頁。
〔註93〕（宋）王欽若等編纂，周勳初等校訂：《冊府元龜》卷二百七十《宗室部九·
文學》，南京：鳳凰出版社，2006 年，第 3063 頁。
〔註94〕（宋）王應麟：《玉海》，京都：中文出版社，1977 年，第 1031～1032 頁。

王子皇孫，權勢顯赫，召集眾多學士抄書、編書、譯經、講經，據統計，前後出入蕭子良王府的文人數量多達一百餘人，主要是世家子弟，和一些高僧，他們在竟陵王的組織下，從事文學活動，對當時社會的思想、文化、文學發展產生了重要的影響，這些人中又以「竟陵八友」為代表，此時他們對類書的認識開始發生變化，或許就是他們要仿傚曹丕，編纂一部兼容並包、囊括無遺的大著作，類書是否已經從史部之附屬轉變為四部之抄撮、抄纂，我們不敢妄自臆斷，但是當時的學者對類書的重視有了極大的進步，認識也發生了質的飛躍，即他們在試圖突破經傳也就是史部對他們的制約，開始在當時所有藏書中輯錄事類，編纂《四部要略》，這表明類書此時獲得了一個新的獨立的地位。

　　《四部要略》編纂之時，《皇覽》的殘卷應該還有流傳，蕭琛既有《皇覽抄》二十卷，蕭琛是「竟陵八友」之一，是竟陵王幕府的主要人物之一，他對於《四部要略》的編纂或許有較重要的作用，但是史書卻沒有記載，並且在以後的梁武帝時代裏，蕭琛並沒有領修類書。《四部要略》也在後世幾乎湮滅無聞，片言隻字也難見到，如此一部大書，瞬間消失，實在令人不解。這或許與蕭子良的政治生命一般，蕭子良在爭奪皇位的鬥爭中失敗，並很快死去，其所組織編纂的《四部要略》必然無法在後世流傳，甚至我們認為此《四部要略》的編纂質量或許也無多少可以稱道的地方，多種原因作用之下，致使其過早的湮滅無聞。〔註95〕

　　《隋書》卷三十四《經籍三》載：「《部略》十五卷。」〔註96〕姚振宗《隋書經籍志考證》卷三十《子部七》載：「案《南齊書‧竟陵文宣王子良傳》：永明五年，正位司徒，移居雞籠山西邸，集學士抄《五經》、百家，依《皇覽》例為《四部要略》千卷。此《部略》疑即《四部要略》之省名，十五卷者，或千之殘剩，或部首之總稱。又《魏書‧裴景融傳》：出帝時詔撰《四部要略》，令景融專典，竟無所成，則又疑裴氏未成之書。」〔註97〕雖然姚氏所做推測無法得到證實，但還是給了我們瞭解《四部要略》乃至《部略》的一線希望。

〔註95〕趙翼《廿二史箚記》卷十二「齊梁之君多才學」條云：「創業之君兼擅才學，曹魏父子固已曠絕百代，其次則齊、梁二朝，亦不可及也。……竟陵王子良招致學士抄五經百家，為《四部要略》千卷。」
〔註96〕《隋書》三十四《經籍三》，北京：中華書局，1973年，第1007頁。
〔註97〕（清）姚振宗：《隋書經籍志考證》，《續修四庫全書》，第915冊，第478頁。

第四節　《壽光書苑》

胡道靜《中國古代的類書》認為：「這是開國初年詔修的一部類書，在天監初年（502）即已開始。」〔註98〕這部南朝梁開國之初就詔修的類書是《壽光書苑》，梁武帝蕭衍得位之初，就詔修類書，可能是傚仿魏文帝之編纂《皇覽》，但是更為可能的原因是傚仿蕭子良所編纂的《四部要略》，或許在南齊至梁初這段時間內《四部要略》被毀壞，曾經參與或見聞過《四部要略》編纂的蕭衍在自己稱帝之後，必然會有所行動，彌補《四部要略》被毀壞的不足。後來梁武帝為了與劉峻劉孝標所編纂的《類苑》爭高下，又敕纂《華林遍略》，這其中的原因就是因為《壽光書苑》編纂體例、編纂質量不如《類苑》。

《隋書》三十四《經籍三》載：「《壽光書苑》二百卷。梁尚書左丞劉杳撰。」〔註99〕《舊唐書》卷四十七《經籍下》載：「《壽光書苑》二百卷。劉香撰。」〔註100〕《新唐書》卷五十九《藝文三》載：「劉杳《壽光書苑》二百卷。」〔註101〕《玉海》卷五十四《藝文·承詔撰述、類書》載：「劉杳《壽光書苑》二百卷。」〔註102〕歷代目錄對《壽光書苑》的記載皆是二百卷，只不過《舊唐書》將劉杳誤為劉香。《壽光書苑》的編纂者劉杳是一位好學且博覽群書，記憶力超群的人物，受到當時的文壇領袖沈約、任昉青睞。

《梁書》卷五十《文學下·劉杳傳》載：

> 杳少好學，博綜群書，沈約、任昉以下，每有遺忘，皆訪問焉。
> 〔註103〕嘗於約坐語及宗廟犧樽，約云：「鄭玄答張逸，謂為畫鳳皇尾娑娑然。今無復此器，則不依古。」杳曰：「此言未必可按。古者樽彝，皆刻木為鳥獸，鑿頂及背，以出內酒。頃魏世魯郡地中得齊大夫子尾送女器，有犧樽作犧牛形；晉永嘉賊曹嶷於青州發齊景公冢，又得此二樽，形亦為牛象。二處皆古之遺器，知非虛也。」約大以為然。約又云：「何承天《纂文》奇博，其書載張仲師及長頸王事，此何出？」杳曰：「仲師長尺二寸，唯出《論衡》。長頸是毗騫

〔註98〕 胡道靜：《中國古代的類書》，北京：中華書局，2005年新1版，第57頁。
〔註99〕 《隋書》三十四《經籍三》，北京：中華書局，1973年，第1009頁。
〔註100〕 《舊唐書》卷四十七《經籍下》，北京：中華書局，1975年，第2045頁。
〔註101〕 《新唐書》卷五十九《藝文三》，北京：中華書局，1975年，第1562頁。
〔註102〕 （宋）王應麟：《玉海》，京都：中文出版社，1977年，第1074頁。
〔註103〕 《梁書》卷五十《文學下·劉杳傳》，北京：中華書局，1973年，第715頁。

王，朱建安《扶南以南記》云：古來至今不死。」約即取二書尋檢，一如杳言。〔註104〕

又在任昉坐，有人餉昉酒而作榟字。昉問杳：「此字是不？」杳對曰：「葛洪《字苑》作木旁絜。」昉又曰：「酒有千日醉，當是虛言。」杳云：「桂陽程鄉有千里酒，飲之至家而醉，亦其例也。」昉大驚曰：「吾自當遺忘，實不憶此。」杳云：「出楊元鳳所撰《置郡事》。元鳳是魏代人，此書仍載其賦，云三重五品，商溪揀裏。」時即檢楊記，言皆不差。〔註105〕

王僧孺被敕撰譜，訪杳血脈所因。杳云：「桓譚《新論》云：『太史《三代世表》，旁行邪上，並效周譜。』以此而推，當起周代。」僧孺歎曰：「可謂得所未聞。」〔註106〕周舍又問杳：「尚書官著紫荷橐，相傳云『契囊』，竟何所出？」杳答曰：「《張安世傳》曰『持橐簪筆，事孝武皇帝數十年』。韋昭、張晏注並云『橐，囊也。近臣簪筆，以待顧問』。」范岫撰《字書音訓》，又訪杳焉。其博識強記，皆此類也。〔註107〕

以上諸文對於劉杳的記載，可謂是詳細，通過記載我們知道了劉杳的學問博綜，對於典故、舊事瞭如指掌、如數家珍，沈約、任昉、王僧孺、周舍皆是才名卓著的人物，而劉杳卻可以得到他們的賞識，可見劉杳之學問確實深博，絕非是浪得虛名，劉杳被梁武帝選中修《壽光書苑》，亦是選舉得人，通過《隋書》《舊唐書》《新唐書》之記載，我們可以知道，此書為二百卷，卷帙雖不及《皇覽》《四部要略》，但是很顯然也是卷帙頗豐，且既然明文寫定二百卷，可知此書在梁武帝敕纂《華林遍略》之時，已然成書，不然此二百卷無從而來，即使此書沒有編纂完成，此二百卷本必定已經在社會上流通，不然時人如何將之與《類苑》比高下。

對於《壽光書苑》之得名，多半是因為其編纂之地在壽光苑，故而得名。《梁書》沒有壽光苑之記載，但是卻有壽光閣、壽光殿之記載。《梁書》卷十三《沈約傳》載：「俄而云自外來，至殿門不得入，徘徊壽光閣外，但云『咄

〔註104〕《梁書》卷五十《文學下·劉杳傳》，北京：中華書局，1973年，第715頁。
〔註105〕《梁書》卷五十《文學下·劉杳傳》，北京：中華書局，1973年，第716頁。
〔註106〕《梁書》卷五十《文學下·劉杳傳》，北京：中華書局，1973年，第716頁。
〔註107〕《梁書》卷五十《文學下·劉杳傳》，北京：中華書局，1973年，第716頁。

咄』。」〔註108〕此處之壽光閣是梁武帝為稱帝之前，南齊之壽光閣。《梁書》卷三十《裴子野傳》載：「普通七年，王師北伐，敕子野為喻魏文，受詔立成，高祖以其事體大，召尚書僕射徐勉、太子詹事周舍、鴻臚卿劉之遴、中書侍郎朱異，集壽光殿以觀之，時並歡服。」〔註109〕普通七年之壽光殿，就是梁武帝之宮殿了。《梁書》卷四十八《皇侃傳》載：「召入壽光殿講《禮記義》，高祖善之，拜員外散騎侍郎，兼助教如故。」〔註110〕既然在壽光殿講《禮記義》，那麼此壽光殿很顯然是梁武帝讀書講學之處，當無可疑。

《梁書》卷四十九《文學傳序》載：「其在位者，則沈約、江淹、任昉，並以文采妙絕當時。至若彭城到沆、吳興丘遲、東海王僧孺、吳郡張率等，或入直文德，通宴壽光，皆後來之選也。」〔註111〕《太平御覽》卷六百《文部十六‧思遲》載：「《梁書》曰：武帝晏壽光殿，令劉孺、張率賦詩，時率與孺並辭未及成，帝取孺手板戲題之曰：『張率東南美，劉孺洛陽才，攬筆便應就，何事久遲回。』」〔註112〕通過「或入直文德，通宴壽光」，「晏壽光殿」，很明顯可知，「壽光殿」又是梁武帝宴請諸學士、大臣的地方。總之，壽光殿必然是梁武帝時期讀書、講學、宴請群臣、舉行聚會的地方，或許劉杳侍詔於此，並奉敕令編纂類書，故而得名《壽光書苑》，與後來的《華林遍略》《修文殿御覽》之得名相同。

當時侍講壽光殿的人才並不僅僅只有劉杳，《劉苞傳》即記載了劉苞為太子洗馬，掌書記，侍講壽光殿的事情。《梁書》卷四十九《文學傳‧劉苞傳》載：「少好學，能屬文……久之，為太子洗馬，掌書記，侍講壽光殿。」〔註113〕並且有稱壽光為「省」者，這就好比是帝王處理公務的尚書省、秘書省。《梁書》卷四十九《文學傳‧周興嗣傳》載：「周興嗣字思纂，陳郡項人……高擢員外散騎侍郎，進直文德、壽光省。」〔註114〕《梁書》卷五十《陸雲公傳》

〔註108〕《梁書》卷十三《沈約傳》，北京：中華書局，1973 年，第 234 頁。
〔註109〕《梁書》卷三十《裴子野傳》，北京：中華書局，1973 年，第 443 頁。
〔註110〕《梁書》卷四十八《皇侃傳》，北京：中華書局，1973 年，第 680 頁。
〔註111〕《梁書》卷四十九《文學傳序》，北京：中華書局，1973 年，第 686 頁。
〔註112〕（宋）李昉等撰《太平御覽》卷六百《文部十六‧思遲》，北京：中華書局，1960 年，第 2703 頁。
〔註113〕《梁書》卷四十九《文學傳‧劉苞傳》，北京：中華書局，1973 年，第 687～688 頁。
〔註114〕《梁書》卷四十九《文學傳‧周興嗣傳》，北京：中華書局，1973 年，第 697～698 頁。

載：「陸雲公字子龍，吳郡人也。吳興太守張纘罷郡經途，讀其文歎曰：「今之蔡伯喈也。」纘至都掌選，言之於高祖，召兼尚書儀曹郎，頃之即真，入直壽光省，以本官知著作郎事。俄除著作郎，累遷中書黃門郎，並掌著作。」〔註115〕《梁書》卷五十《任孝恭傳》載：「任孝恭，字孝恭，臨淮臨淮人也。外祖丘他，與高祖有舊，高祖聞其有才學，召入西省撰史。初為奉朝請，進直壽光省，為司文侍郎，俄兼中書通事舍人。」〔註116〕通過以上記載，可知周興嗣、陸雲公、任孝恭皆曾「直壽光省」，至於「壽光殿」與「壽光省」是否為同一地點，我們認為即使理解為同一地點也無不可。

　　《宋高僧傳》卷三《唐京師滿月傳》載：「或曰：譯場經館，設官分職，不得聞乎？……其處則秦逍遙園、梁壽光殿、瞻雲館、魏汝南王宅。又隋煬帝置翻經館，其中僧有學士之名。唐於廣福等寺，宮園不定。」〔註117〕據此可知，梁武帝時期的壽光殿還曾是譯經的地方。總而言之，我們可以知道，《壽光書苑》的編纂必然是在梁武帝之壽光殿或壽光省進行的，此處是梁武帝講學、宴請群臣的地方，必然也是圖書收藏之地，故劉杳在這裡編纂梁武帝的第一部類書，並且應該還有其他學士協助劉杳編纂，因為直壽光省的學者不只劉杳一人。

　　雖然我們不知道是否有其他學者果真參與到《壽光書苑》的編纂中，但是梁武帝初期，曾敕令到洽、張率抄甲、乙、丙、丁四部書則確是史有明文。《梁書》卷二十七《到洽傳》載：「天監初……二年，遷司徒主簿，直待詔省，敕使抄甲部書。五年，遷尚書殿中郎。洽兄弟群從，遞居此職，時人榮之。七年，遷太子中舍人，與庶子陸倕對掌東宮管記。俄為侍讀，侍讀省仍置學士二人，洽復充其選。九年，遷國子博士，奉敕撰《太學碑》。十二年，出為臨川內史，在郡稱職。」〔註118〕《梁書》卷三十三《張率傳》載：「張率，字士簡，吳郡吳人……天監初，臨川王已下並置友、學。以率為鄱陽王友，遷司徒謝朏掾，直文德待詔省，敕使抄乙部書，又使撰婦人事二十餘條，勒成百卷。使工書人琅邪王深、吳郡范懷約、褚洵等繕寫，以給後宮……七年，敕召出，除中權建安王中記室參軍，預長名問訊，不限日。俄有敕直壽

〔註115〕《梁書》卷五十《陸雲公傳》，北京：中華書局，1973年，第724頁。
〔註116〕《梁書》卷五十《任孝恭傳》，北京：中華書局，1973年，第726頁。
〔註117〕（宋）贊寧：《宋高僧傳》卷三《唐京師滿月傳》，北京：中華書局，1987年，第57頁。
〔註118〕《梁書》卷二十七《到洽傳》，北京：中華書局，1973年，第403～404頁。

光省，治丙丁部書抄。」〔註119〕

此種抄書與當時或後來的類書編纂皆有關係，前文我們也做了說明，此處更需注意的是，張率「撰婦人事二十餘條，勒成百卷」，很顯然，張率已經編纂成了一部類書，且卷帙頗豐，達到百卷，此處的「婦人事二十餘條」或可理解為二十餘部類。而張率「直壽光省，治丙丁部書抄」與劉杳編纂《壽光書苑》恐怕不能沒有關係。而通過天監初年梁武帝敕令學士抄四部書的事情來看《壽光書苑》的編纂，我們認為此時期《壽光書苑》的編纂體例或許就如同抄書，只不過劉杳學問廣博，所能聚集、抄撮起來的故事、舊事更多一些而已，而這一點恰恰成為其體例不精的原因，當體例精良的《類苑》一旦出現，《壽光書苑》必定是黯然失色，湮滅無聞，但是劉杳的學問卻是不容懷疑的。

第五節　《類苑》

一、劉孝標的家世與學術

劉杳編纂《壽光書苑》本是選舉得人，無可厚非的，但是偏偏不巧的是，一個傲慢的劉孝標編纂的《類苑》的出現，使得《壽光書苑》在很短的時間裏面，就被後起之秀所淹沒，以至於聲名不顯，湮沒無聞。劉孝標，名峻，南朝齊梁間著名學者、文學家，本名法武，字孝標，幼年時身陷北魏為奴，為生活所迫，十一歲出家為僧，劉孝標勤奮好學，史載他「寄人廡下，自課讀書」。到南朝蕭齊永明四年（486）時逃還江南，並將名字劉法武改為劉峻。到達京城建康後，他自認為少年困窘，讀書不多，學問不深，沒有「開悟」，便發憤攻讀，到處尋找書籍閱讀，聽說哪裏有好書，必然想方設法借來讀，被時人稱為「書淫」，經過一段時期的苦讀，他「博極群書，文藻秀出」。梁武帝登基之後，他已經四十開外，被詔令典校秘書，但是由於他為人正直，率性而為，在梁武帝面前不肯曲意逢迎，為梁武帝所厭惡，被長期抑而不用。梁武帝之弟安成王蕭秀欣賞劉孝標的才學，蕭秀轉任荊州刺史時，起用劉孝標為戶曹參軍，並給其書籍，使撰《類苑》。

《梁書》卷五十《文學下·劉峻傳》載：

> 劉峻，字孝標，平原人。父斑，宋始興內史。峻生期月，母攜

〔註119〕《梁書》卷三十三《張率傳》，北京：中華書局，1973年，第475～478頁。

還鄉里。宋泰始初，青州陷魏，峻年八歲，為人所略至中山，中山
富人劉實愍峻，以束帛贖之，教以書學。魏人聞其江南有戚屬，更
徙之桑乾。峻好學，家貧，寄人廡下，自課讀書，常燎麻炬，從夕
達旦，時或昏睡，熱其髮，既覺復讀，終夜不寐，其精力如此。齊
永明中，從桑乾得還，自謂所見不博，更求異書，聞京師有者，必
往祈借，清河崔慰祖謂之「書淫」。〔註120〕

《南史》卷四十九《劉懷珍傳附劉峻傳》載：

峻字孝標，本名法武，懷珍從父弟也。父琓之，仕宋為始興內史。峻生期
月而琓之卒，其母許氏攜峻及其兄法鳳還鄉里。宋泰始初，魏克青州，峻時年
八歲，為人所略為奴至中山。中山富人劉實愍峻，以束帛贖之，教以書學。魏
人聞其江南有戚屬，更徙之代都。居貧不自立，與母並出家為尼僧，既而還俗。
峻好學，寄人廡下，自課讀書，常燎麻炬，從夕達旦。時或昏睡，熱其鬚髮，
及覺復讀，其精力如此。時魏孝文選盡物望，江南人士才學之徒，咸見申擢，
峻兄弟不蒙選拔。齊永明中，俱奔江南，更改名峻，字孝標。自以少時未開悟，
晚更屬精，明慧過人。苦所見不博，聞有異書，必往祈借。清河崔慰祖謂之「書
淫」。於是博極群書，文藻秀出。故其自序云：「鱟中濟濟皆升堂，亦有愚者解
衣裳。」言其少年魯鈍也。〔註121〕羅國威《六朝文學與六朝文獻》之《書〈梁
書劉峻傳〉後》載：「《南史》卷四九《劉峻傳》云：『本名法武』，『齊永明中』，
與兄『俱奔江南，更改名峻，字孝標』。『兄法鳳自北歸，改名孝慶，字仲昌』。
其兄本名法鳳，則孝標當名法虎。《南史》做法武者，蓋唐人避唐祖諱，改虎
作武也。又案：平原郡有二：一為宋僑置，故址在今山東淄博市附近。又一為
梁置，並置平原縣，故治在今廣東雙橋附近。考之《梁書》峻本傳，魏克青州
峻即陷身為奴，孝標之籍貫，當為前者。」〔註122〕

《魏書》卷四十三《劉休賓傳附劉旋之傳》載：

休賓叔父旋之，其妻許氏，二子法鳳、法武。而旋之早亡。東
陽平，許氏攜二子入國，孤貧不自立，並疏薄不倫，為時人所棄。
母子皆出家為尼，既而反俗。太和中，高祖選盡物望，河南人士，

〔註120〕《梁書》卷五十《文學下·劉峻傳》，北京：中華書局，1973 年，第 701～702
　　　　　頁。
〔註121〕《南史》卷四十九《劉懷珍傳附劉峻傳》，北京：中華書局，1975 年，第 1218
　　　　　～1219 頁。
〔註122〕羅國威：《六朝文學與六朝文獻》，成都：巴蜀書社，2010 年，第 211 頁。

才學之徒，咸見申擢。法鳳兄弟無可收用，不蒙選授。後俱奔南。法武后改名孝標云。〔註123〕

《北史》卷三十九《劉休賓傳附劉旋之傳》載：

休賓叔父旋之，其妻許氏生二子法鳳、法武，而旋之早卒。東陽平，許氏攜二子入魏，孤貧不自立，母子並出家為尼僧。既而反俗，俱奔江南。法武后改名峻，字孝標，《南史》有傳。〔註124〕

《魏書》卷四十三《劉休賓傳》載：「劉休賓，字處幹，本平原人。祖昶，從慕容德度河，家於北海之都昌縣。父奉伯，劉裕時，北海太守。休賓少好學，有文才，兄弟六人，乘民、延和等皆有時譽。」〔註125〕《北史》卷三十九《劉休賓傳》載：「劉休賓字處幹，本平原人也。祖昶，從慕容德度河，家於北海都昌縣。父奉伯，宋北海太守。」〔註126〕劉休賓稱孝標父為叔，則可知劉休賓與劉孝標兄弟之關係，劉奉伯即孝標兄弟之伯父，劉昶為其祖父，從慕容德渡河，家於北海之都昌縣者。

高祖輩	曾祖輩	祖　輩	父　輩	己　輩	子　輩	孫　輩
寄	植	昶	1 奉伯	1 乘民	1 聞慰	
				2 休賓	1 文曄	1 元
					2 文顯	
					3 季友	
				3 延和		
				4？		
				5？		
				6？		
			2 琁（旋之、琔之）	1 孝慶（法鳳）		
				2 峻（孝標、法虎）		
			3？	1 懷珍	1 靈哲	

〔註123〕《魏書》卷四十三《劉休賓傳附劉旋之傳》，北京：中華書局，1974 年，第969 頁。

〔註124〕《北史》卷三十九《劉休賓傳附劉旋之傳》，北京：中華書局，1974 年，第1414 頁。

〔註125〕《魏書》卷四十三《劉休賓傳附劉旋之傳》，北京：中華書局，1974 年，第969 頁。

〔註126〕《北史》卷三十九《劉休賓傳附劉旋之傳》，北京：中華書局，1974 年，第1413 頁。

劉孝標聞見博洽，才華出眾，但是卻仕途坎坷，鬱鬱不得志。自北朝歸來後，一直想進入當時的文學核心，但是不知何故，卻總是不如意。

《梁書》卷五十《文學下·劉峻傳》載：

時竟陵王子良博招學士，峻因人求為子良國職，吏部尚書徐孝嗣抑而不許，用為南海王侍郎，不就。至明帝時，蕭遙欣為豫州，為府刑獄，禮遇甚厚。遙欣尋卒，久之不調。〔註127〕

《南史》卷四十九《劉懷珍傳附劉峻傳》亦載：

時竟陵王子良招學士，峻因人求為子良國職。吏部尚書徐孝嗣抑而不許，用為南海王侍郎，不就。至齊明帝時，蕭遙欣為豫州，引為府刑獄，禮遇甚厚。遙欣尋卒，久不調。〔註128〕竟陵王蕭子良在永明五年，「移居雞籠山邸，集學士抄《五經》、百家，依《皇覽》例為《四部要略》千卷。招致名僧，講語佛法，造經唄新聲。道俗之盛，江左未有也」。〔註129〕此時的竟陵王集團可謂是炙手可熱，既是文學之士，又曾參與譯經的劉孝標本應該很受重視，可是誰知道，卻不曾引起重視。徐孝嗣為何抑劉孝標，不得而知，但是此時徐孝嗣確是官拜吏部尚書，掌知選舉。《南齊書》卷四十四《徐孝嗣傳》載：「竟陵王子良甚善之。子良好佛法，使孝嗣及廬江何胤掌知齋講及眾僧。轉吏部尚書。尋加右軍將軍，轉領太子左衛率。臺閣事多以委之。」〔註130〕「吏部尚書徐孝嗣抑而不許」，使得劉孝標不得入竟陵王蕭子良的西邸，也無法與當時諸多知名文士交遊，劉孝標之仕途必然大受排擊。

《梁書》卷五十《文學下·劉峻傳》載：

天監初，召入西省，與學士賀蹤典校秘書。峻兄孝慶，時為青州刺史，峻請假省之，坐私載禁物，為有司所奏，免官。〔註131〕

《南史》卷四十九《劉懷珍傳附劉峻傳》載：

梁天監初，召入西省，與學士賀蹤典校秘閣。峻兄孝慶時為青

〔註127〕《梁書》卷五十《文學下·劉峻傳》，北京：中華書局，1973年，第701～702頁。

〔註128〕《南史》卷四十九《劉懷珍傳附劉峻傳》，北京：中華書局，1975年，第1218～1219頁。

〔註129〕《南齊書》卷四十《武十七王·蕭子良傳》，北京：中華書局，1972年，第698頁。

〔註130〕《南齊書》卷四十四《徐孝嗣》，北京：中華書局，1972年，第772頁。

〔註131〕《梁書》卷五十《文學下·劉峻傳》，北京：中華書局，1973年，第701～702頁。

州刺史，峻請假省之，坐私載禁物，為有司所奏，免官。〔註132〕

秘閣是當時政府最重要的藏書、編書機構之一，有著眾多的珍貴書籍，而劉孝標在天監初年，得以典校秘書，必然可以接觸眾多政府所藏書籍，這也成就了他的博學多聞。秘書監向來是儲才之地，文士多趨之若鶩，動機就是以期望利用秘閣藏書，遍閱群書，提升自己的素養。

《梁書》卷五十《文學下・劉峻傳》載：

> 高祖招文學之士，有高才者，多被引進，擢以不次。峻率性而動，不能隨眾沉浮，高祖頗嫌之，故不任用。〔註133〕

《南史》卷四十九：

> 初，梁武帝招文學之士，有高才者多被引進，擢以不次。峻率性而動，不能隨眾沉浮。武帝每集文士策經史事，時范雲、沈約之徒皆引短推長，帝乃悅，加其賞賚。會策錦被事，咸言已罄，帝試呼問峻，峻時貧悴冗散，忽請紙筆，疏十餘事，坐客皆驚，帝不覺失色。自是惡之，不復引見。及峻《類苑》成，凡一百二十卷，帝即命諸學士撰《華林遍略》以高之，竟不見用。乃著《辯命論》以寄其懷。論成，中山劉沼致書以難之，凡再反，峻並為申析以答之。會沼卒，不見峻後報者，峻乃為書以序其事。其文論並多不載。〔註134〕

通過《南史》的記載，我們看到性格耿介的劉孝標，不肯隨眾沉浮，竟然在「策錦被事」的時候得罪了梁武帝。「坐客皆驚，帝不覺失色。自是惡之，不復引見」。從坐客皆驚來看，劉孝標闖的禍實在是不小，梁武帝臉色都變了，可見對他厭惡之極，以至於再也不見他。劉孝標必然也是有才學之人，等到劉孝標《類苑》編纂完成，使得梁武帝敕令劉杳編纂的《壽光書苑》相形見絀，這自然就更加激起了梁武帝的嫉妒心，梁武帝於是令學士編纂《華林遍略》以抑之。

經歷了人生的諸多風波之後，劉孝標看破紅塵，歸隱金華山中。羅國威《劉孝標集校注》認為：「孝標五十歲以前積極用世，當他一再受排斥遭打擊之後，對統治集團開始有了認識，然而對於腐敗的政治他又無能為力，只好以消極的

〔註132〕《南史》卷四十九《劉懷珍傳附劉峻傳》，北京：中華書局，1975年，第1218～1219頁。

〔註133〕《梁書》卷五十《文學下・劉峻傳》，北京：中華書局，1973年，第701～702頁。

〔註134〕《南史》卷四十九《劉懷珍傳附劉峻傳》，北京：中華書局，1975年，第1219～1220頁。

方式與黑暗的現實作對抗，他於是『嘯歌棄城市，歸來務耕織』，到金華山過起與世無爭的隱逸生活來。」〔註135〕

二、《類苑》的編纂

　　劉孝標一生的轉折點就是遇到了一個賞識他的人，梁武帝的弟弟安成康王蕭秀，安成康王秀生於宋元徽三年（475），卒於梁天監十七年（518），安成康王提供書籍，讓劉孝標編纂《類苑》。

　　《梁書》卷五十《文學下‧劉峻傳》載：

　　　　安成王秀好峻學，及遷荊州，引為戶曹參軍，給其書籍，使抄錄事類，名曰《類苑》。未及成，復以疾去，因遊東陽紫岩山，築室居焉。為《山棲志》，其文甚美。〔註136〕

　　《南史》卷四十九《劉懷珍傳附劉峻傳》載：

　　　　安成王秀雅重峻，及安成王遷荊州，引為戶曹參軍，給其書籍，使撰《類苑》。未及成，復以疾去，因遊東陽紫岩山，築室居焉。為山棲志，其文甚美。〔註137〕

　　《梁書》卷二十二《太祖五王‧安成康王秀》載：

　　　　精意術學，搜集經記，招學士平原劉孝標，使撰《類苑》，書未及畢，而已行於世。〔註138〕

　　《南史》卷五十二《梁宗室下‧安成康王秀》載：

　　　　秀精意學術，搜集經記，招學士平原劉孝標使撰《類苑》，書未及畢，而已行於世……當世高才遊王門者，東海王僧孺、吳郡陸倕、彭城劉孝綽、河東裴子野，各制其文，欲擇用之，而咸稱實錄，遂四碑並建。〔註139〕

〔註135〕　（南朝梁）劉峻著，羅國威校注：《劉孝標集校注（修訂本）》，北京：學苑出版社，2003年，第7頁。

〔註136〕　《梁書》卷五十《文學下‧劉峻傳》，北京：中華書局，1973年，第701～702頁。

〔註137〕　《南史》卷四十九《劉懷珍傳附劉峻傳》，北京：中華書局，1975年，第1218～1219頁。

〔註138〕　《梁書》卷二十二《太祖五王‧安成康王秀》，北京：中華書局，1973年，第345頁。

〔註139〕　《南史》卷五十二《梁宗室下‧安成康王秀》，北京：中華書局，1975年，第1289～1290頁。

　　《梁書》卷二十二《太祖五王・安成康王秀》載：「安成康王秀字彥達，太祖第七子也。年十二，所生母吳太妃亡，秀母弟始興王憺時年九歲，並以孝聞，居喪，累日不進漿飲，太祖親取粥授之。哀其早孤，命側室陳氏並母二子。陳亦無子，有母德，視二子如親生焉……天監元年，進號征虜將軍，封安成郡王，邑二千戶……六年，出為使持節、都督江州諸軍事、平南將軍、江州刺史……七年，遭慈母陳太妃憂，詔起視事。尋遷都督荊、湘、雍、益、寧、南、北梁、南、北秦州九州諸軍事、平西將軍、荊州刺史。其年，遷號安西將軍。立學校，招隱逸……十一年，徵為侍中、中衛將軍，領宗正卿、石頭戍事。」〔註140〕《南史》卷五十二《梁宗室下・安成康王秀》載：「七年，遭慈母陳太妃憂，詔起視事。尋遷荊州刺史，加都督。立學校，招隱逸。辟處士河東韓懷明、南平韓望、南郡庾承先、河東郭麻等。」〔註141〕

　　安成康王的為官履歷表中，其「天監七年，遭慈母陳太妃憂，詔起視事，尋遷荊州刺史」，這個「詔起」「尋遷」究竟是在哪一年，也就是其為荊州刺史是在哪一年？關係到《類苑》的編纂開始時間。羅國威先生《六朝文學與六朝文獻》之《書〈梁書劉峻傳〉後》載：「孝標為荊州戶曹參軍，當始於天監七年。《類苑》的編纂，亦當始於是年。」〔註142〕胡道靜《中國古代的類書》認為：「蕭秀遷荊州是天監七年（508）遭母憂，詔起視事之後。故《類苑》的著手編纂，大約是天監十年（511）左右之事。」〔註143〕按照古代為父母守喪三年的規定，蕭秀是不可能那麼快就被「詔起視事，尋遷荊州刺史」的？但是通過我們對蕭秀傳的閱讀，我們發現「遭慈母陳太妃憂」中的陳太妃並非蕭秀生母，或許由於此種原因，蕭秀並沒有守喪三年，而是不久就出任了荊州刺史。且《梁書》本傳亦載「其年，遷號安西將軍」，可見蕭秀無疑在天監七年出任了荊州刺史，而且其還下令「立學校，招隱逸」，想必劉孝標就是在此時進入蕭秀的幕府出任戶曹參軍的，而《類苑》的編纂就是在此時開始的，最遲至天監十一年（512）就編纂結束了，因為天監十一年蕭秀「徵為侍中、中衛將軍，領宗正卿、石頭戍事」，而據《梁書・劉孝標傳》的記載，《類苑》「未及成」，

〔註140〕　《梁書》卷二十二《太祖五王・安成康王秀》，北京：中華書局，1973 年，第 342～344 頁。

〔註141〕　《南史》卷五十二《梁宗室下・安成康王秀》，北京：中華書局，1975 年，第 1288 頁。

〔註142〕　羅國威：《六朝文學與六朝文獻》，成都：巴蜀書社，2010 年，第 215 頁。

〔註143〕　胡道靜：《中國古代的類書》，北京：中華書局，2005 年新 1 版，第 58 頁。

劉孝標就「復以疾去」，可見《類苑》的編纂大致是在天監七年、八年之後，最遲至天監十一年。

羅國威校注《劉孝標集校注》之《答劉之遴借類苑書》注文載：「孝標《類苑》一書，成於天監八年（詳《山棲志》注一）。」〔註 144〕羅國威校注《劉孝標集校注》之《山棲志》注文載：「孝標為荊州戶曹參軍，當始於天監七年。編纂《類苑》，亦當始於是年。翌年，《類苑》成（孝標友人劉之遴借類苑書有『安能閉志經年，勒成若此』之語），則《山棲志》之作，當在天監八年至九年之間。」〔註 145〕其實，羅國威先生對於《類苑》成書於天監八年的依據就是此「安能閉志經年，勒成若此」，合乎情，只是仍然有較多推測的成分，「閉志經年」不一定是一年！或許是劉之遴的奉承禮貌之詞，但是由「未及成，復以疾去」可知，劉孝標在蕭秀的幕府時間不會很長，並且天監十一年蕭秀的官職也變動了。

周祖謨《世說新語箋疏·前言》載：「孝標博綜群書，隨文施注，所引經史雜著四百餘種，詩賦雜文七十餘種，可謂弘富；而且所引的書籍後代大都亡佚無存，所以清代的輯佚家莫不視為鴻寶……劉孝標注獨傳至今，這或與孝標書晚出，且引據該洽、注釋詳密、剪裁得當有關。」〔註 146〕胡應麟《少時山房筆叢》卷二十九《丙部·九流緒論下》載：「然諸書惟孝標一二出自獨創，自余皆聚集一時之文士，奉詔編纂者，非一人手裁也。」〔註 147〕這些只會更加說明劉孝標編纂的《類苑》質量之高、體例之憂。且劉孝標在編纂《類苑》的過程中使用材料必然更加的博贍，因為其曾經參與過佛教的翻譯，內典、外典皆可信手拈來。

陳垣先生《雲岡石窟寺之譯經與劉孝標》載：「孝標逃還江南後，有兩大著述：其一為《世說新語注》，引書一百六十餘種，至今士林傳誦。其一為《類苑》，一百二十卷，隋、唐三志皆著錄。南宋末陳氏撰書錄解題時，始說不存。以今日觀之，孝標之注《世說》及撰《類苑》，均受其在雲岡石窟時所譯《雜寶藏經》之影響。印度人說經，喜引典故；南北朝人為文，亦喜引典故。《雜

〔註 144〕（南朝梁）劉峻著，羅國威校注：《劉孝標集校注（修訂本）》，第 39～40 頁。
〔註 145〕（南朝梁）劉峻著，羅國威校注：《劉孝標集校注（修訂本）》，第 154 頁。
〔註 146〕（南朝宋）劉義慶著，（南朝梁）劉孝標注，余嘉錫箋疏，周祖謨、余淑宜、周士琦整理：《世說新語箋疏》卷上之下《文學第四》，第 1～2 頁。
〔註 147〕（明）胡應麟：《少室山房筆叢》卷二十九《丙部·九流緒論下》，北京：中華書局，1958 年，第 397 頁。

寶藏經》載印度故事，《世說》及類苑載中國故事者，多取材於《世說新語注》
及《類苑》，實一時風尚也。《南史》稱：梁武帝每集文士，策經史事，加其賞
齎。曾策『錦被』事，咸言已罄。帝視呼問峻，峻請紙筆，疏十餘事，坐客皆
驚。及峻《類苑》成，帝即命諸學士撰《華林遍略》以高之。其博洽見忌如此。
其根底全植於雲岡石窟寺為沙門時也。」〔註148〕

　　費長房《歷代三寶紀》卷九載：「《雜寶藏經》十三卷。《付法藏因緣傳》
六卷。《稱揚諸佛功德經》三卷。《大方廣菩薩十地經》一卷。《方便心論》
二卷。右五部合二十五卷。宋明帝世，西域沙門吉迦夜，魏言何事，延興二
年，為沙門統釋曇曜於北臺重譯，劉孝標筆受，見道慧宋齊錄。」〔註149〕
《出三藏記集》卷二載：「《雜寶藏經》十三卷。闕。《付法藏因緣經》六卷。
闕。《方便心論》二卷。闕。右三部，凡二十一卷。宋明帝時，西域三藏吉
迦夜於北國，以偽延興二年，共僧正釋曇曜譯出，劉孝標筆受，此三經並未
至京都。」〔註150〕

　　陳垣先生《雲岡石窟寺之譯經與劉孝標》載：「峻之逃奔江南，《梁書》《南
史》均謂在齊永明中。據《文選・重答劉秣陵沼書》，李善注引峻自序，峻之
逃還江南，實在齊永明四年（486）二月，斯時峻已二十五歲矣。八歲被略，
至廿五歲，在魏凡十八年。此十八年中，正峻在魏都（今大同）讀書及譯經時
也。《南史》又稱峻奔江南後，始『改名峻，字孝標』。其在魏時，名並不顯。
但今《開元釋教錄》稱孝標不稱法武，蓋根據《大唐內典錄》；《大唐內典錄》
蓋根據道慧《宋齊錄》。其所以稱孝標不稱法武者，蓋從孝標改名以後追稱之
也。」〔註151〕

三、《類苑》的流傳

　　歷代目錄著作對《類苑》的編纂、流傳情況做了記載。《隋書》卷三十四
《經籍三》載：「《類苑》一百二十卷。梁征虜刑獄參軍劉孝標撰。梁《七錄》

〔註148〕陳垣：《陳垣學術論文集（第 1 集）》，北京：中華書局，1980 年，第 443～
　　　　448 頁。
〔註149〕（隋）費長房：《歷代三寶紀》卷九，《大正藏》，第 49 冊，第 85 頁。
〔註150〕（南朝梁）釋僧祐：《出三藏記集》卷二，北京：中華書局，1995 年，第 62
　　　　～63 頁。
〔註151〕陳垣：《陳垣學術論文集（第 1 集）》，北京：中華書局，1980 年，第 443～
　　　　448 頁。

八十二卷。」〔註152〕《舊唐書》卷四十七《經籍下》載：「《類苑》一百二十卷，劉孝標撰。」〔註153〕《新唐書》卷五十九《藝文三》載：「劉孝標《類苑》，一百二十卷。」〔註154〕《通志‧藝文略第七》載：「劉孝標《類苑》，一百二十卷。」〔註155〕《日本國見在書目錄》載：「《類苑》百廿卷，梁征虜刑獄參軍劉孝標撰。」〔註156〕

　　劉孝標編纂的《類苑》很受歡迎，「書未及畢，而已行於世」，可惜的是「未及成，復以疾去」。此處之「書未及畢，而已行於世」多半是發生在天監十一年左右。《隋書‧經籍志》又載有「梁《七錄》八十二卷」一句，就更加堅定了後世學者對《類苑》在荊州蕭秀幕府未完全成書的推想。姚振宗《隋志考證》作一種解釋道：「梁《七錄》八十二卷，殆所謂『書未成而已行於世』之未完本也。其後三十八卷則已在普通四年（523）《七錄》成書之後矣。」胡道靜先生對這個解釋做了評價，其認為：「這個推測是不妥當的。因為劉孝標已在普通二年（521）去世，哪能在普通四年以後續書呢？這只能說，一百二十卷的就是『未完本』；《七錄》著錄的八十二卷本更是『未完本』的不足本。」〔註157〕

　　王玫《劉孝標生平事蹟三考》言，劉孝標棲學東陽、離開蕭秀幕府的時間不晚於天監十一年（513），又言《類苑》的成書時間當晚於天監八年（509），甚或到天監十五年（516）。〔註158〕王玫之所以將《類苑》的成熟時間推後到天監十五年，主要是考慮到《華林遍略》的編纂開始時間為天監十五年。或許劉孝標在棲身東陽之後仍在編纂《類苑》，將其在荊州蕭秀幕府編纂的且已經在社會上流傳《類苑》繼續做了修訂。但是梁武帝為何對天監十一年左右即已經在社會上流傳的《類苑》沒有任何反應，而是等到天監十五年才敕令學士編纂《華林遍略》呢？不得其解。

　　《藝文類聚》卷五十八《雜文部四》載：

〔註152〕《隋書》卷三十四《經籍三》，北京：中華書局，1973年，第1009頁。
〔註153〕《舊唐書》卷四十七《經籍下》，北京：中華書局，1975年，第2045頁。
〔註154〕《新唐書》卷五十九《藝文三》，北京：中華書局，1975年，第1562頁。
〔註155〕（宋）鄭樵撰，王樹民點校：《通志二十略‧藝文略第七》，北京：中華書局，1995年，第1732頁。
〔註156〕宮內廳書陵部所藏室生寺本：《日本國見在書目錄》，東京：名著刊行會，1996年，第52～54頁。
〔註157〕胡道靜：《中國古代的類書》，北京：中華書局，2005年新1版，第59頁。
〔註158〕王玫：《劉孝標生平事蹟三考》，《文獻》2000年第4期，第48～55頁；王玫、王江玉：《劉孝標年譜簡編》，《文獻》1998年第3期，第3～16頁。

《梁劉之遴與劉孝標書》曰：間聞足下作《類苑》，括綜百家，馳騁千載，彌綸天地，纏絡萬品。撮道略之英華，搜群言之隱賾。鉛摘既畢，殺青已就。義以類聚，事以群分。述作之妙，楊班儔也。擅此博物，何快如之！雖復子野調聲，寄知音於後世；文信構覽，懸百金於當時，居然無以相尚。自非沉鬱澹雅之思，安能閉志經年，勤成若此。吾嘗聞，為之者勞，觀之者逸。足下已勞於精力，宜令吾見此異書。〔註159〕

《梁劉孝標答劉之遴借〈類苑〉書》曰：九冬有隙，三餘暇時，多遊書圃，代樹萱蘇。若夫采蠆蠆於細紃，閱微言於殘竹，嘔飫膏液，咀嚼英華，不知地之為輿，天之為蓋，靡測回塘，莫辯與馬，烏足以言乎！是用周流墳索，詳觀圖牒，搁管聯冊，纂茲英奇。蛩蛩之謀，止於善草；周周之計，利在銜翼。故鳩集斯文，蓋自綴其漏耳。豈冀藏山之石，播於士大夫哉！〔註160〕

《梁書》卷四十《劉之遴傳》載：「劉之遴，字思貞，南陽涅陽人也。父虯，齊國子博士，諡文範先生。之遴八歲能屬文，十五舉茂才對策，沈約、任昉見而異之……之遴篤學明審，博覽群籍。時劉顯、韋稜並強記，之遴每與討論，咸不能過也。」〔註161〕「之遴好古愛奇，在荊州聚古器數十百種……之遴好屬文，多學古體，與河東裴子野、沛國劉顯常共討論書籍，因為交好。是時《周易》《尚書》《禮記》《毛詩》並有高祖義疏，惟《左氏傳》尚闕。之遴乃著《春秋大意》十科，《左氏》十科，《三傳同異》十科，合三十事以上之。高祖大悅……太清二年，侯景亂，之遴避難還鄉，未至，卒於夏口，時年七十二。前後文集五十卷，行於世。」〔註162〕

劉之遴是一位好古愛奇的人，他聽說劉孝標編纂《類苑》之後，寫信求書，其對《類苑》的評價應該是最早的，雖有溢美之詞，相比也是公道的。其言「鉛摘既畢，殺青已就。」可見《類苑》的大部分必然是編纂完成了，而內容體例則是「撮道略之英華，搜群言之隱賾」「義以類聚，事以群分」「述作之妙，楊

〔註159〕（唐）歐陽詢撰，汪紹楹校：《藝文類聚》卷五十八《雜文部四》，第1043頁；又見（南朝梁）劉峻著，羅國威校注：《劉孝標集校注（修訂本）》，第39頁。
〔註160〕（唐）歐陽詢撰，汪紹楹校：《藝文類聚》卷五十八《雜文部四》，第1043頁；又見（南朝梁）劉峻著，羅國威校注：《劉孝標集校注（修訂本）》，第43頁。
〔註161〕《梁書》卷四十《劉之遴傳》，北京：中華書局，1973年，第572頁。
〔註162〕《梁書》卷四十《劉之遴傳》，北京：中華書局，1973年，第573～574頁。

班儔也。」「擅此博物，何快如之」則是說劉之遴稱《類苑》為博物之書，是劉之遴對《類苑》的定位，也可見當時人對類書之定位。「閉志經年，勤成若此」之「經年」可以理解為經過一年，也可以理解為經過多年，無疑說明了劉孝標勤苦成書。總之，劉之遴求書是因為自己沒有見到這樣的奇書，所以寫信求書，但是劉之遴把自己或許是聽聞來的關於《類苑》情況做了陳述，這也應該是當時社會上人們對《類苑》的大體認識。

　　劉孝標的回信首先寫了自己利用空閒時間，對資料做了梳理，所謂「周流墳索，詳觀圖牒，捃管聯冊，纂茲英奇」。劉孝標自己也認為《類苑》是「纂茲英奇」，可見自視不低，但是最後劉孝標卻說「故鳩集斯文，蓋自綴其漏耳，豈冀藏山之石，播於士大夫哉」，這是什麼意思呢？劉孝標的意思是說為了防止自己的遺漏、疏忘，才編纂了《類苑》，不想藏諸名山傳之其人，不想「播於士大夫」。

第六節　《華林遍略》

　　《華林遍略》又名《華林偏略》《華林園遍略》《芳林遍略》，〔註163〕是梁武帝天監十五年（516）敕令編纂的一部大型官修類書，由劉杳、顧協、何思澄、鍾嶼、王子雲等人歷時八年編纂而成。梁武帝令劉杳編纂《壽光書苑》，劉杳在當時可謂是學問博洽的人物，沈約、任昉等皆對他推崇備至，但是就是這樣博洽的人物，編纂《壽光書苑》卻效果不佳。以至於劉孝標所編纂的《類苑》一出來，《壽光書苑》就黯然失色，甚至中途而廢。由於梁武帝對劉孝標有意見，感覺很沒面子，於是在劉孝標《類苑》聲名鵲起的時候，再次敕令編纂新類書《華林遍略》。《南史》卷四十九《劉峻傳》載：「及峻《類苑》成，凡一百二十卷，帝即命諸學士撰《華林遍略》以高之，竟不見用。」〔註164〕《魏書》卷九十八《蕭衍傳》載：「衍好人佞己，末年尤甚，或有云國家強盛者，即便忿怒，有云朝廷衰弱者，因致喜悅。是以其朝臣左右皆承其風旨，莫

〔註163〕　《洛陽圖經》載：「華林園在城內東北隅。魏明帝起，名芳林園，齊王芳改為華林。」參見劉汝霖《漢晉學術編年》，上海：華東師範大學出版社，2010年，第573頁。此處之「華林園」與梁武帝之「華林苑」必有關聯，而「華林」又名「芳林」，梁武帝敕纂之《華林遍略》亦曾被稱為《芳林遍略》，於此處或可得緣由。

〔註164〕　《南史》卷四十九《劉懷珍傳附劉峻傳》，北京：中華書局，1975年，第1219～1220頁。

敢正言。」〔註165〕《隋書》卷二十三《五行下》載：「時帝（梁武帝）自以為聰明博達，惡人勝己。又篤信佛法，捨身為奴，絕道蔽賢之罰也。」〔註166〕雖然史書多言梁武帝嫉妒心強烈，但是在《華林遍略》的編纂這個問題上，梁武帝的嫉妒心或許被後人誇大了。

一、《華林遍略》的編纂

梁武帝敕令諸學士編纂《華林遍略》，這編纂《華林遍略》的諸學士都是什麼人呢？這第一位就是編纂《壽光書苑》的劉杳，劉杳編纂《壽光書苑》應該已經基本成書，只是在《類苑》的衝擊下，相形見絀，而在梁武帝再次要編纂類書《華林遍略》的時候，徐勉薦舉劉杳作為首要人選。

《梁書》卷五十《劉杳傳》載：

> 杳少好學，博綜群書，沈約、任昉以下，每有遺忘，皆訪問焉。
> 其博識強記，皆此類也。詹事徐勉舉杳及顧協等五人入華林撰《遍略》，書成，以本官兼廷尉正，又以足疾解。〔註167〕

劉杳確實是博洽的人物，其編纂類書自然是最合適的人選，據《劉杳傳》所載，《華林遍略》的編纂者是「杳及顧協等五人」，顧協究竟是什麼人呢？

《梁書》卷三十《顧協傳》載：

> 既長，好學，以精力稱。外氏諸張多賢達有識鑒，從內弟率尤推重焉。起家揚州議曹從事史，兼太學博士。舉秀才，尚書令沈約覽其策而歎曰：「江左以來，未有此作。」〔註168〕

> 協博極群書，於文字及禽獸草木尤稱精詳。撰《異姓苑》五卷，《瑣語》十卷，並行於世。〔註169〕

《梁書》所載「協博極群書，於文字及禽獸草木尤稱精詳」，充分說明了顧協的學術水平，既博覽群書，又對文字及禽獸草木最為熟悉暸解，這個恰恰適合類書的編纂，類書編纂必然是以類相從的彙集各類知識，而禽獸草木更是類書所不可缺少的部分。但是很可惜，《梁書》與《南史》之《顧協傳》中皆沒有提及顧協參與編纂《華林遍略》的事情，這是為什麼呢？我們不得而知。

〔註165〕《魏書》卷九十八《蕭衍傳》，北京：中華書局，1974年，第2184～2185頁。
〔註166〕《隋書》卷二十三《五行下》，北京：中華書局，1973年，第659頁。
〔註167〕《梁書》卷五十《劉杳傳》，北京：中華書局，1973年，第714～715頁。
〔註168〕《梁書》卷三十《顧協傳》，北京：中華書局，1973年，第444～445頁。
〔註169〕《梁書》卷三十《顧協傳》，北京：中華書局，1973年，第446頁。

好在《劉杳傳》中將顧協的名字寫了出來，我們才知道他參加了《華林遍略》的編纂。《華林遍略》的第三位編纂者是鍾岏，《梁書》卷四十九《鍾嶸傳附鍾岏傳》記載了鍾岏參與編纂《華林遍略》的事：

> 鍾嶸，字仲偉，潁川長社人，晉侍中雅七世孫也。父蹈，齊中軍參軍。嶸與兄岏、弟嶼並好學，有思理……岏，字長岳，官至府參軍、建康平。著《良吏傳》十卷。嶼，字季望，永嘉郡丞。天監十五年，敕學士撰《遍略》，嶼亦預焉。兄弟並有文集。〔註170〕

《華林遍略》的第四位編纂者是何思澄，《梁書》卷五十《何思澄傳》載：

> 何思澄，字符靜，東海郯人。父敬叔，齊征東錄事參軍、餘杭令。思澄少勤學，工文辭。起家為南康王侍郎，累遷安成王左常侍，兼太學博士，平南安成王行參軍，兼記室。隨府江州，為《遊廬山詩》，沈約見之，大相稱賞，自以為弗逮。約郊居宅新構閣齋，因命工書人題此詩於壁。傅昭常請思澄制《釋奠詩》，辭文典麗。除廷尉正。天監十五年，敕太子詹事徐勉舉學士入華林撰《遍略》，勉舉思澄等五人以應選。〔註171〕

《梁書》對於《華林遍略》的編纂總是言某等五人，我們在《梁書》中卻只能找到以上四人。而《南史》中記載卻更加全面。《南史》卷七十二《文學傳‧何思澄傳》載：

> 何思澄字元靜，東海郯人也……天監十五年，敕太子詹事徐勉舉學士入華林撰《遍略》，勉舉思澄、顧協、劉杳、王子雲、鍾嶼等五人以應選。八年乃書成，合七百卷。思澄重交結，分書與諸賓朋校定，而終日造謁。每宿昔作名一束，曉便命駕，朝賢無不悉狎，狎處即命食。有人方之樓護，欣然當之。投晚還家，所齎名必盡。自廷尉正遷書侍御史。宋、齊以來，此職甚輕，天監初始重其選。〔註172〕

此《南史》之《何思澄傳》的記載極為全面，不但將《華林遍略》編纂者五人悉數列出，而且還交代了編纂時間，卷帙等問題。天監十五年開始編纂，「八年乃書成，合七百卷。」《華林遍略》的第五位編纂者我們也知道了

〔註170〕《梁書》卷四十九《鍾嶸傳附鍾岏傳》，北京：中華書局，1973年，第697頁。
〔註171〕《梁書》卷五十《何思澄傳》，北京：中華書局，1973年，第713～714頁。
〔註172〕《南史》卷七十二《文學傳‧何思澄》，北京：中華書局，1975年，第1782～1783頁。

他的名姓。

《南史》卷七十二《文學傳・何思澄傳附王子雲傳》載：

> 王子雲，太原人，及江夏費昶，並為閭里才子。昶善為樂府，
> 又作鼓吹曲。武帝重之，敕曰：「才意新拔，有足嘉異。昔郎惲博物，
> 卞蘭巧辭。束帛之賜，實惟勸善。可賜絹十四。」子雲嘗為自弔文，
> 甚美。〔註173〕

只是《王子雲傳》中並未提及其編纂《華林遍略》的事情。到目前為止，我們找清楚了《華林遍略》的五位編纂者，即是劉杳、顧協、何思澄、鍾嶼、王子雲五人。

唐釋法琳《辯正論》卷七《品澡眾書篇第九》載：

> 案梁武皇帝使阮孝緒等，於文德政御殿撰「文德政御書」四萬
> 四千五百餘卷。於時帝修內法，多參佛道，又使劉杳、顧協等一十
> 八人，於華林苑中纂「要語」七百二十卷，名之《遍略》，悉抄撮眾
> 書，以類相聚，於是文筆之士須便檢用。〔註174〕

按照《辯正論》的記載，《華林遍略》的編纂者應該有十八人，但是除了我們已經知道的劉杳、顧協外，也沒有說出其他編纂者的具體名姓，但是這個十八人的數量還是可信的，如此巨大的一部類書，單憑劉杳、顧協、何思澄、鍾嶼、王子雲五人恐難完成。

對於《華林遍略》的領修者，或曰是徐僧權，或載為徐勉。《隋書》卷三十四《經籍三》載：「《華林遍略》六百二十卷。梁綏安令徐僧權等撰。」〔註175〕《日本國見在書目錄》載：「《華林遍略》六百廿卷，梁綏安令徐僧權等撰。」〔註176〕《舊唐書》卷四十七《經籍下》載：「《華林遍略》六百卷，徐勉撰。」〔註177〕《新唐書》卷五十九《藝文三》載：「徐勉《華林遍略》六百卷。」〔註178〕《通志・藝文略第七》載：「《華林遍略》，六百卷。

〔註173〕 《南史》卷七十二《文學傳・何思澄傳附王子雲傳》，北京：中華書局，1975年，第1783頁。

〔註174〕 （唐）釋法琳：《辯正論》卷七《品澡眾書篇第九》，《大正藏》，第52冊，第541頁。

〔註175〕 《隋書》卷三十四《經籍三》，北京：中華書局，1973年，第1009頁。

〔註176〕 宮內廳書陵部所藏室生寺本：《日本國見在書目錄》，東京：名著刊行會，1996年，第53頁。

〔註177〕 《舊唐書》卷四十七《經籍下》，北京：中華書局，1975年，第2045頁。

〔註178〕 《新唐書》卷五十九《藝文三》，北京：中華書局，1975年，第1562頁。

徐勉編。」〔註179〕

徐勉是梁武帝時期著名政治家、文學家，自幼善文，好學無怠，學問宏富，竭誠事主，得到了梁武帝的信任和重用，輔佐梁武帝成就了梁代前期的興盛，得到了「梁代宗臣」「一代賢相」的美譽。

《梁書》卷二十五《徐勉傳》載：

> 徐勉，字修仁，東海郯人也。祖長宗，宋高祖霸府行參軍。父融，南昌相。勉幼孤貧，早勵清節。年六歲，時屬霖雨，家人祈霽，率爾為文，見稱耆宿。及長，篤志好學。起家國子生。太尉文憲公王儉時為祭酒，每稱勉有宰輔之量。射策舉高第，補西陽王國侍郎。尋遷太學博士，鎮軍參軍，尚書殿中郎，以公事免……六年，除給事中、五兵尚書，遷吏部尚書。勉居選官，彝倫有序，既閑尺牘，兼善辭令，雖文案填積，坐客充滿，應對如流，手不停筆。又該綜百氏，皆為避諱……勉善屬文，勤著述，雖當機務，下筆不休。嘗以起居注煩雜，乃加刪撰為《別起居注》六百卷；《左丞彈事》五卷；在選曹，撰《選品》五卷；齊時，撰《太廟祝文》二卷；以孔釋二教殊途同歸，撰《會林》五十卷。凡所著前後二集四十五卷，又為《婦人集》十卷，皆行於世。〔註180〕

在這冗長的傳記中，介紹了徐勉的方方面面，卻沒有提及《華林遍略》的編纂，實在令人感到疑惑。好在上文的記載中，已經說過：「天監十五年，敕太子詹事徐勉舉學士入華林撰《遍略》，勉舉思澄、顧協、劉杳、王子雲、鍾嶼等五人以應選。」這些編纂《華林遍略》的學士皆是徐勉選擇舉薦的，而領修者自然就是徐勉無疑。

至於徐僧權為何人，為何他的名字被《隋書》乃至《日本國見在書目錄》的編纂者撰寫在《華林遍略》的編纂者上，也是很令人疑惑。《陳書》卷三十四《文學傳·徐伯陽傳》載：「徐伯陽，字隱忍，東海人也。祖度之，齊南徐州議曹從事史。父僧權，梁東宮通事舍人、領秘書，以善書知名。」〔註181〕《南史》卷二十三《王錫傳》載：「普通初，魏始連和，使劉善明來聘，敕中

〔註179〕（宋）鄭樵撰，王樹民點校：《通志二十略·藝文略第七》，北京：中華書局，1995年，第1732頁。

〔註180〕《梁書》卷二十五《徐勉傳》，北京：中華書局，1973年，第377～388頁。

〔註181〕《陳書》卷三十四《文學傳·徐伯陽傳》，北京：中華書局，1973年，第468頁。

書舍人朱異接之。善明彭城舊族，氣調甚高，負其才氣，酒酣謂異曰：『南國辯學如中書者幾人？』異曰：『異所以得接賓宴，乃分職是司，若以才辯相尚，則不容見使。』善明乃曰：『王錫、張纘，北間所聞，云何可見？』異具啟聞，敕即使南苑設宴，錫與張纘、朱異四人而已。善明造席，遍論經史，兼以嘲謔。錫、纘隨方酬對，無所稽疑，善明甚相歎挹。他日謂異曰：『一日見二賢，實副所期，不有君子，安能為國。』引宴之日，敕使左右徐僧權於坐後，言則書之。」〔註182〕可見徐僧權只是善書之人，其才學如何，史書無載，編纂類書，力求博贍，而徐僧權名不顯，恐難為領修之人，《隋書》之記載或有舛誤。

　　劉寶春《南朝東海徐氏家族文化與文學研究》載：「徐勉是蕭統身邊最重要的謀臣之一。天監五年八月，七歲的蕭統出居東宮，徐勉成為太子屬官，負責東宮諸事，直到普通二年才離開東宮，總共主持東宮十六年，二人培養了親密的感情。徐勉對蕭統《文選》的編纂產生了重要影響。徐勉領修《華林遍略》觸發蕭統《文選》的編纂；徐勉對蕭統《文選》『文質彬彬』文學批評思想的形成以及《文選》『事類』編錄方法的運用都有重要影響。徐勉還為蕭統編撰《文選》推薦了大批人才，使蕭統最終完成了《文選》的編纂。」〔註183〕可見，徐勉不僅是深得梁武帝信任的人，官職顯赫，並且是蕭統的老師，甚見親待，而《華林遍略》這樣的形象工程，梁武帝必然會找親近且能幹之人領銜，徐勉正是理想人選。劉寶春《〈華林遍略〉對中國古代類書編纂的影響》認為：「《華林遍略》是蕭梁時期梁武帝敕眾學士所撰類書，其領修人是徐勉。以類事為重、追求宏富、一事多錄是《華林遍略》的特點。《華林遍略》是中國類書史上的一座高峰，成書後盛傳數代，為我國古代許多重要類書的藍本，對中國古代類書的編纂具有深遠的影響。」〔註184〕

　　前文我們說《華林遍略》的編纂或許不是因為梁武帝的嫉妒心，而是後人將梁武帝的嫉妒心誇大了，至少在《華林遍略》與《類苑》這件事情上，梁武帝的嫉妒心有點反應遲鈍了。為什麼呢？上一節我們考察《類苑》的編纂時間時，認為《類苑》的編纂大致是在天監七年、八年之後，最遲至天監十一年，

〔註182〕《南史》卷二十三《王錫傳》，北京：中華書局，1975 年，第 641 頁。

〔註183〕劉寶春：《南朝東海徐氏家族文化與文學研究》，山東師範大學博士學位論文，2010 年，第 163 頁；劉寶春：《論徐勉對蕭統〈文選〉編纂的影響》，《文學遺產》2010 年第 5 期，第 17～25 頁。

〔註184〕劉寶春：《〈華林遍略〉對中國古代類書編纂的影響》，《圖書情報工作》2010 年第 11 期，第 136～139 頁。

而《華林遍略》的編纂則是在天監十五年開始的，就算《類苑》的編纂在天監十一年，與《華林遍略》的編纂還相差四年時間，加之劉孝標之《類苑》未及成，就已經經流傳於世，在這麼久的時間裏，梁武帝難道會沒有一點耳聞。試想，梁武帝強烈的嫉妒心之下決意要修書超過《類苑》，為何會如此緩慢，時間晚了這麼久，才大發嫉妒之心，故我們認為所謂的「及峻《類苑》成，帝即命諸學士撰《華林遍略》以高之」之事，還是需要慎重考慮。或許後世學者多被《大業雜記》中的記載迷惑了，未作考察，以訛傳訛。《大業雜記》載：「梁主以隱士劉孝標撰《類苑》一百二十卷，自言天下之事，畢盡此書，無一物遺漏。梁武心不伏，即敕華林園學士七百餘人，人撰一卷，其事數倍多於《類苑》。」〔註185〕《大業雜記》所言之「自言天下之事，畢盡此書，無一物遺漏」是引起梁武帝嫉妒的關鍵，此言確實有些狂傲，但是這樣的話卻未見於《劉孝標傳》及其作品，孰知《大業雜記》不是以訛傳訛！且《大業雜記》所言「梁武心不伏，即敕華林園學士七百餘人，人撰一卷」之事，也是捕風捉影，通過我們上文的考察，目前所能知道的《華林遍略》的編纂者僅五六人而已，就算是如《辯正論》所言，十八人參與了《華林遍略》的編纂，也不可能果真有七百人參與其中，「七百餘人」之說必是以訛傳訛。《大業雜記》本為唐代杜寶所撰傳奇小說。小說之言，不足為據。

二、《華林遍略》的流傳

　　《華林遍略》是梁武帝時代編纂的最為精良的類書之一，劉杳、顧協、何思澄、鍾嶼、王子雲等人，歷八年之久，並且吸取了《壽光書苑》編纂的教訓，汲取了《類苑》編纂的優點，故能成就一部精華。《南史》卷七十二《文學傳·何思澄傳》亦載：「思澄重交結，分書與諸賓朋校定，而終日造謁。每宿昔作名一束，曉便命駕，朝賢無不悉狎，狎處即命食。有人方之樓護，欣然當之。投晚還家，所齎名必盡。」〔註186〕這是主要是說何思澄如何編纂《華林遍略》，其他四位編纂《華林遍略》的方法我們尚且不知，唯知劉杳當時編纂《壽光書苑》時類似書鈔。但是《何思澄傳》卻透露了何思澄是如何編纂《華林遍略》的！何思澄重交結，自然是重視交朋友，並且把編纂中的《華林遍略》分給諸

〔註185〕　（宋）晁載之：《續談助》卷四《大業雜記》，《叢書集成初編》，第272冊，第95頁。
〔註186〕　《南史》卷七十二《文學傳·何思澄》，北京：中華書局，1975年，第1782～1783頁。

賓朋校定，這可見《華林遍略》的編纂並不是僅僅只有劉杳、顧協、何思澄、鍾嶼、王子雲五人的智慧在裏面，而是吸取了更多人的意見。

「每宿昔作名一束，曉便命駕，朝賢無不悉狎，狎處即命食。」此句話很難理解，但是我們通過上下文可以大致理解清楚，就是說何思澄每天晚上都要作名一束，早晨起來便駕著馬車出訪賓朋，朝中的賢士大夫無不無不與之親近，並在一起吃飯談論，以致於終日造謁。「有人方之樓護，欣然當之。」樓護是西漢末年的名臣，《漢書》卷九十二《游俠傳·樓護傳》載：「是時，王氏方盛，賓客滿門，五侯兄弟爭名，其客各有所厚，不得左右，唯護盡入其門，咸得其歡心。結士大夫，無所不傾，其交長者，尤見親而敬，眾以是服。」〔註187〕此處所載，主要是說樓護同時受到五侯的賞識，且其與士大夫交往，無所不傾，沒有保留，沒有隱藏，坦誠待人，與長者交往，特別見親而敬。而史書中關於樓護的記載，最有意思的事情是「五侯鯖」，樓護同時受到漢成帝五個舅舅王譚、王根、王立、王商、王逢的賞識，五侯經常同時送去諸多山珍海味、珍饈美食，吃多了，自然會索然無味，於是樓護將五家之飯菜放在一鍋裏面煮，竟然別有一番滋味，世所謂「五侯鯖」。《編珠》卷三載：「《語林》曰：婁護字君卿，歷遊五侯之門，每旦五侯遣餉之，君卿乃合五侯所餉，鯖之而美，所謂五侯鯖，君卿之為也。」〔註188〕

待人坦誠，無所不傾與「五侯鯖」是樓護此人最受關注的地方，而南朝梁時代的人把何思澄比作樓護，自然是何思澄也有此二特點，通過《何思澄傳》的記載來看，何思澄的確有此二個特點，第一是交朋友坦誠相待，朝賢無不悉狎，狎處即命食，此處的狎是接近、親近的意思，並無貶義，狎處即命食，就是在一起吃飯，以致於終日造謁；「五侯鯖」的最通俗意思就是大雜燴，當然是山珍海味的大雜燴，而何思澄之編纂《華林遍略》所用的方法就是有點大雜燴的意思，「分書與諸賓朋校定」即有此意，「而每宿昔作名一束」，「投晚還家，所齎名必盡」，是說何思澄每天晚上擬定出要編纂的類書類名、題目，第二天就帶著這些類名、題目去找賓朋討論，討論一天之後，所要編纂的內容也就完成了，這不也是一個大雜燴嗎？吸取各家之論說，融合成一家。這好比拿著論

〔註187〕《漢書》卷九十二《游俠傳·樓護傳》，北京：中華書局，1962 年，第 3707 頁。

〔註188〕（隋）杜公瞻撰，（清）高士奇補：《編珠》，《文淵閣四庫全書》，第 887 冊，第 85 頁。

文題目找專家聊天，聊天結束時，論文的寫作思路也就出來了。由此我們可以看到《華林遍略》的編纂情況，當然這只是何思澄一人的編纂辦法，並不能代表全部，但毫無疑問的是，《華林遍略》在編纂過程中必然是吸取了眾多賢士大夫的意見，且《華林遍略》之草本已經在士大夫群體中流傳開來，當然這時的流傳與成書後的流傳必然不同。

殆到《華林遍略》成書之時，其流傳更加廣闊，甚至從南朝流傳到了北朝。《北齊書》卷三十九《祖珽傳》載：「祖珽，字孝徵，范陽遒人也……後為秘書丞，領舍人，事文襄。州客至，請賣《華林遍略》。文襄多集書人，一日一夜寫畢，退其本曰：『不須也。』珽以《遍略》數帙質錢樗蒲，文襄杖之四十……又盜官《遍略》一部。」〔註189〕《北史》卷四十七《祖珽傳》載：「後為秘書丞，領舍人，事文襄。州客至，請賣《華林遍略》，文襄多集書人，一日一夜寫畢，退其本曰：『不須也。』珽以《遍略》數帙質錢拷蒱，文襄杖之四十……並盜官《遍略》一部。」〔註190〕既然有人要出賣《華林遍略》，可見此書在南朝的流傳是較廣了，不然南朝人如何將之帶到北方販賣，但是七百卷的書，也不是那麼容易獲得的。

《華林遍略》在後來的流傳中史籍少有記載，其流傳反而不如依其模樣編纂而來的《修文殿御覽》長久，或許是在北方的《華林遍略》被新出的《修文殿御覽》取代了。有人認為：「某些書在一個時期很風行，過了若干年另有新的學問出來取而代之，原先風行的書變得很少有人看，日久就難免失傳的厄運，這就叫自然淘汰。」〔註191〕但對於南方之《華林遍略》為何亦不見記載了，我們只能將之歸之於侯景之亂和梁元帝焚書，致使質量上乘之《華林遍略》湮滅無聞。1932年，洪業先生撰《所謂〈修文殿御覽〉者》一文對敦煌遺書中發現的被羅振玉命名為《修文殿御覽》的殘卷 P.2526 做考察，他認為這卷敦煌古類書不是《修文殿御覽》而可能是比他更早的《華林遍略》。〔註192〕但是學術界主流的觀點仍然認為 P.2526 是《修文殿御覽》，原因之一恐怕是南北朝時期《華林遍略》失傳的可能性較大，而《修文殿御覽》則流傳了下來。

〔註189〕《北齊書》卷三十九《祖珽傳》，北京：中華書局，1972年，第514～515頁。
〔註190〕《北史》卷四十七《祖珽傳》，北京：中華書局，1974年，第1737～1738頁。
〔註191〕黃永年：《古籍整理概論》，上海：上海書店出版社，2001年，第97頁。
〔註192〕洪業：《所謂修文殿御覽者》，《洪業論學集》，北京：中華書局，1981年，第64～94頁；原載《燕京學報》第12期，1932年，第2499～2558頁。

三、《華林遍略》的輯佚

對於《華林遍略》的佚文，古今學者關注不多，主要原因就是《華林遍略》的散佚與失傳，再就是《修文殿御覽》對他的因襲與超越，故我們很難尋得《華林遍略》的只言片字，幸運的是，《大藏經》中保存了《華林遍略》的佚文一則。

唐沙門釋法琳撰《辯正論》卷7《信毀交報篇第八》載：

> 久鬼多慧，能現怪而飽餐；新鬼無知，入佛家而轉磨。
>
> 《遍略》云：「有新鬼不得飲食，形瘦疲頓，忽逢故友，死來積年，形體肥健，便相問訊，請示活方。久鬼答曰：為人作怪，人必大怖，因致飲食，爾乃肥健也。新鬼便入事佛之家，其家精進，常修善業，屋西有磨，鬼往推之，家主大喜。敕子弟曰：吾家至貧，善神助磨，急輦麥與之，至暮磨數十斛麥。既不得食，疲頓乃去。復到一家，上碓而舂，其家正信，相與喜曰，昨日某甲家磨，今復來助我舂，益更輦谷，使婢簸之至，暮得五十斛米。如是疲弊，又不得食。中心忿怒，不自堪任，夜見久鬼，亟申怨責。久鬼曰：君自不慮耳，此二家奉佛正信，其心難動，用心一至，亦能感徹，冥空我輩，正當其使，今去可覓門前有竹竿，懸斷索灌口者，往彼為怪。新鬼用語，至一家門有竹竿，見一群女子，窗前共食，中庭有一白狗，鬼便令狗在空中行，其家惶怖，競唱雲生來未見此怪。卜占云：客鬼索食，可殺狗煮餅果於庭中祠之，可得無他，便如師言，鬼遂得食，後恒飽滿也。」〔註193〕

此則佚文主要給我們講了一個故事，一個「久鬼多慧，能現怪而飽餐；新鬼無知，入佛家而轉磨」的故事，此則故事雖然是在講久鬼多慧，現怪飽餐以至形體肥健，新鬼無知，形瘦疲頓，但是透過這個故事我們更多的發現是此則故事在宣揚佛法，勸導人們奉佛正信，奉佛正信鬼入家門也只會助磨助舂，而不善人家，則會出現客鬼索食，種種怪象。而對於《華林遍略》之中出現宣揚佛法的故事，我們又當如何理解呢？這就需要我們考察另一部類書《經律異相》的編纂情況。《經律異相序》載：

> 以天監七年敕釋僧旻等備鈔眾典，顯證深文，控會神宗，辭略意

曉，於鑽求者已有太半之益。但稀有異相猶散眾篇，難聞秘說，未加標顯。又以十五年末，敕寶唱鈔經律要事，皆使以類相從，令覽者易了。又敕新安寺釋僧豪、興皇寺釋法生等相助檢讀，於是博綜經籍，擇採秘要。上詢神慮，取則成規，凡為五十卷。又目錄五卷，分為五秩，名為《經律異相》。將來學者，可不勞而博矣。〔註194〕

梁武帝敕令編纂《華林遍略》無疑是在華林園完成的，但是我們通過《經律異相序》發現《經律異相》的編纂也是在天監十五年開始的，並且此《經律異相》的編纂也是在華林苑進行的。《寶唱傳》載：「十四年，敕安樂寺僧紹撰《華林佛殿經目》。未愜帝旨。又敕唱重撰，遂敕掌華林園寶雲經藏，搜求遺逸，備造三卷，以用供上。又敕撰《經律異相》五十五卷。」〔註195〕可見，天監十四年，寶唱重撰《華林佛殿經目》之時，寶唱已經開始主管華林園寶雲經藏，《經律異相》的編纂則是在天監十五年末開始的。《華林遍略》與《經律異相》都是奉梁武帝的敕令開始編纂的，並且他們編書的地方同是在華林園，故他們之間沒有聯繫是不可能的，佛教類書編纂與世俗類書編纂必然是相互影響，相互促進，所以《華林遍略》收錄有佛教故事也就順理成章了，並且，誠如陳垣、周祖謨所言劉孝標之所以編纂出高質量的《類苑》，與其早年對佛法的熟知關係較深，更進一步，也就是說，劉孝標編纂《類苑》之時必然會部分的吸收佛教內容，而《華林遍略》對佛教內容的採納吸收，更是一件很容易理解與接收的事情。並且，因為梁武帝對於佛教十分崇信，其不斷敕令編纂佛教類書《眾經要抄》《義林》《經律異相》等，並且高僧、學士之間的交往頻繁，同在華林苑編纂類書的寶唱等高僧與劉杳等學士之間不可能是處於隔絕狀態，他們之間的資料共享、信息互通現象絕對是存在的。

四、小結

張滌華《類書流別》認為：「若夫類書纂組之體，其始大抵排比舊文，次其時代而已，《華林遍略》以前，無異軌也。自後踵事增華，體制遂多新創。」〔註196〕劉寶春《〈華林遍略〉對中國古代類書編纂的影響》認為：「《華林遍略》是我國類書史上的一座高峰。《華林遍略》以其博富的原始材料、成熟的體制

〔註194〕董志翹主撰：《〈經律異相〉整理與研究》，成都：巴蜀書社，2011 年，第 85～86 頁。

〔註195〕釋慧皎等：《高僧傳合集》，上海：上海古籍出版社，1991 年，第 107 頁。

〔註196〕張滌華：《類書流別》，北京：商務印書館，1985 年，第 18 頁。

特點，為後世數代類書所傚仿、因襲。」〔註197〕誠然，《華林遍略》的編纂是
南北朝類書編纂史上的一件大事，是類書編纂體例最終確立且流傳開來的標
誌，《華林遍略》吸取了《皇覽》以來類書編纂的所有經驗教訓，尤其是汲取
了《壽光書苑》與《類苑》之優秀內容與體例，最終編纂出一部盛況空前、體
例嚴謹的開創性著作，《華林遍略》之後的類書如《修文殿御覽》《長洲玉鏡》
《文思博要》的編纂皆是以之為模範，《華林遍略》在中國類書發展史上的承
前啟後之功，遠遠大於類書之祖《皇覽》，是中古中國類書編纂成熟的標誌。

第七節 《修文殿御覽》

《修文殿御覽》是北齊後主高緯武平三年（572）以《華林遍略》為藍本，
歷時七個月官修的一部類書，曾名《玄洲苑御覽》《聖壽堂御覽》。《隋書・經
籍志》即以《聖壽堂御覽》著錄。《修文殿御覽》仿天地大衍之數，分為 55 部，
象乾坤之策，共 360 卷，南宋《中興館閣書目》《遂初堂書目》《直齋書錄解題》
都有著錄，約在明初不傳於世。〔註198〕胡道靜先生《中國古代的類書》認為：
「在承前啟後上，他（《修文殿御覽》）卻占著一個重要的位置，對現存的古類
書有直接的關係，所以我們需要較詳細的瞭解他。」〔註199〕

一、《修文殿御覽》編纂的歷史背景

北魏早期，文化相對落後，中原衣冠士族多南遷，故南朝文化較為發達，
並且由於南北敵對，互相鄙視，文化交流相對較少，「索虜」、「島夷」之稱即
為明證。魏文帝遷都之後，實行漢化政策，開始接受中原文化，而南北之交流
亦漸增多。

《魏書》卷七下《高祖紀下》載：

〔註197〕 劉寶春：《〈華林遍略〉對中國古代類書編纂的影響》，《圖書情報工作》2010
年第 11 期，第 136～139 頁。

〔註198〕 劉安志教授認為：「從明初到明末清初，王褘《大事記續編》、楊慎《升菴集》、
王世貞《弇州山人四部稿》、方以智《通雅》都曾引用過《修文殿御覽》，明
初《文淵閣書目》、明末清初《絳雲樓書目》也都明確著錄過該書，而且還記
錄了此書存世的具體冊數。這些皆可充分表明，有明一代，《修文殿御覽》一
書並未完全散佚。相較而言，清代極少有學者直接引用《修文殿御覽》，則其
不傳於世，當在清初以後。」劉安志：《〈修文殿御覽〉佚文輯校》，《新資料
與中古文史論稿》，上海：上海古籍出版社，2014 年，第 317 頁。

〔註199〕 胡道靜：《中國古代的類書》，北京：中華書局，2005 年新 1 版，第 62 頁。

雅好讀書，手不釋卷。《五經》之義，覽之便講，學不師受，探
其精奧。史傳百家，無不該涉。善談《莊》《老》，尤精釋義。才藻富
贍，好為文章，詩賦銘頌，任興而作。有大文筆，馬上口授，及其
成也，不改一字。自太和十年已後詔冊，皆帝之文也。自餘文章，
百有餘篇。愛奇好士，情如饑渴。待納朝賢，隨才輕重，常寄以布
素之意。悠然玄邁，不以世務嬰心。〔註200〕

　　孝文帝愛慕中原文化，經史百家，佛道儒玄，皆信手拈來，運用自如。而
在孝文帝的帶動之下，北魏之崇尚文化之風氣漸漸興盛起來，北方士子文人亦
多嚮往南朝士人風度，在北朝漸漸出現了南朝之風氣。《北史》卷五十五《元
文遙傳》載：

元文遙，字德遠，河南洛陽人也。魏昭成皇帝六世孫也。五世
祖常山王遵。父晞，有孝行，父卒，廬於墓側而終。文遙貴，贈特
進、開府儀同三司、中書監，諡曰孝。文遙敏慧夙成，濟陰王暉業
每云：「此子王佐才也。」暉業常大會賓客，時有人將何遜集初入洛，
諸賢皆讚賞之。河間邢邵試命文遙誦之，幾遍可得。文遙一覽誦，
時年始十餘歲。濟陰王曰：「我家千里駒，今定如何？」邢云：「此
殆古來未有。」〔註201〕

《洛陽伽藍記》卷四《法雲寺》載：

寺北有侍中尚書令臨淮王彧宅。彧博通典籍，辨慧清恬，風儀
詳審，容止可觀。至三元肇慶，萬國齊珍，金蟬曜首，寶玉鳴腰，
負荷執笏。逶迤複道，觀者忘疲，莫不歎服。彧性愛林泉，又重賓
客。至於春風扇揚，花樹如錦，晨食南館，夜遊後園，僚寀成群，
俊民滿席，絲桐發響，羽觴流行，詩賦並陳，清言乍起，莫不飲其
玄奧，忘其褊郄焉。是以入彧室者謂登仙也，荊州秀才張裴裳為五
言，有清拔之句云：「異秋花共色，別樹鳥同聲。」彧以蛟龍錦賜之。
亦有得緋紬緋綾者。唯河東裴子明為詩不工，罰酒一石。子明八日
而醉眠，時人譬之山濤。〔註202〕

〔註200〕　《魏書》卷七下《高祖紀下》，北京：中華書局，1974 年，第 187 頁。
〔註201〕　《北史》卷五十五《元文遙傳》，北京：中華書局，1974 年，第 2004 頁。
〔註202〕　（北魏）楊衒之著，楊勇校箋：《洛陽伽藍記》卷四《法雲寺》，北京：中華
　　　　　書局，2005 年，第 176 頁。

　　試看上文之記載，可見北魏後期之風尚。北魏分裂之後，北齊國力明顯強於北周，北齊政權之下聚集了大量文人，而此時北齊國家亦相對安定，為北方文人提供了一個短暫的機會，文化之繁榮發展，霎時間出現了。南方文化向北發展，北方文化漸染南風，南北文化融合加深。李源澄《魏末北齊之清談名理》認為：「魏代自孝文而後，其風氣日與南朝接近，經學佛學既有改變，文學尤盛，玄學亦漸興起，而北來之南人尤為北士所慕。」〔註 203〕《北朝南化考》又認為：「元魏歷史本以孝文遷洛為一大分界，武質文華四字，足以盡前後之不同。東魏、北齊承襲孝文以來之大流而與南朝接近，西魏、北周則一返於武質，一切禮文，皆置而不講。周、齊之異又一武質文華之異也。」「北周在未有江陵與齊以前，文士殊少，即以文化論，北齊實為承繼北魏之大流，而北周別為一支。」〔註 204〕黃永年《六至九世紀中國政治史》亦認為：「創建東魏政權的高歡父子雖習於鮮卑，但東魏、北齊卻能繼承北魏遷都洛陽後漢化的傳統，其文化遠高於西魏、北周。從西魏之滅江陵盡俘其百官士民為奴婢，顏之推不辭砥柱之險自西魏東奔北齊，其後且以北齊為本朝、以北齊見滅於北周為亡國，撰寫《北史》的李延壽也說齊為周滅是『生靈厄夫左衽』，均可證實。今看《北齊書》其君臣似多欠文明之言行，則緣是亡國後所撰寫面毋庸隱諱，然北周將相之後嗣至唐初仍多顯貴，《周書》中遂多美化之辭。」〔註 205〕

　　誠然，北齊之漸染南風尤甚，以致於南北朝後期之文化中心從南方轉移到北齊。《北齊書》卷二十四《杜弼傳》載：「弼性好名理，探味玄宗，自在軍旅，帶經從役。注老子《道德經》二卷。」〔註 206〕「六年四月八日，魏帝集名僧於顯陽殿講說佛理，弼與吏部尚書楊愔、中書令邢邵、秘書監魏收等並侍法筵。敕弼升師子座，當眾敷演。昭玄都僧達及僧道順並緇林之英，問難鋒至，往複數十番，莫有能屈。帝曰：『此賢若生孔門，則何如也。』」〔註 207〕「嘗與邢邵扈從東山，共論名理……前後往復再三，邢邵理屈而止，文多不載。」〔註 208〕「弼儒雅寬恕，尤曉史職，所在清潔，為吏民所懷。耽好玄理，老而愈篤。又

〔註 203〕李源澄：《李源澄學術論著初編》，臺北：中研院中國文哲研究所，2008 年，第 663 頁。

〔註 204〕李源澄：《李源澄學術論著初編》，臺北：中研院中國文哲研究所，2008 年，第 1566 頁。

〔註 205〕黃永年：《六至九世紀中國政治史》，上海：上海書店，2004 年，第 3 頁。

〔註 206〕《北齊書》卷二十四《杜弼傳》，北京：中華書局，1972 年，第 348 頁。

〔註 207〕《北齊書》卷二十四《杜弼傳》，北京：中華書局，1972 年，第 350 頁。

〔註 208〕《北齊書》卷二十四《杜弼傳》，北京：中華書局，1972 年，第 351～352 頁。

注《莊子・惠施篇》《易・上下繫》，名《新注義苑》，並行於世。」〔註209〕

《北齊書》卷三十一《王昕傳附王晞傳》亦載：「弟晞，字叔朗，小名沙彌。幼而孝謹，淹雅有器度，好學不倦，美容儀，有風則。魏末，隨母兄東適海隅，與邢子良遊處。子良愛其清悟，與其在洛兩兄書曰：『賢弟彌郎，意識深遠，曠達不羈，簡於造次，言必詣理，吟詠情性，往往麗絕。恐足下方難為兄，不假慮其不進也。』……邀遊鞏洛，悅其山水，與范陽盧元明、鉅鹿魏季景結侶同契，往天陵山，浩然有終焉之志。」〔註210〕《北齊書》卷三十一《王昕傳附王晞傳》載：「帝使齋帥裴澤、主書蔡暉伺察群下，好相誣枉，朝士呼為裴、蔡。時二人奏車駕北征後，人言陽休之、王晞數與諸人遊宴，不以公事在懷。帝杖休之、晞脛各四十。」〔註211〕《北齊書》卷三十一《王昕傳附王晞傳》載：「性閑淡寡欲，雖王事鞅掌，而雅操不移。在并州，雖戎馬填閭，未嘗以世務為累。良辰美景，嘯詠邀遊，登臨山水，以談燕為事，人士謂之物外司馬。」〔註212〕

魏收、邢邵是北朝後期的兩位文史大家，他們對任昉、沈約的模仿更是全面而深刻的表現了北朝的南方化。《北齊書》卷三十七《魏收傳》云：「收每議陋邢邵文。邵又云：『江南任昉，文體本疏，魏收非直模擬，亦大偷竊。』收聞乃曰：『伊常於沈約集中作賊，何意道我偷任昉。』任、沈俱有重名，邢、魏各有所好。武平中，黃門郎顏之推以二公意問僕射祖珽，珽答曰：『見邢、魏之臧否，即是任、沈之優劣。』收以溫子升全不作賦，邢雖有一兩首，又非所長，常云：『會須作賦，始成大才士。唯以章表碑誌自許，此外更同兒戲。』」〔註213〕北齊學風、文風對南朝的模仿、學習，使得北齊出現了一個文化發展的高潮，南朝的類書編纂很是繁榮，而且類書的編纂與文學、史學、佛教的發展皆有關係，北齊的學者們在南方化的過程中必然會模仿南朝編纂類書，這也就帶來了北朝類書的新發展。

〔註209〕《北齊書》卷二十四《杜弼傳》，北京：中華書局，1972年，第353頁。

〔註210〕《北齊書》卷三十一《王昕傳附王晞傳》，北京：中華書局，1972年，第416頁。

〔註211〕《北齊書》卷三十一《王昕傳附王晞傳》，北京：中華書局，1972年，第421頁。

〔註212〕《北齊書》卷三十一《王昕傳附王晞傳》，北京：中華書局，1972年，第422頁。

〔註213〕《北齊書》卷三十七《魏收傳》，北京：中華書局，1972年，第492頁。

二、《修文殿御覽》的編纂

對於《修文殿御覽》編纂之原因，胡道靜先生說：「高緯之於文學，遠遠不如曹丕、蕭衍。《修文殿御覽》之纂修，只不過是他聽從了祖珽的建議，以沽文治之名。」〔註214〕這就是說，《修文殿御覽》的編纂與祖珽關係密切，當時祖珽深得後主信任，權傾朝野，當祖珽建議編纂《修文殿御覽》之時，得到後主的批准，並敕令祖珽選拔當時的俊才秀士編纂此書。其實祖珽這個編纂典籍的想法也不是他自己的想法，而是聽從了陽休之的建議。《北齊書》卷四十二《陽休之傳》載：「休之本懷平坦，為士友所稱。晚節：說祖珽撰《御覽》，書成，加特進。」〔註215〕要全面理解《修文殿御覽》的編纂情況，我們先看一下後主高緯在武平三年都有哪些活動。

《北齊書》卷八《後主紀》載：

> 三年春正月己巳，祀南郊。辛亥，追贈故琅邪王儼為楚帝。二月己卯，以衛菩薩為太尉。辛巳，以並省吏部尚書高元海為尚書右僕射。庚寅，〔註216〕以左僕射唐邕為尚書令，侍中祖珽為左僕射。是月，敕撰《玄洲苑御覽》，後改名《聖壽堂御覽》。三月辛酉，詔文武官五品已上各舉一人。是月，周誅冢宰宇文護。夏四月，周人來聘。秋七月戊辰，誅左丞相、咸陽王斛律光及其弟幽州行臺、荊山公豐樂。八月庚寅，廢皇后斛律氏為庶人。以太宰、任城王湝為右丞相，太師、馮翊王潤為太尉，蘭陵王長恭為大司馬，廣寧王孝珩為大將軍，安德王延宗為司徒。使領軍封輔相聘於周。戊子，拜右昭儀胡氏為皇后。己丑，以司州牧、北平王仁堅為尚書令，特進許季良為左僕射，彭城王寶德為右僕射。癸巳，〔註217〕行幸晉陽。是月，《聖壽堂御覽》成，敕付史閣，後改為《修文殿御覽》。九月，陳人來聘。冬十月，降死罪已下囚。甲午，拜弘德夫人穆氏為左皇后，大赦。十二月辛丑，廢皇后胡氏為庶人。是歲，新羅、百濟、勿吉、突厥並遣使朝貢。於周為建德元年。〔註218〕

《北史》卷八《齊本紀下》所載基本相同。通過上文的記載，我們知道

〔註214〕胡道靜：《中國古代的類書》，北京：中華書局，2005年新1版，第62頁。
〔註215〕《北齊書》卷四十二《陽休之傳》，北京：中華書局，1972年，第563頁。
〔註216〕胡道靜先生注此日為：農曆十八日，公元572年3月17日。
〔註217〕胡道靜先生注此日為：農曆二十四日，公元572年9月16日。
〔註218〕《北齊書》卷八《後主紀》，北京：中華書局，1972年，第105～106頁。

了《修文殿御覽》的大體編纂時間，武平三年二月，祖珽為左僕射之後，建議後主高緯敕令編纂《玄洲苑御覽》，其年八月，被改名後的《聖壽堂御覽》編纂完成，敕付史閣，收藏起來。《隋書‧經籍志》對《修文殿御覽》的著錄即為《聖壽堂御覽》，後來又改名為《修文殿御覽》。《修文殿御覽》從敕令編纂，到編纂完成，總共用了七個月時間，速度之快，的確令人眼花繚亂。洪業先生《所謂修文殿御覽者》說：「祖珽等編《修文御覽》時，所用為藍本之《華林遍略》，殆即當初中書監抄本，抑或從中書監復抄之本。然七百卷之書，以一日一夜集多人抄畢，則所抄者必不精；幸而《修文御覽》之編纂，卷數以三百六十為限，則凡《遍略》抄本中訛奪太甚之處，可盡行刪削；唯其編纂方法之如是簡便，故七月而書成。梁以八年成書，齊以七月畢纂，創難而踵易也。」〔註219〕

對於《修文殿御覽》之編纂及其因襲《華林遍略》的事情，《太平御覽》卷六百一《文部十七‧著書上》引《三國典略》記載更為詳細：

> 《三國典略》曰：齊主如晉陽，尚書右僕射祖珽等上言，昔魏文帝命韋誕諸人撰著《皇覽》，包括群言，區分義別，陛下聽覽餘日，眷言緗素，究蘭臺之籍，窮策府之文，以為觀書貴博，博而貴要，省日兼功，期於易簡，前者修文殿令臣等討尋舊典，撰錄斯書，謹罄庸短登敘，篇次放天地之數，為五十部，象乾坤之策，成三百六十卷，昔漢時諸儒集論經傳，奏之白虎閣，因名《白虎通》，竊緣斯義，仍曰《修文殿御覽》，今繕寫已畢，並目上呈，伏原天鑒，賜垂裁覽，齊主命付史閣。
>
> 初齊武城令宋士素，錄古來帝王言行要事三卷，名為《御覽》，置於齊王巾箱。陽休之創意取《芳林遍略》，加《十六國春秋》《六經拾遺錄》《魏史》舊書，以士素所撰之名，稱為《玄洲苑御覽》，後改《聖壽堂御覽》，至是珽等又改為《修文殿》，上之，徐之才謂人曰：「此可謂床上之床，屋上之屋也。」〔註220〕

《三國典略》載有《修文殿御覽》的諸多信息，對於《修文殿御覽》之得

〔註219〕洪業：《所謂修文殿御覽者》，《洪業論學集》，北京：中華書局，1981年，第93頁；原載《燕京學報》第12期，1932年，第2499～2558頁。

〔註220〕（宋）李昉等撰：《太平御覽》卷六百一《文部十七‧著書上》，北京：中華書局，1960年，第2706～2707頁。

名，自然是是因為此書是在修文殿編纂的，但是為何其先名《玄洲苑御覽》，後改《聖壽堂御覽》，最後定為《修文殿御覽》，難道修書地點在不斷的變化，從玄洲苑、聖壽堂、再到修文殿，〔註221〕《華林遍略》編纂時間八年之久，尚且一直沒有轉移地點，為何此《修文殿御覽》之編纂頻頻轉移陣地？再者，由於《修文殿御覽》之命名是援引漢代白虎閣著《白虎通》的典故，上文言「奏之白虎閣，因名白虎通」，可見或許只是在修文殿奏上，因而名之為《修文殿御覽》。「御覽」二字之得來或與《皇覽》有關係，但是更為有關係的是宋士素所撰之三卷《御覽》，且此《御覽》成書早，甚至是讓齊王十分中意，不然為何置於齊王巾箱。

「今繕寫已畢，並目上呈」是說此《修文殿御覽》是有「目」的。前文我們說了，《修文殿御覽》之編纂提議者是陽休之，而《三國典略》記載尤詳細。「陽休之創意取《芳林遍略》，加《十六國春秋》《六經拾遺錄》《魏史》舊書，以士素所撰之名。」此處的意思最為明瞭，《修文殿御覽》之編纂構想一覽無餘，需要注意的是，在《華林遍略》的基礎上，《修文殿御覽》新增收的典籍主要是《十六國春秋》《魏史》與《六經拾遺錄》，前二者是史部著述，《六經拾遺錄》是經部著述，時至今天，《十六國春秋》與《魏史》仍然是今天我們瞭解北朝事實最為重要的文獻資料，為何此三部著作被著重表明，很顯然是由於南方士人所編纂的《華林遍略》主要取材於南方資料，在南北朝對立的情況之下，南方士人一是對北方情況不熟悉，二則是故意不取北方資料，貶低北方，故在《修文殿御覽》的編纂之中必然要加入北方之著述、史料，亦可見《修文殿御覽》之取材包括經史。

陳振孫《直齋書錄解題》卷十四《類書類》載：

> 《修文殿御覽》三百六十卷，北齊尚書左僕射范陽祖珽孝徵等撰。案：《唐志》類書，在前者有《皇覽》《類苑》《華林遍略》等六家，今皆不存，則此書當為古今類書之首。珽之行事，奸貪兇險，盜賊小人之尤無良者，言之則污口舌。而其所編集，乃獨至今傳於世。然珽嘗以他人所賣《遍略》質錢受杖。又嘗盜官《遍略》一部，坐獄論罪。今書毋乃亦盜《遍略》之舊以為己功耶？《遍略》者，梁徐僧權所為也。又案：《隋志》作《聖壽堂御覽》，卷數同。聖壽

〔註221〕《資治通鑑》卷一百七十一《陳紀五》陳宣帝太建五年載：「齊大統中，毀東宮，起修文等殿。」（北京：中華書局，1956年，第5316頁）

者，實齊後主所居。〔註222〕

　　胡道靜先生認為：「《修文殿御覽》以《華林遍略》為藍本，大採而特用，是公開的事，並不是偷偷摸摸。陽休之創意輯《玄洲苑御覽》，即以《遍略》為藍本。因襲的問題，不在於祖珽。祖珽雖兩番盜書，但他確實也懂得《遍略》的好處。陽休之的主意，他必是由衷的贊同。」陳樂素《宋史藝文志考證·子部雜家類》認為：「祖孝徵《修文殿御覽》三百六十卷。《隋志》作《聖壽堂御覽》，不著撰人。《唐志》《通志》祖孝徵等撰，《崇文目》《解題》祖珽等撰。按：北齊祖珽字孝徵，蓋宋人避諱稱字，然「徵」亦諱。此蓋修太祖、太宗兩朝史時，著錄其書，故避諱稱字。及仁宗時更修真宗史，合為三朝史，不能復改，而只闕筆也。」〔註223〕

　　對於上文中「篇次放天地之數，為五十部，象乾坤之策，成三百六十卷」，胡道靜先生提出了修訂意見，其認為「為五十部」脫「五」字。其認為：按，「放天地之數」，一定是五十五，不會是五十。因為：《易·繫辭》說：「天一，地二，天三，地四，天五，地六，天七，地八，天九，地十。天數五，地數五，五位相得而各有合。天數二十有五，地數三十，凡天地之數五十有五。」宋代的《太平御覽》摹仿《修文殿御覽》，也是分五十五部。由於《三國典略》脫去一個「五」字，故聶崇岐《太平御覽引得序》認為《太平御覽》的分部比《修文殿御覽》多五部，是一個誤會。〔註224〕《周易繫辭》載：「大衍之數五十，其用四十有九。分而為二以象兩。掛一以象三，揲之以四以象四時，歸奇於扐以象閏。五歲再閏，故再扐而後掛。天一，地二；天三，地四；天五，地六；天七，地八；天九，地十。天數五，地數五。五位相得而各有合，天數二十有五，地數三十，凡天地之數五十有五，此所以成變化而行鬼神也。《乾》之策二百一十有六，《坤》之策百四十有四，凡三百六十，當期之日。二篇之策萬有一千五百二十，當萬物之數也。」〔註225〕古代占卜用得蓍草根數為「策」，一根為一策。占筮時，經過四十九根蓍草的三次演變，剩下三十六根，就得出一陽爻，一卦為六爻，如果十八次，這個策數與萬物之數相當。《修文殿御覽》在卷部的安排上，以天地萬物為對象，可見其當時的編纂動機。

〔註222〕（宋）陳振孫：《直齋書錄解題》卷十四《類書類》，上海：上海古籍出版社，1987年，第423頁。
〔註223〕陳樂素：《宋史藝文志考證》，廣州：廣東人民出版社，2002年，第325頁。
〔註224〕胡道靜：《中國古代的類書》，北京：中華書局，2005年新1版，第63頁。
〔註225〕周振甫：《周易譯注》，北京：中華書局，1991年，第241頁。

　　《修文殿御覽》的卷帙計五十五部，三百六十卷，歷代目錄學著作的記載大體相同。《玉海》卷五十四《藝文·承詔撰述、類書》載：「北齊《修文殿御覽》。《唐志》祖孝徵等《修文殿御覽》三百六十卷（《崇文目》同。書目有之。採摭群書，分二百四十部，以集之）。《修文殿御覽》放天地之數，為五十部，象乾坤之策，成三百六十卷（書目）。」「北齊《聖壽堂御覽》。《陽休之傳》武平三年與朝士撰《聖壽堂御覽》。《隋志》雜家三百六十卷。陽休之取《芳林遍略》加《十六國春秋》《六經拾遺錄》《魏史》為《玄洲苑御覽》，後改為《聖壽堂》，祖孝徵等又改為《修文殿御覽》三百六十卷，上之。」〔註226〕《玉海》這裡所說的「採摭群書，分二百四十部」，或許就是五十五部之下的下一級類目。

　　《修文殿御覽》的部類設置，我們已經知道是五十五部，但是這五十五部的部目又是些什麼呢？元陶宗儀撰《說郛》卷二十四下施青臣《繼古藂編》載：「《藕花詩》。韓昌黎古意詩：太華峰頭玉井蓮，開花十丈藕如船。始意退之自為豪偉之辭，後見真人關令尹喜傳，老子曰：真人遊時各坐蓮花之上，花輒徑十丈，有迎香生蓮，逆水聞三千里。又北齊《修文御覽》有花生香一門，專載此事。諸家集注韓詩皆遺而不收，特表出之。」〔註227〕中國書店據涵芬樓1927年影印本《說郛》卷三十六《續古叢編》載：「《藕花十丈》。韓昌黎古意詩，太華峰頭玉井蓮，開花十丈藕如船。始意退之自為豪偉之辭，後見真人關令尹喜傳，老子真人遊時各坐蓮花之上，花輒徑十丈，有返生香，蓮香聞三千里。又北齊《修文御覽》有反生香一門，專載此事，諸家集注韓詩皆遺而不收，特表出之。」〔註228〕清汪灝、張逸少等撰《御定佩文齋廣群芳譜》卷二十九《花譜·荷花一》載：「《繼古叢編》：韓昌黎古意詩，太華峰頭玉井蓮，開花十丈藕如船。始意退之自為豪偉之辭，後見真人關令尹喜傳，老子曰：天涯之洲，真人遊時各坐蓮花之上，花輒徑十丈，有返香生蓮，逆水聞三千里。又北齊《修文御覽》有花生香一門，專載此事，諸家集注韓詩皆遺而不收，特表出之。」〔註229〕所謂「花生香一門」、「反生香一門」，或許也是《修文殿御覽》的一小

〔註226〕（宋）王應麟：《玉海》，京都：中文出版社，1977年，第1075頁。

〔註227〕（元）陶宗儀纂：《說郛》卷二十四下《繼古聚編》，《文淵閣四庫全書》，第877冊，第374頁。

〔註228〕（元）陶宗儀纂：《說郛》卷三十六《續古叢編》，北京：中國書店，1986年。

〔註229〕（清）汪灝、張逸少等：《御定佩文齋廣群芳譜》卷二十九《花譜·荷花一》，《文淵閣四庫全書》，第846冊，第76頁。

部類，但是需要注意的是此處的稱謂用的是「門」。〔註230〕

　　通過後文之輯佚，我們也可以補充出《修文殿御覽》的部目。劉安志先生《〈修文殿御覽〉佚文輯校》認為：「根據目前掌握的資料，可以確認《修文殿御覽》有『皇王部』、『服章部』、『果部』等，此與《太平御覽》同；又前揭《政事要略》所引《呂氏春秋》後有『同書』二字，夾註『布帛』，似《修文殿御覽》有『布帛部』，同於《藝文類聚》，而與《太平御覽》有異。至於部下的門類，據前揭佚文，可知有『木甘草』、『雞舌香』、『芸香』、『人參』、『遠志』、『天門冬』、『車渠』、『馬腦』、『琉璃』、『金』、『枸櫞』、『衣』、『衣裳』、『學校』等；此外尚有『黃柑』、『花生香』、『水滴器』等門類，其中『水滴器』見於《太平御覽》卷六〇六《文部》，而『黃柑』、『花生香』兩門則未見，說明二書在部類名稱上還是存在著某些差異。」〔註231〕

　　前輩學者經過研究，多認為《太平御覽》承襲《修文殿御覽》較多，部類設置相似之處也多，我們或可通過《太平御覽》對《修文殿御覽》有更多的瞭解。

　　　　天部、時序部、地部、皇王部、偏霸部、皇親部、州郡部、居
　　　處部、封建部、職官部、兵部、人事部、逸民部、宗親部、禮儀部、
　　　樂部、文部、學部、治道部、刑法部、釋部、道部、儀式部、服章
　　　部、服用部、方術部、疾病部、工藝部、器物部、雜物部、舟部、車
　　　部、奉使部、四夷部、珍寶部、布帛部、資產部、百穀部、飲食部、
　　　火部、休徵部、咎徵部、神鬼部、妖異部、獸部、羽族部、鱗介部、
　　　蟲魚部、木部、竹部、果部、菜部、香部、藥部、百卉部。〔註232〕

　　有學者認為日本所編纂的《秘府略》之原本是《修文殿御覽》，其殘存的部類有「卷八百六十四（百穀部中）與卷八百六十八（布帛部三）」。〔註233〕

〔註230〕　（日）勝村哲也：《修文殿御覽卷第三百一香部の復元——森鹿三氏〈修文殿御覽について〉を手掛りとして》，《仏教と文學・芸術》，京都：平楽寺書店，1973年，第153～176頁。勝村哲也對《修文殿御覽》「香部」復原果有「反生香」。
〔註231〕　劉安志：《〈修文殿御覽〉佚文輯校》，《魏晉南北朝隋唐史資料》第28輯，武漢：武漢大學人文社會科學學報編輯部編輯出版，2012年，第301頁。
〔註232〕　（宋）李昉等撰：《太平御覽》，北京：中華書局，1960年，第21～22頁。
〔註233〕　《秘府略卷第八百六十四》，東京：古典保存會，1929年；《秘府略（卷八百六十八附卷八百六十四）》，《尊經閣善本影印集成（13）》，東京：八木書店，1997年。

《秘府略》殘存部類僅有「百穀部」「布帛部」，通過此「百穀部中」與「布帛部三」，可以知道《秘府略》卷八百六十三是「百穀部上」，卷八百六十五是「百穀部下」，卷八百六十六是「布帛部一」，卷八百六十七是「布帛部二」，且此百穀部與布帛部是前後相連接，與《太平御覽》之部類雖同名，卻順序有異。

《秘府略》		《太平御覽》	
卷八百六十三	百穀部上	卷八百一十四	布帛部一
卷八百六十四	百穀部中	卷八百一十五	布帛部二
卷八百六十五	百穀部下	卷八百一十六	布帛部三
卷八百六十六	布帛部一	卷八百一十七	布帛部四
卷八百六十七	布帛部二	卷八百一十八	布帛部五
卷八百六十八	布帛部三	卷八百一十九	布帛部六
		卷八百二十	布帛部七
		……	
		卷八百三十七	百穀部一
		卷八百三十八	百穀部二
		卷八百三十九	百穀部三
		卷八百四十	百穀部四
		卷八百四十一	百穀部五
		卷八百四十二	百穀部六

對於《修文殿御覽》是否收錄詩文之事，我們找到一則材料。明楊慎撰《丹鉛餘錄總錄》卷二十《詩話類·李陵詩》載：「《修文殿御覽》載：李陵詩云：紅塵蔽天地，白日何冥冥。微陰盛殺氣，淒風從此興。招搖西北指，天漢東南傾。嗟爾穹廬子，獨行如履冰。短褐中無緒，帶斷續以繩。瀉水置瓶中，焉辯淄與澠。巢父不洗耳，後世有何稱。此詩《古文苑》止載首二句，注云下缺，當補入之以傳好古者。」〔註234〕明楊慎撰《升菴集》卷五十四《李陵詩》又載：「《修文殿御覽》載李陵詩云：『紅塵蔽天地，白日何冥冥。微陰盛殺氣，淒風從此興。招搖西北指，天漢東南傾。嗟爾窮廬子，獨行如履冰。短褐中無緒，帶斷續以繩。瀉水置瓶中，焉辨淄與澠。巢父不洗耳，後世有何稱。』此

〔註234〕（明）楊慎：《丹鉛餘錄總錄》卷二十《詩話類·李陵詩》，《文淵閣四庫全書》，第 855 冊，第 588 頁。

詩《古文苑》止載首二句，注云下缺，當補入之以傳好古者。」〔註235〕楊慎
在《修文殿御覽》中找到了李陵詩一首，且對《古文苑》做了補遺，可知，《修
文殿御覽》也在收錄詩文。

　　明楊慎撰《丹鉛總錄》卷十二《史籍類》又載：「《古蠟祝丁令威歌遺句》。
《禮記》蠟祝辭云：『土反其宅，水歸其壑，昆蟲毋作，草木歸其澤。』而蔡
邕《獨斷》又有：『豐年若土，歲取千百。』增此二句，意始足。《丁令威歌》：
『城郭是，人民非，何不學仙，冢累累而。』《修文御覽》所引云：『何不學仙
去，空伴冢累累。』增此三字文義始明，書所以貴乎博考也。」〔註236〕此處
應該理解為《修文殿御覽》援引了《丁令威歌》，可見《修文殿御覽》作為一
個時代的文化工程，雖然後世稱為類書編纂，但是在當時，《修文殿御覽》的
編纂如同《皇覽》之編纂，是一次文獻整理、文獻彙集，故其所欲收羅的材料
必然是天地萬物，經史子集四部群書。日本學者勝村哲也指出《修文殿御覽》
條文是按「經部書·字書·史部書·子部書·集部書」的順序排列的。〔註237〕

　　這裡有一個問題要說明，就是《藝文類聚》中的「事文並舉」模式與《修
文殿御覽》兼錄四部、兼錄詩文之「事前文後」模式之異同。歐陽詢《藝文類
聚序》載：「以為前輩綴集，各抒其意：《流別》《文選》，專取其文；《皇覽》
《遍略》，直書其事。文義既殊，尋檢難一。爰詔撰其事且文，棄其浮雜，刪
其冗長，金箱玉印，比類相從，號曰《藝文類聚》，凡一百卷。其有事出於文
者，便不破之為事，故事居其前，文列於後，俾夫覽者易為功，作者資其用，
可以折衷今古，憲章墳典云爾。」〔註238〕汪紹楹《校藝文類聚序》說：「《藝
文類聚》……創始以類事居前，列文於後，改善了以往類書的偏重類事，不重
採文，以及隨意摘句，不錄片段的缺點。」〔註239〕胡道靜《中國古代的類書》
說：「《藝文類聚》是中國古代類書發展中的一個轉折，他在輯存文獻的方法、

〔註235〕　（明）楊慎：《升菴集》卷五十四《李陵詩》，《文淵閣四庫全書》，第1270冊，
　　　　　　第475頁。
〔註236〕　（明）楊慎：《丹鉛總錄》卷十二《史籍類》，《文淵閣四庫全書》，第855冊，
　　　　　　第469頁。
〔註237〕　（日）勝村哲也：《修文殿御覽天部の復元》，（日）山田慶兒編《中國の科學
　　　　　　と科學者》，京都：京都大學人文科學研究所，1978年，第643～690頁。
〔註238〕　（唐）歐陽詢撰，汪紹楹校：《藝文類聚序》，上海：上海古籍出版社，1999
　　　　　　年第2版，第27頁。
〔註239〕　（唐）歐陽詢撰，汪紹楹校：《校藝文類聚序》，上海：上海古籍出版社，1999
　　　　　　年第2版，第17頁。

方式上有一重大特點，和他以前的類書及以後的大多數類書非常不同，從而構成了他自己在類書群中的獨特之處，就是把『事』與『文』兩條龍並成了一條龍，變更了類書的常規體制。」〔註240〕

劉安志《〈修文殿御覽〉佚文輯校》認為：「『事』『文』分列，開後世類書『事前文後』之先河。過去學界皆認為《藝文類聚》首創類書『事前文後』的編纂體例，現在看來，這一觀點大有修正之必要。因為北齊所撰《修文殿御覽》已率先採用了這一體例，如前揭『芸香』佚文15條，其中『事』11條，『賦』4條，『事』居前，『賦』處後；又『琉璃』13條、『馬腦』8條也是如此，這一編纂體例完全為北宋《太平御覽》所承襲。」〔註241〕劉安志《〈華林遍略〉乎？〈修文殿御覽〉乎？——敦煌寫本 P.2526 號新探》又認為：「北朝高齊所編之《修文殿御覽》，則以《華林遍略》為基礎，除增加《十六國春秋》《拾遺錄》《魏書》等內容外，還對《華林遍略》進行過刪改和調整，其體例謹嚴，文字簡潔、凝練，條目清楚，且首創『事』先『文』後這一類書編排體例，對南朝類書既有承襲，又有創新，帶有整合南北文化之興味，成為北宋初編纂《太平御覽》一書的主要藍本。」〔註242〕劉安志《關於中古官修類書的源流問題》亦認為：「有趣的是，歐陽詢批評此前的類書，卻對北齊所編《修文殿御覽》隻字不提；而且，『事居其前，文列於後』，這種對後世影響極大的類書編纂體例，早在《修文殿御覽》編纂時就已產生，《藝文類聚》不過是沿襲並有所豐富、完善、發展而已，然歐陽詢對此並無任何交代與說明。」「從目前所知《修文殿御覽》佚文看，該書編纂雖『事』先『文』後，然對『文』並沒有具體的區分；而《藝文類聚》則把『文』區分為詩、賦、頌、碑、銘、贊、表、啟、序、書、論、寺碑、墓誌、祭文等，這是其對《修文殿御覽》的豐富、完善與發展之處。」〔註243〕

劉安志先生所說《修文殿御覽》之「事先文後」與《藝文類聚》所言之「事

〔註240〕胡道靜：《中國古代的類書》，北京：中華書局，2005年新1版，第107頁。

〔註241〕劉安志：《〈修文殿御覽〉佚文輯校》，《魏晉南北朝隋唐史資料》第28輯，2012年，第281～302頁。

〔註242〕劉安志：《〈華林遍略〉乎？〈修文殿御覽〉乎？——敦煌寫本 P.2526 號新探》，高田時雄主編《敦煌寫本研究年報》第7號，京都：京都大學人文科學研究所，2013年，第167～202頁。

〔註243〕劉安志：《關於中古官修類書的源流問題》，《新資料與中古文史論稿》，上海：上海古籍出版社，2014年，第266～290頁。

文並舉」並非一事，故《修文殿御覽》雖然已經在《華林遍略》的基礎上，在「事文混雜」「事文不分」基礎上將體例調整為「事先文後」，但是他並沒有突破《藝文類聚》首創「事文並舉」之新體例的地位。所謂「事文並舉」之理解，應該重點考慮「其有事出於文者，便不破之為事，故事居其前，文列於後」一句，《藝文類聚序》的意思是以前編纂類書，也是要大量的引用了「文」的，但是為了符合類事類書的模式，若有事出於文者，便要破之為事，就是從「文中」節錄有關的片段使之成為「事」，如汪紹楹先生所說，以往類書偏重類事，不重採文，隨意摘句，不錄片段。而從《藝文類聚》開始，由於《藝文類聚》的編纂者認識到「破之為事」的弊端，故他們在編纂《藝文類聚》時開啟了新的體例，不再破之為事，而是將「文」列於「事」後，且這個「文」是傾向於「全文」的，或者是大片段，而不再是摘句。我們可以去比較《藝文類聚》之「文」，與《太平御覽》之「文」，完全不是一種體例，繼承了《修文殿御覽》體例的《太平御覽》之體例絕對是「事先文後」，但與《藝文類聚》之「事文並舉」模式截然不同，故我們只能說《修文殿御覽》之編纂體例已經從「事文混雜」「事文不分」走向「事先文後」，但是這時候的「事」與「文」其實都是「事」，「文」是沒有獨立地位的，「文」是依附於「事」的，而《藝文類聚》中的「事」與「文」則是分庭抗禮，是並列地位，這是《文選》與《華林遍略》雙重作用的結合產物。誠如劉安志先生所言，《初學記》之內容淵源自《修文殿御覽》，並與《太平御覽》關係密切，但是《初學記》之體例必然是受到《藝文類聚》「事文並舉」體例的影響。

三、《修文殿御覽》的編纂者

　　《修文殿御覽》的編纂者有監撰、撰例、撰書各職，其參加者眾多，可以說北齊武平時代的文人墨客、官僚公卿，幾乎都參與到《修文殿御覽》的編纂中了。

　　《北史》卷八十三《文苑傳》載：

　　　　後主雖溺於群小，然頗好詠詩，幼時嘗讀詩賦，語人云：「終有
　　解作此理不？」初因畫屏風，敕通直郎蕭放及晉陵王孝式錄古賢烈
　　士及近代輕豔諸詩以充圖畫，帝彌重之。後復追齊州錄事參軍蕭慤、
　　趙州功曹參軍顏之推同入撰錄，猶依霸朝，謂之館客。放及之推意
　　欲更廣其事，又因祖珽輔政，愛重之推，又託鄧長顒漸說後主，屬

意斯文。〔註244〕

　　三年，祖珽奏立文林館，於是更召引文學士，謂之待詔文林館焉。珽又奏撰《御覽》，詔珽及特進魏收、太子太師徐之才、中書令崔劼、散騎常侍張澍、中書監陽休之監撰。珽等奏追通直散騎侍郎韋道遜、陸乂、太子舍人王劭、衛尉丞李孝基、殿中侍御史魏澹、中散大夫劉仲威、袁奭、國子博士朱才、奉車都尉睦道閒、考功郎中崔子樞、左外兵郎薛道衡、併省主客郎中盧思道、司空東閣祭酒崔德立、太傅行參軍崔儦、太學博士諸葛漢、奉朝請鄭公超、殿中侍御史鄭子信等入館撰書，並敕放、愨、之推等同入撰例。覆命散騎常侍封孝琰、前樂陵太守鄭元禮、衛尉少卿杜臺卿、通直散騎常侍楊訓、前南兗州長史羊肅、通直散騎侍郎馬元熙、併省三公郎中劉璠、開府行參軍李師上、溫君悠入館，亦令撰書。後覆命特進崔季舒、前仁州刺史劉逖、散騎常侍李孝貞、中書侍郎李德林續入待詔。〔註245〕

　　尋又詔諸人各舉所知。又有前濟州長史李蒨、前廣武太守魏騫、前西兗州司馬蕭漑、前幽州長史陸仁惠、鄭州司馬江旰、前通直散騎侍郎辛德源、陸開明、通直郎封孝騫、太尉掾張德沖、併省右戶郎元行恭、司徒戶曹參軍古道子、前司空功曹參軍劉顗、獲嘉令崔德儒、給事中李元楷、晉州中從事陽師孝、太尉中兵參軍劉儒行、司空祭酒陽辟疆、司空士曹參軍盧公順、司空中兵參軍周子深、開府行參軍王友伯、崔君洽、魏師謇併入館待詔。又敕僕射段孝言亦入焉。

　　《御覽》成後，所撰錄人亦有不得待詔，付所司處分者。凡此諸人，亦有文學膚淺，附會親識，妄相推薦者十三四焉。雖然，當時操筆之徒，搜求略盡。其外如廣平宋孝王、信都劉善經輩三數人，論其才性，入館諸賢亦十三四不逮之。〔註246〕

　　《冊府元龜》卷六百七《學校部十一・撰集》載：「待詔文林，亦是一時盛事，故存錄其姓名。〔註247〕《北史》所載參與《修文殿御覽》編纂的人，

〔註244〕《北史》卷八十三《文苑傳》，北京：中華書局，1974年，第2780～2781頁。

〔註245〕《北史》卷八十三《文苑傳》，北京：中華書局，1974年，第2780～2781頁。

〔註246〕《北史》卷八十三《文苑傳》，北京：中華書局，1974年，第2780～2781頁。

〔註247〕（宋）王欽若等編纂，周勳初等校訂：《冊府元龜》卷六百七《學校部十一・撰集》，南京：鳳凰出版社，2006年，第6998頁。

多達幾十人，史書亦言，此中諸人，亦有文學膚淺，附會親識、妄想推薦者，但是當時北齊武平時代的知名文士，多在此中，可見《修文殿御覽》雖然編纂的實踐很短，僅僅七個月，但是其在當時的影響是巨大的，當時的文士，公卿，以參與到此中為榮幸。

批　次	《北史》所載姓名	官　職	職　責	批　次	《北史》所載姓名	官　職	職　責
第一批	祖珽	左僕射	監撰	第五批	崔季舒	特進	待詔
	魏收	特進	監撰		劉逖	前仁州刺史	待詔
	徐之才	太子太師	監撰		李孝貞	散騎常侍	待詔
	崔劼	中書令	監撰		李德林	中書侍郎	待詔
	張雕〔註248〕	散騎常侍	監撰	第六批	李羲	前濟州長史	待詔
	陽休之	中書監	監撰		魏謇	前廣武太守	待詔
第二批	韋道遜	通直散騎侍郎	撰書		蕭溉	前西兗州司馬	待詔
	陸乂	通直散騎侍郎	撰書		陸仁惠〔註249〕	前幽州長史	待詔
	王劭	太子舍人	撰書		江旰	鄭州司馬	待詔
	李孝基	衛尉丞	撰書		辛德源	前通直散騎侍郎	待詔
	魏澹	殿中侍御史	撰書		陸開明〔註250〕	前通直散騎侍郎	待詔
	劉仲威	中散大夫	撰書		封孝騫	通直郎	待詔
	袁奭	中散大夫	撰書		張德沖	太尉掾	待詔
	朱才	國子博士	撰書		元行恭〔註251〕	並省右戶郎	待詔
	眭道閑〔註252〕	奉車都尉	撰書		古道子	司徒戶曹參軍	待詔

〔註248〕應作張雕武。
〔註249〕即是陸寬。
〔註250〕即是陸爽。
〔註251〕又作高行恭，天統二年詔賜高姓。
〔註252〕眭道閑之眭應為陸。

	崔子樞〔註253〕	考功郎中	撰書		劉顗	前司空功曹參軍	待詔
	薛道衡	左外兵郎	撰書		崔德儒	獲嘉令	待詔
	盧思道	並省主客郎中	撰書		李元楷	給事中	待詔
	崔德立〔註254〕	司空東閣祭酒	撰書		陽師孝	晉州中從事	待詔
	崔儦	太傅行參軍	撰書		劉儒行	太尉中兵參軍	待詔
	諸葛漢〔註255〕	太學博士	撰書		陽辟疆	司空祭酒	待詔
	鄭公超	奉朝請	撰書		盧公順〔註256〕	司空士曹參軍	待詔
	鄭子信	殿中侍御史	撰書		周子深	司空中兵參軍	待詔
第三批	蕭放	通直郎	撰例		王友伯	開府行參軍	待詔
	蕭慤	齊州錄事參軍	撰例		崔君洽	開府行參軍	待詔
	顏之推	趙州功曹參軍	撰例		魏師謇	開府行參軍	待詔
第四批	封孝琰	散騎常侍	撰書	第七批	段孝言	僕射	待詔
	鄭元禮	前樂陵太守	撰書				
	杜臺卿〔註257〕	衛尉少卿	撰書				
	楊訓	通直散騎常侍	撰書				
	羊肅	前南兗州長史	撰書				

〔註253〕其父為崔長瑜。
〔註254〕崔季通之子。
〔註255〕即《玄門寶海》的作者諸葛潁。
〔註256〕即盧正山。
〔註257〕即《玉燭寶典》的作者。

	馬元熙	通直散騎侍郎	撰書			
	劉瑨	並省三公郎中	撰書			
	李師上	開府行參軍	撰書			
	溫君悠	開府行參軍	撰書			

　　對於《修文殿御覽》之編纂機構，是武成三年，祖珽建議設立的文林館，但是文林館存在的時間極短，武成三年魏收死，崔季舒、張雕武亦被害於此年，文林館的成就主要是編纂《修文殿御覽》。費海璣《北齊文林館》引用丁愛博先生的論說，言文林館知名之士六十二員，其中南人十名，北人三十八名，無傳者十三名；丁先生認為此一統計顯示南方文化影響北方的趨勢。誠然，《修文殿御覽》的編纂無疑是受到了南方文風的影響，並且此時北齊政權與南朝陳關係密切，正密謀聯合伐周，且北齊後主高緯雅好南方的輕豔詩和北方的琵琶曲，故北齊此時期的風氣多染南風，甚或侯景之亂後南方的文化中心已經轉移至北齊。對於北齊文林館之特點，費先生亦有論說，其言，文林館侍詔以少年為主，文林館似為吳士或親吳派之機關，文林館工作清閒，祖珽、崔季舒是無行之人，顏之推、陸乂、陸爽、羊肅等則是博學君子，有真才實學。〔註258〕

　　《修文殿御覽》編纂者人數眾多，很多人確實未必真的參與過編纂，多是沽名釣譽而已。《修文殿御覽》本身也是北齊皇帝、政府乃至文武百官的沽名釣譽，故《修文殿御覽》編纂的最初目的是不純正的，編纂中以《華林遍略》為藍本，故可以事半功倍，但是因襲《華林遍略》的《修文殿御覽》在後世的流傳、影響卻大大的超過了《華林遍略》，這就是古人無法想像的事情了。《修文殿御覽》之所以流傳的更加長久，一則是北齊之藏書在戰亂中受損較少，北齊藏書被北周乃至後來的隋唐所繼承，故保存相對較好，而南朝在經歷侯景之亂之後，藏書多有損失，梁元帝乃至陳朝之亂中，書籍多受焚燒，故南朝所存《華林遍略》在後來的流傳中多有散佚。此外，《修文殿御覽》之所以可以流傳久遠，也因為其編纂體例更加精良，更為科學，這與負責編例顏之推有密切

〔註258〕費海璣：《北齊文林館》，《大陸雜誌》第 28 卷第 12 期，1964 年，第 387〜391 頁；（日）山崎宏：《北周の麟趾殿と北齊の文林館》，《鈴木博士古稀記念東洋學論叢》，東京：明德出版社，1972 年，第 571〜589 頁。

關係，非但顏之推，其他如陸乂、陸爽、羊肅等亦是博學君子，他們的存在保
證了《修文殿御覽》的質量。唐光榮《唐代類書與文學》認為：「《修文殿御覽》
從北齊一直流傳到明初，行世近千年，較之早早失傳了的《華林遍略》等南北
朝類書，一定有他獨到之處。距離第一部類書《皇覽》，又過去三百多年了，
這中間產生了多部官修和私修的類書，類書的編纂應該已經積累了不少的經
驗。《修文殿御覽》的時代當不是類書編纂史上篳路藍縷的草創時代，而他距
離唐初的《藝文類聚》差不多只有五十年，所以這部書的類書設置對我們溯源
唐代類書的部類結構很有意義。」〔註259〕但是對於《修文殿御覽》之編纂質
量、編纂體例的考量，也不能定位太高。洪業先生《所謂修文殿御覽者》亦言
說：「則凡《遍略》抄本中偽奪太甚之處，可盡行刪削；唯其編纂方法之如是
簡便，故七月而書成。」〔註260〕

四、《修文殿御覽》的流傳

歷代目錄學著作皆多載有《修文殿御覽》，故我們可以通過這些目錄學典
籍瞭解《修文殿御覽》之流傳。《隋書》卷三十四《經籍三》載：「《聖壽堂御
覽》三百六十卷。」〔註261〕《舊唐書》卷四十七《經籍下》載：「《修文殿御
覽》三百六十卷。」〔註262〕《新唐書》卷五十九《藝文三》載：「祖孝徵等
《修文殿御覽》三百六十卷。」〔註263〕《通志·藝文略第七》載：「《修文殿
御覽》三百六十卷。」〔註264〕《宋史》卷二百七《藝文六》載：「祖孝徵等
《修文殿御覽》三百六十卷。」〔註265〕《日本國見在書目錄》載：「《修文殿
御覽》三百六十卷，祖孝徵撰。」〔註266〕《崇文總目》載：「《修文殿御覽》
三百六十卷，祖珽等撰。」〔註267〕《遂初堂書目》載有：「類書類。《修文殿

〔註259〕唐光榮：《唐代類書與文學》，成都：巴蜀書社，2008年，第87頁。

〔註260〕洪業：《所謂修文殿御覽者》，《洪業論學集》，北京：中華書局，1981年，第
　　　　93頁；原載《燕京學報》第12期，1932年，第2499～2558頁。

〔註261〕《隋書》卷三十四《經籍三》，北京：中華書局，1973年，第1009頁。

〔註262〕《舊唐書》卷四十七《經籍下》，北京：中華書局，1975年，第2046頁。

〔註263〕《新唐書》卷五十九《藝文三》，北京：中華書局，1975年，第1562頁。

〔註264〕（宋）鄭樵：《通志二十略·藝文略第七》，北京：中華書局，1995年，第1731
　　　　頁。

〔註265〕《宋史》卷二百七《藝文六》，北京：中華書局，1985年，第5293頁。

〔註266〕宮內廳書陵部所藏室生寺本：《日本國見在書目錄》，東京：名著刊行會，1996
　　　　年，第53頁。

〔註267〕（宋）王堯臣等編次，錢東垣等輯釋：《崇文總目》，《叢書集成初編》，第22

御覽》。」〔註268〕《文淵閣書目》卷十一《類書》載：「《修文御覽》。一部四十五冊。闕。」〔註269〕

　　唐劉肅撰《大唐新語》卷六《舉賢第十三》載：「姚崇初不悅學，年逾弱冠，嘗過所親，見《修文殿御覽》，閱之，喜，遂耽玩墳史，以文華著名。」〔註270〕《太平御覽》卷四百二十二《人事部六十三》亦載：「(《唐新語》)又曰：姚崇少不慕學，年逾弱冠，嘗過所親，見《修文殿御覽》，閱之，甚喜，遂軏文史，以文華著名。」〔註271〕姚崇是唐中期的名相，其早年在所親之家見到了《修文殿御覽》，使得本不喜歡學習的他，耽玩墳史，並以文華著名，這一則可見《修文殿御覽》之勸學功效，更可見唐代中期《修文殿御覽》之流傳。

　　《太平御覽》編纂開始於北宋太平興國二年三月十七日戊寅（977年4月8日），太平興國八年十二月十九日庚子（984年1月24日）編纂完成，共歷時六年九個月。《太平御覽·引》：「謹按《國朝會要》曰：太平興國二年三月，詔翰林學士李昉、扈蒙，知制誥李穆，太子詹事湯悅，太子率更令徐鉉，太子中允張洎，左補闕李克勤，左拾遺宋白，太子中舍陳鄂，光祿寺丞徐用賓，太府寺丞吳淑，國子監丞舒雅，少府監丞李文仲、阮思道等，同以群書類集之分門，編為千卷。先是帝閱前代類書，門目紛雜，失其倫次，遂詔修此書，以前代《修文御覽》《藝文類聚》《文思博要》及諸書參詳條次，分定門目，八年十二月書成。」〔註272〕以此意思來推測，宋初修《太平御覽》之時，《修文殿御覽》還是存在的。

　　宋李攸《宋朝事實》卷三《聖學》云：「太宗篤好儒學，嘗覽前代《修文殿御覽》《藝文類聚》，門目繁雜，失其倫次，乃詔翰林學士李昉、扈蒙、知制

　　　　冊，第175頁；又見（宋）王堯臣、王洙、歐陽修撰：《崇文總目》，《文淵閣四庫全書》，第674冊，第73頁。錢侗按：「《玉海》引《崇文目》同。舊本脫修文二字，今校增。《隋志》作《聖壽堂御覽》。陳詩庭云：諸家書目或提祖孝徵撰，即珽字也。」
〔註268〕（宋）尤袤：《遂初堂書目》，《叢書集成初編》，第32冊，第24頁。
〔註269〕（明）楊士奇等：《文淵閣書目》，《叢書集成初編》，第30冊，第143頁。
〔註270〕（唐）劉肅：《大唐新語》卷六《舉賢第十三》，北京：中華書局，1984年，第91頁。
〔註271〕（宋）李昉等：《太平御覽》卷四百二十二《人事部六十三》，北京：中華書局，1960年，第1946頁。
〔註272〕（宋）李昉等：《太平御覽·引》，北京：中華書局，1960年，第3頁。

誥李穆、右拾遺宋白等,參詳類次,分定門目,編為《太平總類》一千卷,俄
改為《太平御覽錄》。(案《宋史》及各家書目皆作《太平御覽》,此多一錄字,
與各書異。)又謂稗官之說或有可採,令取野史、傳記、故事、小說,編為五
百卷,賜名《太平廣記》。案《宋史》及各家書目皆作《太平御覽》,此多一錄
字,與各書異。」〔註273〕《直齋書錄解題》卷十四《類書類》又載:「《冊府
元龜》一千卷。景德二年,命資政殿學士王欽若、知制誥楊億修歷代君臣事蹟,
八年而成,總五十部,部有總序,一千一百四門,門有小序,賜名製序,所採
正經史之外,惟取《戰國策》《國語》《韓詩外傳》《呂氏春秋》《管》《晏》《韓
子》《孟子》《淮南子》及《修文殿御覽》,每門具進,上親覽,摘其舛誤,多
出手書,或召對指示商略。」〔註274〕《宋朝事實》言宋太宗曾觀覽《修文殿
御覽》,《直齋書錄解題》則言宋初修《冊府元龜》是亦徵引《修文殿御覽》,
可見《修文殿御覽》果真存在於宋初。

　　楊士奇(1365～1444)《文淵閣書目》卷十一《類書》載:「《修文御覽》。
一部四十五冊。闕。」〔註275〕對於此《修文御覽》是否仍然是北齊之《修文
殿御覽》之事,我們或許不用擔心,《修文殿御覽》之名聲如此之大,恐怕不
會有造假者,但《文淵閣書目》已經明確說此書已經闕失。明楊慎(1488～1559)
在其《升菴集》卷六十《古詩十九首拾遺》中認為:「近又閱《類要》及《北
堂書鈔》《修文殿御覽》。」〔註276〕難道楊慎果真見過《修文御覽》?上文我
們已說,楊慎在《修文殿御覽》中發現了「李陵詩」,看來楊慎是見到了《修
文殿御覽》,但是其所見必不是完璧,而應該是殘卷,不然,楊慎的著述中不
會只記載了這樣一點點關於《修文殿御覽》的信息。楊士奇早於楊慎,楊士奇
反而未見《修文殿御覽》,這就是說官府藏書中應該已經沒有了《修文殿御覽》,
或許楊慎是在私人藏書中發現的。另外,楊慎此人是大明第一才子,「明世記
誦之博,著作之富,推慎為第一」,由此可見,楊慎關於《修文殿御覽》的記
載應該也是可信的。

〔註273〕(宋)李攸:《宋朝事實》卷三《聖學》,《文淵閣四庫全書》,第608冊,第
　　　　　30頁。
〔註274〕(宋)陳振孫:《直齋書錄解題》卷十四《類書類》,上海:上海古籍出版社,
　　　　　1987年,第425頁。
〔註275〕(明)楊士奇等:《文淵閣書目》,《叢書集成初編》,第30冊,第143頁。
〔註276〕(明)楊慎:《升菴集》卷六十《古詩十九首拾遺》,《文淵閣四庫全書》,第
　　　　　1270冊,第585頁。

　　明葉盛編《菉竹堂書目》卷五之「類書」載：「《修文御覽》四十五冊。」
〔註277〕如果這個記載是可信的，那麼明代還有《修文殿御覽》在流傳。

　　清錢謙益《絳雲樓書目》類書類載：「《修文殿御覽》一百六十四冊。三百
六十卷。祖珽。」〔註278〕此處之記載更令我們疑惑，第一，錢謙益之《絳雲
樓書目》是否可信？其中記載之內容是否果真是絳雲樓真實的圖書收藏情
況？第二，此時的《修文殿御覽》經歷幾百年的流傳，仍然可以保存有一百六
十四冊，三百六十卷，竟是完帙？錢謙益是從何處得到此《修文殿御覽》的呢？
為何沒有記載來源？明末清初時代錢謙益的藏書中果真有《修文殿御覽》存
在，令人疑惑，難斷真假。錢謙益是古今藏書名家、著名學者、文壇領袖，其
對於圖書的搜集收藏不可謂不豐富，即使此《修文殿御覽》果真在其藏書之中，
也是無從核查，因為後來錢謙益的藏書毀於大火！此《修文殿御覽》恐亦遭劫
難。

　　《汪辟疆文集》之《讀常見書齋小記》之「修文御覽」條載：

　　　　北齊《修文御覽》三百六十卷，書久亡佚。是曩居南京，有言
　　　金陵大學購得《修文御覽》全裹者，余大驚詫，以為人間瑰寶也。
　　　一日訪劉衡如索觀之，確為明人舊鈔，凡百許冊。展卷則大失望，
　　　全書固宋修《文苑英華》也！卷首李昉表文與《英華》全同，但表
　　　內書名則易《文苑英華》為《修文御覽》耳。明人好古，書坊及士
　　　人每喜取古書改頭換面，以欺貴官之附庸風雅者，此當是一例。又
　　　《楊升庵詩話》云：「李陵『紅塵蔽天地』一首，見《修文御覽》。」
　　　又有《傳修文御覽》，明時尚存漢中張氏。恐為耳食，不見本書，況
　　　衰然巨帙，固明明有偽題為《修文御覽》耶？〔註279〕

　　汪辟疆先生對金陵大學所購之《修文御覽》做了鑒定，認為其是書坊作偽
——以《文苑英華》冒充《修文御覽》。但是汪辟疆先生並沒有懷疑楊慎所言，
且補充說明代漢中張氏有《修文殿御覽》，只是不知消息真假，恐為訛傳。

　　張之洞撰，范希曾補正《書目答問補正》載：「《皇覽》一卷。魏繆襲。問
經堂輯本。【補】此本孫馮翼輯。《修文殿御覽》，北齊祖珽等撰，上虞羅氏鳴

〔註277〕　（明）葉盛：《菉竹堂書目》，《叢書集成初編》第33冊，第94頁。
〔註278〕　（清）錢謙益撰，陳景雲注：《絳雲樓書目》，《叢書集成初編》第35冊，第
　　　　　69頁。
〔註279〕　汪辟疆：《汪辟疆文集》之《讀常見書齋小記》，上海：上海古籍出版社，1988
　　　　　年，第773頁。

沙石室古佚書影印唐寫殘卷本。斑書尚存傳鈔本，有百餘冊。」〔註280〕此處
所言之「斑書尚存傳鈔本，有百餘冊」，難道是說《修文殿御覽》有傳鈔本在
世？且有百餘冊？不知何所據而云然。范希曾時在南京，所謂「尚存傳鈔本有
百餘冊」是否即「金陵大學購得」之偽本《文苑英華》？

五、《修文殿御覽》的輯佚

　　前輩學者已經開始了《修文殿御覽》的輯佚工作，並做了不少實踐。蘇晉
仁《法苑珠林校注‧校注敘錄》認為：「除佛教的類書外，世俗的類書如《修
文殿御覽》見於卷六《六道篇‧捨宅部‧感應緣》。又如卷四五《審查篇‧審
學部‧感應緣》引有《博物志》《白澤圖》《抱朴子》三書，與《太平御覽》卷
八八六《精部》所引次第、文字全同，如出一轍，可證二者當是引自同一類書；
但出自何家，則無從得知。因類書已集中一些資料，所以利用起來就顯得很便
利了。」〔註281〕

　　新美寬編、鈴木隆一補《本邦殘存典籍による輯佚資料集成（續）》子部
第七《雜家類》載：

　　　　北齊祖孝徵等撰《修文殿御覽》

　　　　鳥之勇銳者名之鳥鷙（《慧琳音義》七十七）。

　　　　八眉如八字也，重瞳者目有四瞳子也（《弘決外典抄》卷一）。

　　　　《三五歷記》云：未有天地之時，混沌狀如雞子也（《稱名寺本
　　　　句》末有，天如雞子白，地如雞子黃，十字，同上）。

　　　　《藝經》曰：籌成都也（《稱名寺本》籌作十，同上）。

　　　　《雜字解詁》云：□鳴似鳳凰，□鳴山雞也（同上卷四）。〔註282〕

　　目前來說，學術界對於《修文殿御覽》之輯佚工作，當數劉安志先生所做
輯佚最為全面，我們將在劉安志先生之成果基礎上做補充，為了便於考察，編
號亦按照劉安志先生之編號：

　　　　《法苑珠林校注》卷六《六道篇‧捨宅部‧感應緣》載：

〔註280〕張之洞撰，范希曾補正：《書目答問補正》，上海：上海古籍出版社，2001年，
　　　　第188頁。

〔註281〕（唐）釋道世著，周叔迦、蘇晉仁校注：《法苑珠林校注‧校注敘錄》，北京：
　　　　中華書局，2003年，第2頁。

〔註282〕（日）新美寬編，（日）鈴木隆一補：《本邦殘存典籍による輯佚資料集成
　　　　（續）》，京都：京都大學人文科學研究所，1963年，第117頁。

（1）《韓詩外傳》曰：「死為鬼。鬼者，歸也。精氣歸於天，肉歸於土，血歸於水，脈歸於澤，聲歸於雷，動作歸於風，眼歸於日月，骨歸於木，筋歸於山，齒歸於石，膏歸於露，髮歸於草，呼吸之氣復歸於人。

（2）《禮記·祭義》曰：「宰我曰：吾聞鬼神之名，不知其所謂。子曰：氣之也者，神之盛也。魄也者，鬼之盛也。合鬼與神，教之至也。」

（3）依崔鴻《十六國春秋·前涼錄》曰：張傾，安定馬氏人。初傾之殺麴儉，儉有恨言。恨言是月光見白狗。拔劍斫之，傾委地不起。左右見儉在傍。遂乃暴卒。

（4）依《神異經》曰：「東北方有鬼星石室。屋三百戶而共所。石傍題曰鬼門，門晝日不閉，至暮則有人語。有火星青色。（右此四驗出其《御覽》）〔註283〕

慧琳撰《一切經音義》卷七十七載：

（5）鷹鷂（上憶矜反。杜注左傳云：鷹鷙鳥也。集訓云：能制伏眾鳥也。《御覽》云：鳥之勇銳者名之為鷙。下音曜。顧野王云：鷂似鷹而小。說文：亦鷙鳥之屬，形聲字。）〔註284〕

唐段公路《北戶錄》卷一「紅蟹殼」條載：

（6）招潮《修文殿御覽》：招潮，小蟛蜞，殼白，依潮，潮長皆坎外舉螯，不失常期，俗言招潮子也。

唐段公路《北戶錄》卷二「睡菜」條注稱：

（7）又《御覽》：顧凱之《啟蒙記》曰：如何隨刀而改味也。

唐段公路《北戶錄》卷三「無核荔枝」條載：

（8）南方果之美者，有荔枝。（中略）俗呼為荔枝，奴非虛語耳。《修文殿御寬》云：龍眼手一名龍目。左思《蜀都賦》云：旁挺龍目，側生荔枝也。

《資治通鑑》卷八五西晉惠帝太安二年（303）正月《考異》載：

（9）祖孝徵《修文殿御覽》云：太安二年，特大赦，改年建初

〔註283〕（唐）釋道世著，周叔迦、蘇晉仁校注：《法苑珠林校注》卷六《六道篇·捨宅部·感應緣》，北京：中華書局，2003年，第200～201頁。

〔註284〕（唐）釋慧琳：《一切經音義》卷七十七，《大正藏》，第54冊，第811頁。

元年，特見殺。

陸佃注《鶡冠子》卷上《道端第六》稱：

（10）《修文殿御覽》引《鶡冠子》曰：進賢者受上賞，則下不蔽善。為政者賞之不多而民喜，罰之不多而民畏焉。

周密撰《齊東野語》卷十《絹紙》載：

（11）隋《修文殿御覽》，載晉人藏書數，有白絹草書、白絹行書、白縑絹楷書之目。〔註285〕

吳師道《戰國策校注》卷三《秦》「美男破老」條注稱：

（12）《修文御覽》引《周書》作「美男破產，美女破居」。

王禕《大事記續編》卷六六唐武宗會昌四年（844）八月解題注稱：

（13）《修文殿御覽》：上黨郡石碎關。

楊慎《升菴集》卷五二《古蠟祝丁零威歌遺句》載：

（14）《丁零威歌》：「城郭是，人民非，何不學仙冢纍纍。」而《修文御覽》所引云：「何不學仙去，空伴冢纍纍。」增此三字，文義始明，書所以貴乎博考也。

楊慎《升菴集》卷五四《李陵詩》載：

（15）《修文殿御覽》載李陵詩云：「紅塵蔽天地，白日何冥冥；微陰盛殺氣，淒風從此興。招搖西北指，天漢東南傾；嗟爾穹廬子，獨行如履冰。祍褐中無緒，帶斷續以繩；瀉水置瓶中，焉辨淄與澠，巢父不洗耳，後世有何稱。」

楊慎《升菴集》卷六八《范蠡西施》載：

（16）後檢《修文御覽》見引《吳越春秋》逸篇云：「吳亡後，越浮西施於江，令隨鴟夷以終。」

王世貞《弇州山人四部稿》卷一五八《說部》載：

（17）昔人以王右軍《蘭亭詩敘》比石崇《金谷園詩序》，云「右軍甚喜」。楊用修嘗得其全文傳之。及覽《修文御覽》所載云：「吾有廬在河南金谷中，去城十里，有田十頃，羊二百口，雞豬鵝鴨之屬，莫不畢備。」用修所載缺此，恐亦未是全文。

方以智《通雅》卷二〇《姓名（人名）》載：

〔註285〕（宋）周密：《齊東野語》卷十《絹紙》，北京：中華書局，1983年，第185頁。

（18）叴由：《韓子》作「仇繇」。《修文御覽》引《呂覽》曰：「中山肴戎繇者，智伯欲攻之，遺以鍾。」升菴引作「夙繇」，則《呂覽》之訛本也，今本皆是「夙繇」。叴由又作「吼由」。

日本典籍中的《修文殿御覽》佚文：

（一）兼意《香要抄》所收《修文殿御覽》佚文（19 條）

雞舌香（4 條）

（1）應劭《漢宮儀》曰：桓帝時，侍中迺存年老口臭，上出雞舌香與含之。雞舌頗小辛螫，不敢咀咽，嫌有過，賜毒藥，歸舍辨決，欲就便宜。家人哀泣，不知其故。僚友求服其故僚藥，存出口香，咸嗤笑之。

（2）吳時《外國傳》曰：五馬州出雞舌香，

（3）《續搜神記》曰：劉廣，豫章人。年少未婚，至田舍見一女，云：「我是何參軍女，年十四而夭，為西王母所養，使與下土人交。」廣與之纏綿，其日於席下得手巾，裏雞舌香。其母取巾燒之，乃是火浣布。

（4）《南州異物志》曰：雞舌香出杜薄州，云是草花，可含香口。

芸香（15 條）

（1）《大戴禮·夏小正》曰：正月採芸為廟菜。

（2）《禮記·月令》曰：仲冬之月，芸始生。鄭玄曰：芸，香草也。

（3）《說文》曰：芸草似苜蓿。《淮南》說「芸可以死而復生」。

（4）《雜字解詁》曰：芸，杜榮也。

（5）《魏略》曰：大秦出雲膠。

（6）《博物志》曰：南陽梁正伯夷芸臺。

（7）《承集禮圖》曰：芸即蒿也，葉似耶蒿，香美可食。

（8）《洛陽宮殿薄》曰：顯陽殿前芸香一株，徽音、含章殿前各二株。

（9）《晉宮閣名》曰：太極殿前芸香四畦，式乾殿前芸香八畦，徽音殿前芸香雜花十一畦，明光殿前芸香雜花八畦，顯陽殿前芸香二畦。

（10）《廣志》曰：芸膠有安息膠，有黑膠。

（11）《吳氏本草》曰：石芸一名蔽列，一名願喙。

（12）曹植《芸香賦》曰：西都麗草。

（13）傅玄《芸香賦序》曰：始以微香進御，終於捐棄黃壤，籲可閔也，遂詠而賦之。

（14）成公綏《芸香賦》曰：美芸香之修潔，稟陰陽之淑精，莖類秋竹，枝像春松。

（15）傅咸《芸香賦》曰：先君作《芸香賦》，辭義高麗有覩，斯卉蔚茂馨香，同遊使余為賦。

（二）兼意《藥種抄》所收《修文殿御覽》佚文（9條）

人參（3條）

（1）《異苑》曰：人參一名土精，生上黨者佳。人形皆具，能兒啼。昔有人掘之，始下數鑯（音華），便聞土中有呻聲，尋音而取，果得一頭，頭長二尺，四體必備，而髮有損缺處。採是掘傷，所以呻也。

（2）《石勒別傳》曰：初，勒家園中生人參，葩茂甚盛。於時父老相者皆云：此胡體奇貌異，有大志量，其終不可知。勸邑人厚遇之。

（3）《潛夫論》曰：理世不真賢，譬由治疾不得真藥也。治疾當得真人參，反得支羅菔，以不識真而飲之，病侵以劇，不知為人所欺也。

木甘草（1條）

（1）木甘草《吳氏本草》回：木甘草，葉四四當。

遠志（2條）

（1）《抱朴子內篇》曰：陵陽仲服遠志廿年，有子卅七人，坐在立亡。

（2）《世說》曰：謝大傅始有東山之志，後嚴命屢臻，勢不獲已，始就桓公司馬。於時人有致桓公藥草者，中有遠志，公取以問謝：「此藥又名小草，何以一物而有二稱？」謝未即答。爾時郝隆在坐，謝問曰：「郝參軍多知識，試復通者。」郝應聲答曰：「此甚易解，隱則為遠志，出則為小草。」於是謝公殊有愧色。桓公目謝而

笑曰：「郝參軍此通乃不惡，亦甚有會。」

天門冬（3條）

（1）《列仙傳》曰：赤鬚子，豐人。好食天門冬，齒落更生，細髮。

（2）《神仙傳》曰：甘始者，太原人。服天門冬，人間三百餘年。

（3）《抱朴子》曰：杜子微服天門冬，御十八妾，有子百卅人，行三百里。

（三）兼意《寶要抄》所收《修文殿御覽》佚文（33條）

（1）《白虎通》曰：金在西方。西方者，陰始起，萬物禁止。金之為言，禁也。

（2）《穆天子傳》曰：觀天子之寶、黃金之膏。金膏亦猶玉膏，皆其精液也。

（3）《玄中記》：金之精為牛馬。

（4）《神異經》曰：西方白宮之外有金山，上有金人，長五大餘，名曰金犀守之。

（5）《典術》曰：天地之寶，藏於中極，命曰雌黃，千年化為雄黃，雄黃千年為黃金。

琉璃（13條）

（1）《廣雅》曰：琉璃，珠也。

（2）《韻集》曰：琉璃，火齊珠也。

（3）《續漢書》曰：哀牢夷出火精琉璃，

（4）《魏略》曰：大秦國出赤、白、黑、黃、青、綠、紺、縹、紅、紫十種琉璃。

（5）《後魏書》曰：天竺國人商販京師，自云能鑄石為五色琉璃。於是採礦山中，於京師鑄之。既成，光澤美於西方來者。乃詔為行殿，容百餘人，光色映徹，觀者見之，莫不驚駭，以為神明所作。自此國中琉璃遂賤，人不復珍之。

（6）《廣志》曰：琉璃出黃支、斯調、大秦、日南諸國。

（7）《十州記》曰：方丈山上有琉璃宮。

（8）杜篤《論都賦》曰：槌蜯蛤，碎琉璃。

(9)《諸葛恢集》曰：詔答恢，今致琉璃枕一。

(10) 傅咸《污巵賦》曰：人有遺餘琉璃巵者，小兒竊弄，墮之不潔，意既惜之。不感物之污辱，乃喪其所以為寶，況君子行身而可以有玷乎？

(11) 左思《吳都賦》曰：致遠琉璃與珂珹音恤。

(12) 庾闡《楊都賦》曰：琉璃冰朗而外覡，

(13) 孫公達《琵琶賦》曰：向風臨樂，刻飾琉璃。

馬腦（8條）

(1)《廣雅》曰：馬腦，石次玉也。

(2)《魏略》曰：大秦國多馬腦，

(3)《涼州記》曰：呂纂咸寧二年，盜發張駿陵，得馬腦鍾榼。

(4)《玄中記》曰：馬腦出月氏。

(5) 魏文帝《馬勒賦》曰：馬腦，玉屬也，出自西域，文理交錯，有似馬腦，故其方人因以名之。

(6) 陳琳《馬腦勒賦》曰：託瑤溪之寶岸，臨赤水之朱波。

(7) 陸機《靈龜賦》曰：若車渠繞理，馬腦縟文，靈龜甲錯，鼋鼍龍鱗。

(8) 王粲《馬腦勒賦》曰：遊大國以廣觀兮，覽希世之偉寶，總眾材而課美兮，信莫臧於馬腦、琉璃。

車渠（7條）

(1)《廣雅》曰：車渠，石次玉也。

(2)《魏略》曰：大秦國多車渠，

(3)《玄中記》曰：車渠出天竺國。

(4) 魏文帝《車渠椀賦》曰：車渠玉屬，多纖理縟文，生於西國，其俗寶之，小以繫頸，大以為器。

(5) 王粲《車渠椀賦》曰：雜玄黄以為質，似乾坤之未分；兼五德之上美，起眾寶而絕倫。

(6) 陳思王《車渠盌賦》曰：惟斯盌之所生，於涼風之峻須，光如激電，景若浮星，何神怪之瓌瑋，信一覽而九驚。

(7) 王處道《車渠觶賦》曰：溫若騰螭之昇天，曜似遊鴻之遠臻。

（四）惟宗允亮《政事要略》所收《修文殿御覽》佚文（9條）

枸櫞（3條）

（1）裴淵《廣州記》曰：枸櫞，樹似橘，實如柚，大而倍長，味奇酢。皮以蜜煮為粽。

（2）劉欣期《交州記》曰：枸櫞如柚，核細。

（3）《異物志》曰：枸櫞實似橘，大如飯筥，皮不香，味不美，可以浣治葛、紵，若酸漿。

衣（4條）

（1）《禮記，禮運》曰：孔子曰：昔先王未有火化，食草木之實，鳥獸之肉，飲其血，茹其毛；未有麻絲，衣其羽皮。後聖有作，治其麻絲，以為布帛。

（2）《白虎通》曰：衣者，隱也；裳者，障也，所以隱形自障蔽也。

（3）《易》曰：黃帝垂衣裳。

（4）《呂氏春秋》曰：胡曹作衣。

學校（2條）

（1）《周禮·地官下》：師氏曰：師氏以三德教國子：一曰至德，以為道本；二曰敏德，以為行本；三曰孝德，以為知逆惡。又教三行：一曰孝行，以親父兄；二曰友行，以尊賢良；三曰順行，以事師長。鄭玄注曰：德行，外內之稱也。在心為德，施之為行。

（2）《魏名臣奏》曰：凡學受業，皆當須十五以上；公卿大夫子弟在學者，以年齒長幼相次也。學者不恭，甬慢師傅，酗酒好訟，罰飲水三升。

（五）具平親王《弘決外典抄》所收《修文殿御覽》佚文（4條）

（1）《御覽》云：八眉，如八字也；重瞳者，目有四瞳子也。

（2）《御覽》云：《三五歷記》云：未有天地之時，混沌狀如雞子也。天如雞子白，地如雞子黃。

（3）《御覽》云：《藝經》曰：籌，成都也。

（4）《御覽》云：《雜字解詁》云：雞鶋，似鳳凰；雞鵁，山雞也。

（六）《明文抄》所收《修文殿御覽》佚文（3條）

（1）為人臣侮其主者，其罪死而又死。《修文殿御覽》

（2）饑而思食，壯而惡，自然之性。《修文殿御覽》

（3）以往聖之法治將來，譬如膠柱而調瑟。《修文殿御覽》

六、關於敦煌寫本 P.2526 的研究

敦煌藏經洞發現古類書殘卷一卷，現藏於法國國家圖書館，編號 P.2526，〔註286〕殘卷無首無尾，不見書題、卷第和撰者姓氏，據統計，總存 274 行，〔註287〕存鳥部鶴類 46 條，鴻類 18 條，黃鵠類 15 條，雉類 9 條，共 88 條。〔註288〕1911 年，羅振玉依據伯希和影片錄出原文，定名為《修文殿御覽殘卷》，發表在《國學叢刊》之上。〔註289〕同年，劉師培先生作《敦煌新出唐寫本提要》（十九種），其第十種《古類書殘卷一》對《修文殿御覽》殘卷做了敘錄、研究，並指出了此殘卷在校勘、輯佚上的用途。〔註290〕1913 年，羅振玉用珂羅版影印此殘卷，收錄於《鳴沙石室佚書》中。〔註291〕1914 年，曹元忠在認同羅振玉觀點的情況下，強調了《修文殿御覽》與《太平御覽》的淵源關係。〔註292〕

曹元忠《箋經室遺集》卷十一《唐寫卷子本〈修文殿御覽〉跋》認為：

> 《太平御覽》皇王部於東晉後即接後魏諸帝，而退宋、齊、梁、
>
> 陳諸帝於偏霸部；皇親又於東晉皇后後，即接後魏諸後，而退宋、

〔註286〕《法藏敦煌西域文獻》第 15 冊，上海：上海古籍出版社，2001 年，第 133～138 頁。

〔註287〕劉安志：《〈華林遍略〉乎？〈修文殿御覽〉乎？——敦煌寫本 P.2526 號新探》，《新資料與中古文史論稿》，上海：上海古籍出版社，2014 年，第 227～265 頁。

〔註288〕臺灣學者王三慶教授認為，羅振玉、洪業當年所見《修文殿御覽》殘卷非完卷，雉類缺少 5 則，似乎是伯希和當年之提供不夠完整。王三慶：《敦煌類書》，高雄：麗文文化事業股份有限公司，1993 年，第 16～21 頁。

〔註289〕羅振玉：《修文殿御覽殘卷》，國學叢刊石印本；此據羅振玉：《鳴沙石室佚書正續編》，北京：北京圖書館出版社，2004 年，第 413～438 頁。

〔註290〕劉師培：《敦煌新出唐寫本提要》，《國粹學報》第 7 卷第 1 期，1911 年；此據鄭學檬、鄭炳林主編：《中國敦煌學百年文庫·文獻卷（一）》，蘭州：甘肅文化出版社，1999 年，第 40～44 頁。

〔註291〕羅振玉：《鳴沙石室佚書》，1913 年；此據羅振玉：《鳴沙石室佚書正續編》，北京：北京圖書館出版社，2004 年，第 413～438 頁。

〔註292〕曹元忠：《箋經室遺集》；此據王重民：《敦煌古籍敘錄》，北京：中華書局，2010 年，第 196～198 頁。

　　齊、梁、陳諸後於偏霸諸後之後，當仍《修文殿御覽》目次之舊，
以北齊承後魏者也。至皇王部於東魏後即接後周諸帝，而退北齊諸
帝於偏霸部；皇親部又於東魏皇后後即接後周諸後，而退北齊諸後
於偏霸諸後之後，當仍《文思博要》目次之舊，以唐承隋、隋又承
後周者也。然則《太平御覽》之中，非惟具存《修文殿御覽》，並具
存《文思博要》亦斷可知矣。〔註293〕

　　1917年，廣東潮陽人鄭國勳刻《龍溪精舍叢書》，據羅振玉影印本刻入，
題名《修文御覽》，其後引用此資料者，皆稱之為《修文殿御覽》無疑。

　　1932年，洪業先生撰《所謂〈修文殿御覽〉者》一文始提出異議，他認為
這卷敦煌古類書不是《修文殿御覽》而可能是比他更早的《華林遍略》。〔註294〕
他的證據主要是殘卷不避高齊諱，「館臣纂書，往往刪除文字，更改句法，以
避廟廷之諱，今乃不避，何也」；並且他依據殘卷第77條引《趙書》下綴小字：
「謹案，虎實逆賊，王化不通，豈有貢其鳥物者乎？此獻必妄，或強垂小民假
稱珍怪，取媚於虎耳」，而推斷曰「注之意，駁書之辭也。夫江左文人，乃擯
北虜於王化之外；而鄴都朝臣，何必以揚州貢鳥為可諱？只此聊聊三十六字注
語，已足證殘卷之不為《修文御覽》矣」。也就是說，洪氏認為此「謹案」必
是南朝人詆毀北朝的證據，是南朝人在修書的時候對北朝的詆毀，北朝修書諸
臣是不會對北朝貢鳥之事妄加惡意評論的。其後，石浜純太郎《支那學論攷》
中對《修文殿御覽》亦做了說明，吉光片羽，彌足珍貴。〔註295〕1958年，王
重民先生在《敦煌古籍敘錄》裏將羅振玉、洪業所論，收錄一處，供學界探討
研究。〔註296〕

　　1962年，美國學者丁愛博在探討北周麟趾殿、北齊文林館的一篇論文中，
亦傾向於認為寫本並非《修文殿御覽》，但其是否為《華林遍略》，尚有待進一
步探討。其後，日本學者對《修文殿御覽》的研究成果最為豐碩。森鹿三《修
文殿御覽について》認為：「分析了羅振玉、洪業對《修文殿御覽》的研究，

〔註293〕曹元忠：《箋經室遺集》卷十一《唐寫卷子本〈修文殿御覽〉跋》，此據王重
　　　　民：《敦煌古籍敘錄》，北京：中華書局，2010年，第197頁。
〔註294〕洪業：《所謂修文殿御覽者》，《洪業論學集》，北京：中華書局，1981年，第
　　　　64～94頁；原載《燕京學報》第12期，1932年，第2499～2558頁。
〔註295〕（日）石浜純太郎：《修文殿御覽》，《支那學論攷》，東京：全國書房，1943
　　　　年。
〔註296〕王重民：《敦煌古籍敘錄》，北京：中華書局，2010年，第193～202頁。

更為重要的是，森鹿三在日本現存平安時代古類書《藥種抄》《香要抄》中發現了《修文殿御覽》的引文，雖然引文中稱『御覽』，但是經過森鹿三的考證，證明此『御覽』應該是《修文殿御覽》而非《太平御覽》，這樣就找到了《修文殿御覽》的卷三百一『香部』，並且從《藥種抄》《香要抄》的引文來看，所引皆是年代較早的典籍，這再次證明了《藥種抄》《香要抄》所引『御覽』是《修文殿御覽》無疑。」〔註297〕森鹿三的發現在敦煌藏經洞文獻之外，為我們研究《修文殿御覽》提供了極其重要的信息和材料，使得我們對《修文殿御覽》的認識加深了很多。尾崎康《北齊の文林館と修文殿御覽》主要是對文林館在北齊的設立極其人員進行了考察，並對諸人的來源，如南人、北人、恩倖等做了分析，並對北齊後期南人、北人之爭做了分析，借之分析了《修文殿御覽》編纂的政治背景。〔註298〕

勝村哲也《修文殿御覽卷第三百一香部の復元——森鹿三氏〈修文殿御覽について〉を手掛りとして》一文延續了森鹿三先生的思路，將《修文殿御覽》之卷三百一「香部」做了復原，使我們看到了敦煌本之外的《修文殿御覽》。勝村哲也將《太平御覽》之「芸香」與《香要抄》之「芸香」作比較，並將《香要抄》之內容與《太平御覽》《法苑珠林》比較，發現了其中的承襲關係，即其引用書排序多一致，足見諸類書之間的承襲，並且對比《太平御覽》《法苑珠林》之「香部」，兩者關係亦是極為親密，似出於同一底本，而勝村哲也據之反推，復原了《修文殿御覽》之「香部」。其香部有「香、麝香、葳蕤香、鬱金香、蘇合香、雞舌香、雀頭香、薰陸香、流黃香、青木香、旃檀香、甘松香、兜納香、艾納香、藿香、楓香、□香、木密香、秔香、都梁香、沉香、甲香、迷迭香、零陵香、芸香、蘭香、槐香、兜末香、反生香、神香、驚精香。」〔註299〕

勝村哲也《〈修文殿御覽〉新考》一文對《修文殿御覽》進行了新的考察，主要分析了《修文殿御覽》的引書特徵、部類設置等問題，其言《修文殿御覽》引書先是經部的書、字書，後是史部的書、集部的書，而《太平御覽》引書是

〔註297〕（日）森鹿三：《修文殿御覽について》，《東方學報36》，1964年，第235～259頁。

〔註298〕（日）尾崎康：《北齊の文林館と修文殿御覽》，《史學40》，1967年，第61～88頁。

〔註299〕（日）勝村哲也：《修文殿御覽卷第三百一香部の復元——森鹿三氏〈修文殿御覽について〉を手掛りとして》，《仏教と文學・芸術》，京都：平楽寺書店，1973年，第153～176頁。

字書在前，其後是經、史、子、集排列，勝村哲也依據這個《修文殿御覽》的引書特徵，對《法苑珠林》所載典籍的順序做了分析，並對其中極可能是援引自《修文殿御覽》的內容作分析，除去《法苑珠林》明引《御覽》之一群四條引文外，共找尋到十二群引文，極可能是《法苑珠林》直接引自《修文殿御覽》者。〔註300〕對於《法苑珠林》與《修文殿御覽》之關係，以前學界關注極少，多從《經律異相》與《法苑珠林》，《修文殿御覽》與《太平御覽》著眼，即佛教類書與佛教類書對比，官修類書與官修類書對比，而通過勝村哲也的考察，《法苑珠林》之編纂很顯然大量採用了《修文殿御覽》之內容，這點對我們研究類書的流傳啟發很大，意義很大，價值也很大。勝村哲也《修文殿御覽天部の復元》一文再次對《修文殿御覽》做了新的研究，其復原了《修文殿御覽》的「天部」，並且對宋代之前的典型類書的流傳做了考察，闡明了從《華林遍略》到《太平御覽》之間的類書發展譜系，即《華林遍略》（516）與《修文殿御覽》（572）對隋唐類書產生了大的影響，《藝文類聚》（624）、《文思博要》（642）、《秘府略》（831）或就是在他們的基礎成書的，而《太平御覽》（977）又在上述諸書的基礎上成書。〔註301〕

　　中國學者限於資料的不足，難以見到日本的古類書，故對《修文殿御覽》的研究就沒有日本學者所取得的成績巨大，並且中國學者對《修文殿御覽》的研究多是依據敦煌寫本進行的。1982 年，胡道靜先生在《中國古代的類書》中認為：「洪業的考證，已動搖了殘卷之為《修文殿御覽》的說法，而使人覺得這卷石室本古類書殘卷應是出於南朝的編撰而不為北朝之產物。至於是否《華林遍略》，猶待更充分的證明。」〔註302〕1992 年，《講座敦煌》對此卷文書做了簡單的概述之後云：「從筆記和編纂體例來看，《修文殿御覽》無疑是現存最古老的類書。」〔註303〕1993 年，《敦煌類書》出版，王三慶從研究、錄文、校箋、圖版等方面對《修文殿御覽》進行了細緻的研究，云「縱使此卷不是《修文殿御覽》，也不能輕易相信毫無根據的推測，認為此卷一定是《華林

〔註300〕（日）勝村哲也：《〈修文殿御覽〉新考》，《森鹿三博士頌壽記念論文集》，京都：同朋舍出版，1977 年，第 159～194 頁。

〔註301〕（日）勝村哲也：《修文殿御覽天部の復元》，（日）山田慶兒編《中國の科學と科學者》，京都：京都大學人文科學研究所，1978 年，第 643～690 頁。

〔註302〕胡道靜：《中國古代的類書》，北京：中華書局，2005 年新 1 版，第 72 頁。

〔註303〕王三慶撰，（日）池田溫譯：《類書‧修文殿御覽》，《講座敦煌》第 5 卷《敦煌漢文文獻》，東京：大東出版社，1992 年，第 360～361 頁。

遍略》。在仍乏事證之下，姑承羅氏舊名」。〔註304〕

　　1995年，黃維忠、鄭炳林撰《敦煌本〈修文殿御覽殘卷〉考釋》一文，對殘卷的抄本時間、定名、作用再次做了深入的分析，針對洪業的反駁進行了論證，再次推定此殘卷即為《修文殿御覽》無疑。首先，對於殘卷未避高齊諱的解釋是殘卷為唐人抄本，既然已經避了李唐諱，則無須避高齊諱，且殘卷也沒有避蕭梁諱，若以洪氏之理來看，《華林遍略》是應當避蕭梁諱的，既然殘卷既不避高齊諱，也不避蕭梁諱，所以根據殘卷不避高齊諱而推斷非《修文殿御覽》是站不住腳的。對於殘卷第77條引《趙書》下綴小字「謹案」的解釋，通常，古人編纂類書對所引之內容是不妄加評論的，《修文殿御覽》的編纂者應該是知道這個道理的；而我們也知道，崔鴻作《十六國春秋》，好作褒貶評論，其序贊多以夾行寫之以為注，而此《趙書》當是《修文殿御覽》編纂者引用的《十六國春秋‧後趙錄》，故此處之三十六個小字，當不是編纂類書時加上的，而應是崔鴻原書即有的，至於崔鴻為何會對石虎頗有微詞，其原因是崔鴻為清河崔氏，其家族曾受石虎侵擾侮辱，在石虎政權覆滅之後，崔鴻以筆為武，對貢鳥祥瑞加以批評以表其恨意，也是可以理解的。再次，崔鴻之《十六國春秋》成書至少在正光三年（522），而其書顯行更當在永安（528～529）後，而《華林遍略》始撰於梁天監十五年（516），至普通四年（523）而成，此時《十六國春秋》尚沒有顯行，故南朝蕭梁多不可能得到此書，即使暗地流通於蕭梁，也難為《華林遍略》的編撰者採用，故此殘卷絕非《華林遍略》。〔註305〕

　　桂羅敏《〈修文殿御覽〉考辨》利用《四庫全書》中所保存下來的資料，對《修文殿御覽》做了較為詳細的考察，揭示了《修文殿御覽》的編纂過程、參加人員、主要內容、流傳情況、失佚程度等問題。可惜的是，作者沒有對所得到的資料做細緻考察，致使很多重要信息沒有發掘出來，再就是作者對部分史實考察不清，文林館的設立時間明顯晚於《修文殿御覽》的編纂，宋孝王、劉善經是被排擠的士人，並沒有參與到《修文殿御覽》的編纂中，《修文殿御覽》應是五十五部，而不是五十部，此點前賢已經多次指出。此外，輯佚得來的珍貴資料，作者也沒有做詳細的分析解釋。〔註306〕許建平教授《敦煌本〈修

〔註304〕王三慶：《敦煌類書》，高雄：麗文文化事業股份有限公司，1993年，第20頁。

〔註305〕黃維忠、鄭炳林：《敦煌本〈修文殿御覽殘卷〉考釋》，《敦煌學輯刊》1995年第1期，第36～48頁。

〔註306〕桂羅敏：《〈修文殿御覽〉考辨》，《圖書情報工作》2009年第1期，第135～138頁。

文殿御覽〉錄校補正》主要是針對敦煌寫卷《修文殿御覽》殘卷做了考察，對前賢誤校、漏校的部分詞句做了補正，作者又考證了《修文殿御覽》殘卷所存的行數，羅振玉《羅振玉校刊群書敘錄》謂「二百五十餘行」，劉師培《敦煌新出唐寫本提要》謂 256 行，黃維忠、鄭炳林《敦煌本〈修文殿御覽〉考釋》謂 259 行，案羅振玉、劉師培所見均非全本，羅氏《鳴沙石室佚書》所收止於「搜雉也」這一行（《鳴沙石室佚書正續編》，北京圖書館出版社 2004 年，第 438 頁），今縮微膠卷所見其後又黏貼一塊共 13 行，蓋伯希和寄給羅振玉照片時，這一塊殘片尚未黏貼上去。然劉師培所計 256 行則誤，這一部分實為 259 行。黃維忠、鄭炳林之錄文乃據縮微膠卷，所見應是 272 行，其計數 259 行，亦誤。〔註 307〕

　　劉安志《〈修文殿御覽〉佚文輯校》認為：「目前所知，《修文殿御覽》總有佚文 95 條（77＋18），收入《太平御覽》即達 80 條（70＋10），約占總條數比例的 84.21%，從中不難看出二書之間的直接淵源關係。而敦煌寫本 P.2526 號條文內容收入《太平御覽》並不多，且文字差異較大，其與《修文殿御覽》的關係，反而不如《藝文類聚》密切。因此，我們有理由相信，P.2526 號寫本絕非《修文殿御覽》，而更有可能是比之更早的《華林遍略》。」〔註 308〕劉安志《〈華林遍略〉乎？〈修文殿御覽〉乎？——敦煌寫本 P.2526 號新探》又認為：「從書法及避諱特點看，P.2526 號寫本抄寫年代當在公元 8 世紀中葉前後。參據《修文殿御覽》佚文，並結合寫本內容綜合考察，其絕非《修文殿御覽》則可斷言。再結合寫本與《藝文類聚》之密切關係，可知二者同屬一個系譜，有直接的淵源承襲關係，寫本極有可能就是南朝蕭梁所修之《華林遍略》。」〔註 309〕劉安志《關於中古官修類書的源流問題》亦認為：「在文

〔註 307〕許建平：《敦煌本〈修文殿御覽〉錄校補正》，《敦煌研究》2010 年第 1 期，第 92～95 頁。

〔註 308〕劉安志：《〈修文殿御覽〉佚文輯校》，《魏晉南北朝隋唐史資料》第 28 輯，武漢：武漢大學人文社會科學學報編輯部編輯出版，2012 年，第 281～302 頁；劉安志《〈修文殿御覽〉佚文輯校》，《新資料與中古文史論稿》，上海：上海古籍出版社，2014 年，第 291～317 頁。

〔註 309〕劉安志：《〈華林遍略〉乎？〈修文殿御覽〉乎？——敦煌寫本 P.2526 號新探》，高田時雄主編：《敦煌寫本研究年報》第 7 號，京都：京都大學人文科學研究所，2013 年，第 167～202 頁；劉安志：《〈華林遍略〉乎？〈修文殿御覽〉乎？——敦煌寫本 P.2526 號新探》，《新資料與中古文史論稿》，上海：上海古籍出版社，2014 年，第 227～265 頁。

化方面，由於東晉南朝以來文化的先進性使然，隋及唐初統治者『沿江左餘風』，選擇了南朝文化。就這一時期的類書編纂而言，《長洲玉鏡》《藝文類聚》《文思博要》《三教珠英》等官修類書，莫不以南朝類書為準繩、為依據，北朝《修文殿御覽》則被摒棄在外，遭受冷遇。玄宗即位後，好經術，去浮華，求實用，革『江左餘風』，開始重視北朝文化，《修文殿御覽》也因此一改過去遭受漠視和冷遇的處境，走向歷史前臺，並成為開元年間編纂《初學記》的主要藍本。類書編纂由此前的『從南』轉向『從北』，這是隋唐類書編纂史上的一大變化。」〔註310〕

　　以上是針對《修文殿御覽》與敦煌寫本 P.2526 的一系列研究成果，最新的研究成果是劉安志先生的，其融合了中日學者的研究成果，主張 P.2526 是《華林遍略》而不是《修文殿御覽》，並用數據實證研究來說明他的觀點，很有說服力，再次補充了洪業先生的論斷。P.2526 絕不是《修文殿御覽》的觀點已被學術界所接受，很多時候，大家仍然將 P.2526 稱為《修文殿御覽》是慣性使然，且大多數學者也沒有對此寫卷與《修文殿御覽》認真研究過，故多是沿襲前說。目前我們想要說明的是 P.2526 一定是《華林遍略》嗎？可能性極大！但是我們也有懷疑，誠如本書的研究，南北朝時期是類書繁榮的時代，編纂了幾十部類書，《華林遍略》之影響前文我們也有說明，他是南北朝類書的典範之作，依據《華林遍略》而來的類書必然不少，P.2526 有沒有可能是《華林遍略》的「子」「孫」，而不是《華林遍略》本身呢？再者，不應該過分的推崇《修文殿御覽》之編纂質量，雖然他的質量不差，但其編纂時間之短暫與編纂人員之混亂也是史有明文的，如果他果真像後世傳言的那樣完美，不會被隋及唐初的類書編纂者所漠視，更有可能是他的名聲並沒有宋以後那麼好，《長洲玉鏡》《文思博要》《三教珠英》三大類書皆散佚殆盡，才使得《修文殿御覽》之地位漸漸被提升，上述三大類書也是奇怪，皆有大名，而皆迅速湮滅，原因不知，此三大類書皆是《華林遍略》之餘脈，此三大類書之殘篇或許也會出現在敦煌藏經洞，他們和《華林遍略》之殘篇，我們能分辨清楚嗎？

<hr>

〔註310〕劉安志：《關於中古官修類書的源流問題》，《魏晉南北朝隋唐史資料》第 29
　　　　輯，武漢：武漢大學人文社會科學學報編輯部編輯出版，2013 年；劉安志：
　　　　《關於中古官修類書的源流問題》，《新資料與中古文史論稿》，上海：上海古
　　　　籍出版社，2014 年，第 266～290 頁。